汽车维修技能培训一本通

汽车维修初级技能·机械篇

李元秀　编著

电子科技大学出版社

图书在版编目（CIP）数据

汽车维修初级技能. 机械篇 / 李元秀编著. — 成都：电子科技大学出版社，2011.6

（汽车维修技能培训一本通）

ISBN 978-7-5647-0604-3

Ⅰ. ①汽… Ⅱ. ①李… Ⅲ. ①汽车－机械系统－车辆修理 Ⅳ. ①U472.4

中国版本图书馆 CIP 数据核字（2010）第 170696 号

汽车维修技能培训一本通

汽车维修初级技能·机械篇

李元秀　编著

出　　版：电子科技大学出版社（成都市一环路东一段 159 号电子信息产业大厦　邮编：610051）

策划编辑：杜　倩

责任编辑：杜　倩　李述娜

主　　页：www.uestcp.com.cn

电子邮箱：uestcp@uestcp.com.cn

发　　行：新华书店经销

印　　刷：成都蜀通印务有限责任公司

成品尺寸：170mm×235mm　1/16　　印张　12　　字数　215 千字

版　　次：2011 年 6 月第一版

印　　次：2011 年 6 月第一次印刷

书　　号：ISBN 978-7-5647-0604-3

定　　价：19.80 元

前　言

本书的设计思路是以就业为导向，根据汽车运用与维修专业的学习特点，结合汽车维修企业生产的实际需要，将汽车维修基础知识的内容分解成若干个相对独立的教学内容，通过任务驱动型的项目活动，培养本专业汽车维修各工种的基本操作和动手能力，为进一步提高学生专业能力奠定良好的基础。

本书以汽车运用与维修中所需的基本机械技能为依据，以够用、实用为原则，采用图文形式编写，全书共分十一章。

本书的主要内容包括简单汽车机械零件图的绘制，装配图的识读，常用机械机构的认识，汽车中常用的传动系统、支撑零件、联接零件和液压系统的常识等项目。

本书适用于中等职业院校汽车及其相关专业，同时也可作为汽车运用与维修技术人员的阅读材料。

目 录

第一章 汽车的机械传动

认识链传动

链传动的应用

1. 思考自行车上的链传动

根据日常生活中所积累的常识，观察如图1—1所示的2×8速变速自行车，分析它的传动机构主要由哪些部件组成。

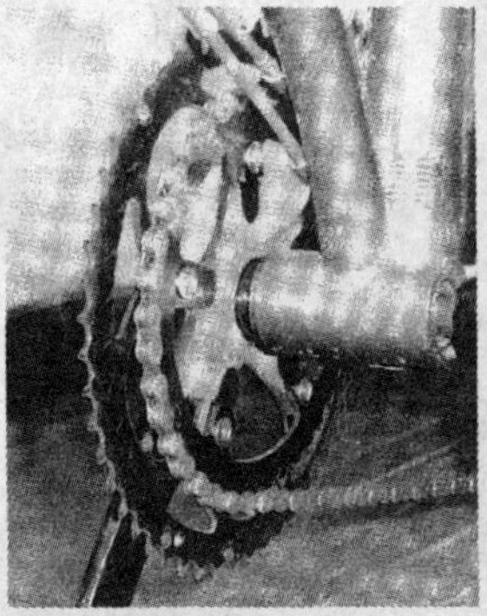

(a)

(b)

图1—1 2×8速变速自行车

(a) 前盘（二挡） (b) 后盘（八挡）

根据图1—1想象一下用这辆变速自行车在各种路况（如上坡、平路和微下坡等）下骑行时，一般应该如何合理选用自行车的前盘（大盘挡、小盘挡）和后盘（1～8挡）的各个挡位呢？请读者仔细思考，然后把表1—1填写完整。

表1—1 合理选择挡位

路况＼挡位	前盘	后盘（各挡位）
上坡		
平路		
微下坡	大盘	7、8挡

提示：后盘分为8个挡位，从大齿开始依次以1，2，3，…，8来代表各挡位。

根据以上日常生活中的例子，思考为什么要在不同的路况选择不同的挡位来骑行。

2. 链传动在汽车上的应用

链传动是通过链条和链轮的啮合来传递运动和动力的一种传动方式，广泛用于运输、起重等各种机械传动装置中。图1－2所示为汽车发动机上采用的链传动装置。

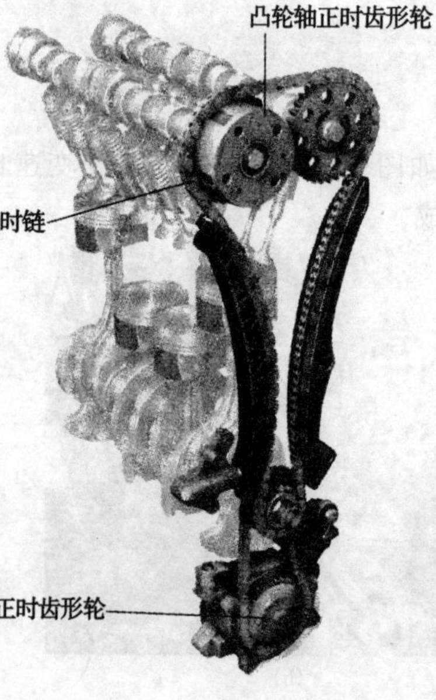

(a) 配气机构

(b) 机油泵

图1－2　汽车发动机上的链传动

配气机构的功用是按照发动机各缸工作过程的需要，定时地开启或关闭进、排气门，使可燃混合气或空气及时进入气缸，废气及时排出气缸。

3. 链传动的优点

因配气机构需要精确控制进、排气门，故需要准确的传动比（即传动时无弹性滑动和打滑现象），而且能够在较高温度、水和油等恶劣环境下可靠地工作。链传动符合以上基本要求，而且还具有传动效率高、结构紧凑、适合远距离传动等优点，所以配气机构和机油泵采用了链传动。

链传动的组成

链传动主要由主动链轮、链条和被动链轮组成，如图 1－3 和图 1－4 所示。

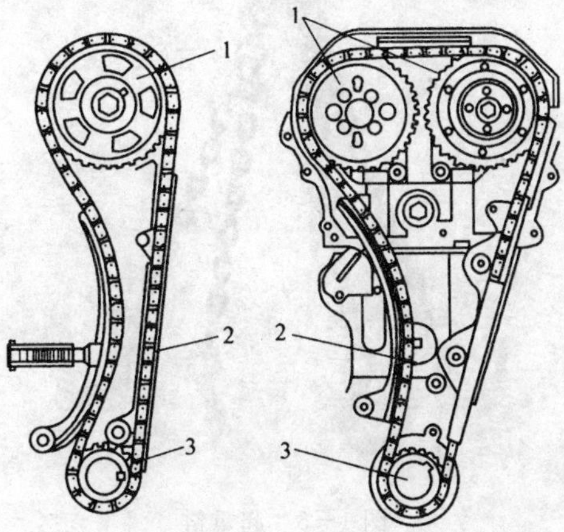

图 1－3 链传动布置形式

1—被动链轮 2—链条 3—主动链轮

(a) 链轮　　(b) 链条

图 1－4 链轮与链条

链传动的类型

按照用途的不同，链传动可分为以下几种。

1. 起重链

起重链主要用于传递力，起牵引、悬挂物品的作用，其工作速度 $v \leqslant 0.25 m/s$，如图 1－5 所示。

图 1—5　起重链

2. **输送链**

输送链用于输送物品、工件和材料等，其工作速度 $v \leqslant 0.25m/s$，如图 1—6 所示。

图 1—6　输送链

3. **传动链**

传动链应用广泛，主要应用在一般机械中传递运动和动力，也可用于输送场合。通常工作速度 $v \leqslant 15m/s$，如图 1—2 所示的汽车发动机上的链传动属于传动链。

认识带传动

带传动的应用

1. 拆卸风扇皮带

（1）旋松张紧轮螺母，如图 1—7 所示。

图 1—7　旋松张紧轮螺母

（2）拿下多楔带，如图 1—8 所示。

仔细观察风扇皮带、皮带轮，根据如图 1—9 所示的结构思考风扇皮带与正时带有何异同。

2. 带传动在汽车上的应用

带传动在汽车上主要用来驱动发动机冷却水风扇，同时也带动发电机、水泵、空调泵及空气压缩机等，如图 1—10（a）所示。汽车上配气机构中的正时带也采用带传动，如图 1—10（b）所示。

3. 带传动的优缺点

带传动属于挠性传动，传动平稳，噪声小，可缓冲吸振，允许较大的中心距，结构简单，制造、安装和维护较方便，且成本低廉，以上优点是选用带传动的主要原因。

但是对于摩擦型带传动，由于带与带轮之间存在滑动，传动比无法保持

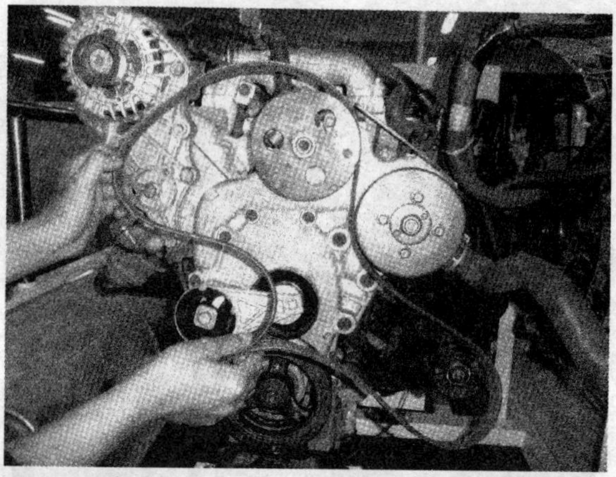

图 1—8　拿下多楔带

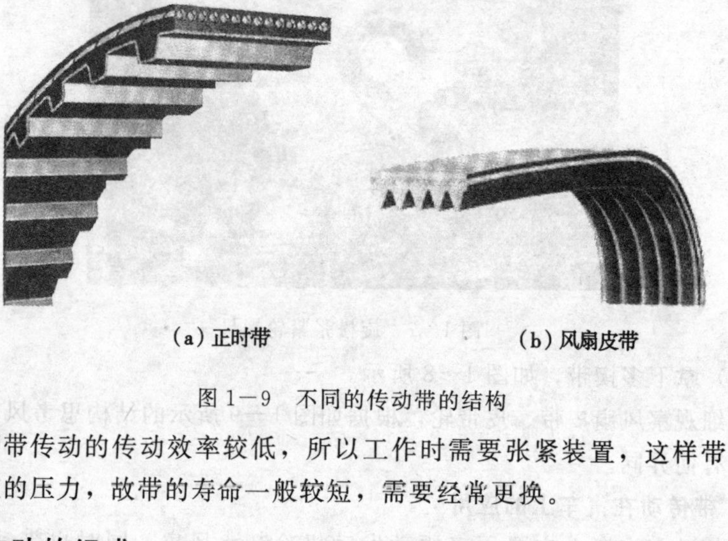

(a) 正时带　　(b) 风扇皮带

图 1—9　不同的传动带的结构

不变，即带传动的传动效率较低，所以工作时需要张紧装置，这样带对带轮轴有一定的压力，故带的寿命一般较短，需要经常更换。

带传动的组成

带传动是利用张紧在带轮上的传动带与带轮之间的摩擦或啮合来传递运动和动力的。带传动主要由主动轮、被动轮和传动带组成，如图 1—11 所示。

(a) 发动机上的带传动

(b) 正时带

图 1－10　带传动在汽车上的应用

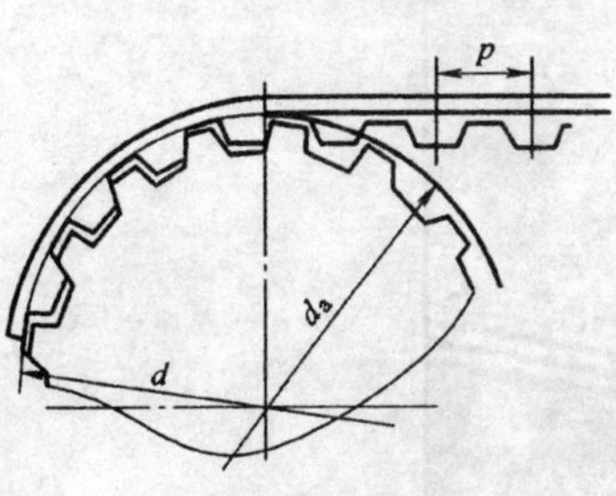

(a) 啮合型带传动

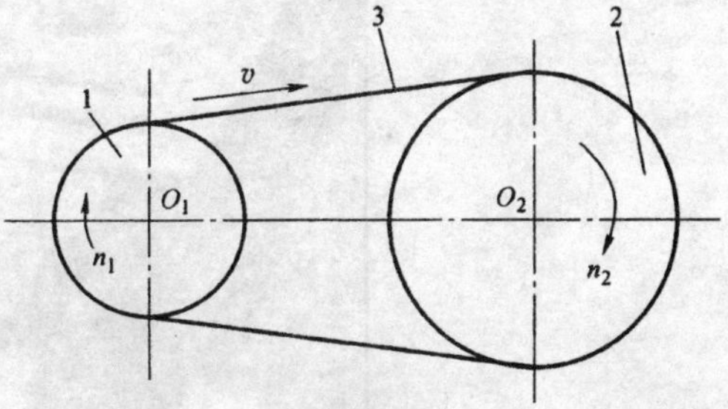

(b) 摩擦型带传动

图 1－11　带传动

1—主动轮　2—被动轮　3—传动带

带传动的类型

按照传动原理不同，带传动分为如图 1－11 (a) 所示的啮合型带传动和如图 1－11 (b) 所示的摩擦型带传动。

1. 啮合型带传动

如图 1－11 (a) 所示的依靠带内侧凸齿与带轮外缘上的齿槽相啮合实现传

动的形式称为啮合型带传动，如齿形带传动就属于啮合型带传动，如图 1－12 所示。

图 1－12　齿形带传动

2. **摩擦型带传动**

如图 1－11（b）所示的依靠传动带与带轮间的摩擦力实现传动的形式称为摩擦型带传动，如平带传动、多楔带传动、V 带传动等都属于摩擦型带传动。

（1）平带　平带的截面形状为矩形，内表面为工作面，如图 1－13 所示。

图 1－13　平带传动

（2）多楔带　多楔带是在平带基体上由多根 V 带组成的传动带，可传递很大的功率，如图 1－14 所示。

图 1－14　多楔带

（3）V 带　V 带的截面形状为梯形，两侧面为工作表面，如图 1－15 所示。

（a）V 带传动　　（b）V 带截面

图 1－15　V 带

V 带的安装

由于带传动装置中，带对带轮轴有一定的压力，故带的寿命一般较短，需要经常更换，所以正确选用、调整、维护和安装是保证 V 带正常工作和延长使用寿命的有效措施。在使用过程中要注意以下几点：

（1）选用的 V 带型号和基准长度应适当，以保证 V 带在轮槽中处于正确的位置，如图 1－16（a）所示。V 带型号选用不当有两种情况，一种是 V 带截面过小，使 V 带底面与轮槽底面接触，由此导致 V 带两工作侧面接触不良而在轮槽中打滑，如图 1－16（b）所示。另一种是 V 带截面过大，使 V 带两侧工作面不能完全与轮槽接触，由此造成 V 带传动的能力降低，如图 1－16（c）所示。

（2）两带轮的轴线应保持平行，主动轮和从动轮的轮槽应在同一平面内。

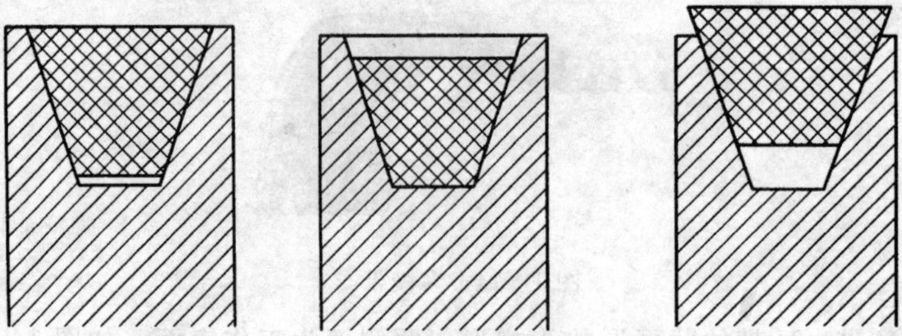

图 1－16　V 带在轮槽中的正确位置

(3) V 带的张紧程度要适当，在中等中心距的情况下，以大拇指能将带按下 15mm 为适当，如图 1－17 所示。

图 1－17　V 带的张紧程度要适当

(4) 多根成组使用的 V 带，如有其中一根失效，一般应同时更换同组的其他 V 带，以免造成新老 V 带的受力不均匀。

认识齿轮传动

齿轮传动的应用

1. 观察齿轮传动过程

(1) 齿轮传动的传动比　观察如图 1－18 所示的齿轮传动过程，主动齿轮的转速 n_1 和从动齿轮的转速 n_2 之间的比值称为传动比 i_{12}，即

$$i_{12}=\frac{n_1}{n_2}$$

(2) 判断转速　根据如图 1－18 所示的过程，思考如图 1－19 所示的结构，假设左边的输入轴（主动轴）转速不变，请判断右边的输出轴（从动轴）

转速是升高还是降低。

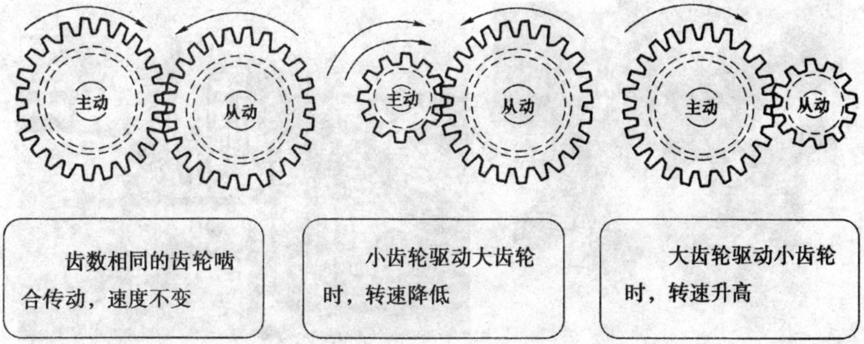

图 1－18　齿轮传动过程

图 1－19　变速器输入与输出轴

2. 齿轮传动在汽车上的应用

齿轮副是两个相互啮合的齿轮所组成的基本机构，齿轮传动是利用齿轮副来传递运动和动力的一种机械机构，是现代机械中应用最广的一种机械传动形式。汽车的变速器、减速器、差速器等都采用了齿轮传动，如图 1－20 所示。

汽车变速器是一种机械式变速箱，主要应用了齿轮传动的降速原理，就是利用变速器内多组传动比不同的齿轮副来传递动力，汽车行驶时的换挡也是通过操纵机构使变速器内不同的齿轮副工作，从而传递不同的输出转矩，如在低速时，让传动比大的齿轮副工作，而在高速时，让传动比小的齿轮副工作。

（a）差速器

（b）变速器

图 1—20　齿轮传动

3. **齿轮传动的优缺点**

1）传递动力大，效率高。

2）寿命长，工作平稳，可靠性高。

3）能保证恒定的传动比，能传递两轴间任意夹角的运动。

4）制造、安装精度要求较高，因而成本也较高。

5）不宜做轴间距离过大的传动。

齿轮轮传动的类型

齿轮是机械中的传动零件，它的作用主要是将主动轴的转动和力矩传递到从动轴上，而且齿轮传动除传递回转运动和力矩外，也可以用来把回转运动转变为直线往复运动，如图 1—21 所示。

图 1—21　齿轮齿条传动

齿轮传动机构的类型很多，本书主要介绍按传动轴的相对位置分类的方法，即分为空间齿轮传动（两轴不平行）与平面齿轮传动（两轴平行），如表 1—2 所示。

表 1－2 齿轮传动机构的类型

分 类	名 称	示 图	特点和应用
空间齿轮传动（两轴不平行）	直齿锥齿轮传动		两轴线相交 制造和安装简单，不能磨齿，传动平稳性较差，承载能力较低 用于速度较低（<5m/s）、载荷小而稳定的传动场合
	斜齿锥齿轮传动		两轴线相交 只限于单件或小批量生产，一般只用于代替曲齿锥齿轮加工机床切制范围以外的曲齿锥齿轮传动
	交错轴斜齿轮传动		两轴线交错 两齿轮点接触，沿齿向有相对滑动，效率较低 用于载荷较小、速度较低的传动场合

续表

分　类	名　称	示　图	特点和应用
空间齿轮传动（两轴不平行）	双曲线锥齿轮传动		两轴线交错 适用于汽车等要求降低重心的传动装置 沿齿向有相对滑动 需要专用的加工机床
平面齿轮传动（两轴平行）	外啮合直齿圆柱齿轮传动		两齿轮旋转方向相反 制造简单，工作时无轴向力 与条件相同的斜齿轮相比，重合度较小，传动平稳性较差，承载能力较低 多用于速度较低的传动，尤其适用于变速器的换挡齿轮
	外啮合斜齿圆柱齿轮传动		两齿轮旋转方向相反 与条件相同的直齿轮相比，重合度较大，传动较平稳，承载能力较强 工作时有轴向力，常需采用向心推力或推力轴承支承 适用于速度较高、载荷较大或要求结构较紧凑的场合

续表

分　类	名　称	示　图	特点和应用
	外啮合人字齿圆柱齿轮传动		两齿轮旋转方向相反 人字齿轮可看成是一个由两个螺旋角方向相反的斜齿轮所组成的齿轮，承载能力高，能抵消轴向力，多用于重载传动、加工要求较高等场合
平面齿轮传动（两轴平行）	齿轮齿条传动		齿条相当于一个半径无限大的齿轮，可以变旋转运动为直线运动或反之
	内啮合圆柱齿轮传动		两齿轮旋转方向相同重合度大，轴间距离小，结构紧凑，内齿轮制造较困难多用于轮系

第二章　认识汽车常用轴和轴承

认　识　轴

分析轴的位置

参照本书所列图片，寻找常用轴在汽车中的位置，并仔细观察各种轴的结构，思考它们在结构上有哪些异同。

1. **曲轴**

曲轴是往复式引擎的主要旋转机件，装上连杆后将连杆的上下（往复）运动转化成循环（旋转）运动，如图 2－1 所示。

图 2－1　曲轴

2. **凸轮轴**

凸轮轴是往复式引擎里的一个部件，它的作用是控制气门的开启和闭合动作，如图 2－2 所示。

3. **传动轴**

传动轴用在前置引擎后轮驱动的车辆，把变速器的动力传到主减速器轴上，如图 2－3 所示。

4. **半轴**

半轴是在差速器与驱动轮之间传递动力的实心轴，用来将差速器半轴齿轮的输出转矩传到驱动轮上，如图 2－4 所示。

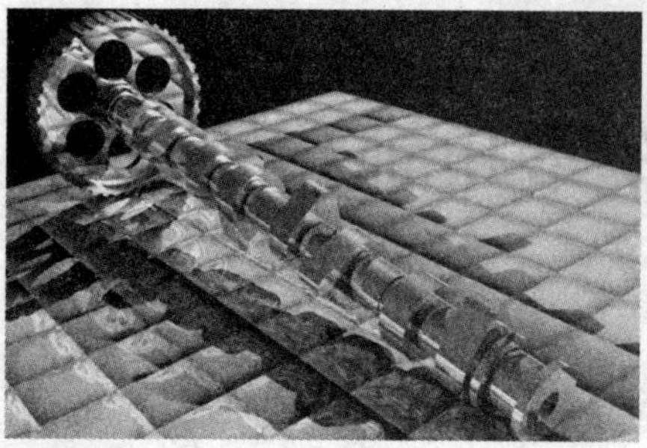

图 2－2　凸轮轴

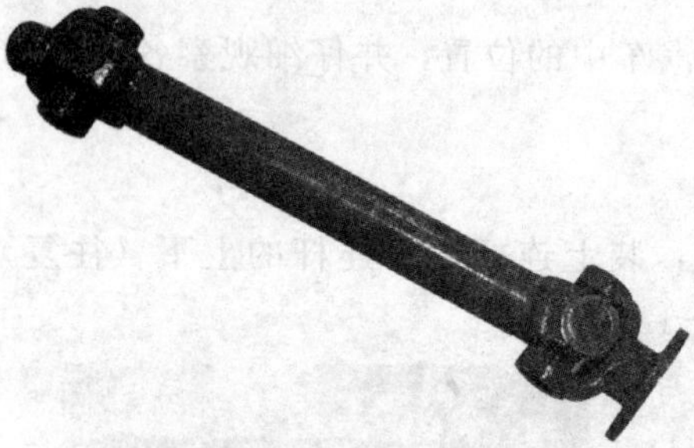

图 2－3　传动轴

轴的作用和类型

1. 轴的作用

轴是机械产品中的重要零件之一，轴的主要功用是支承做回转运动的传动零件（如齿轮、带轮、链轮等）、传递运动和转矩、承受载荷，以及保证装在轴上的零件具有确定的工作位置和一定的回转精度。

2. 曲轴和直轴

按轴线形状的不同，轴可分为曲轴和直轴两大类。

（1）曲轴　曲轴可以通过连杆机构将旋转运动转化为往复直线运动，反之亦可。它是活塞式发动机中的专用零件，如图 2－5 所示。

（2）直轴　直轴根据其外形的不同，可分为光轴和阶梯轴两种。

①光轴：光轴具有形状简单、加工方便、制造成本低、轴上应力集中源少等优点，常作为传动轴和心轴，其缺点是轴上零件不易装配和定位，如图 2－6所示。

②阶梯轴：阶梯轴的特点与光轴相反，常作为转轴，如图 2－7 所示。

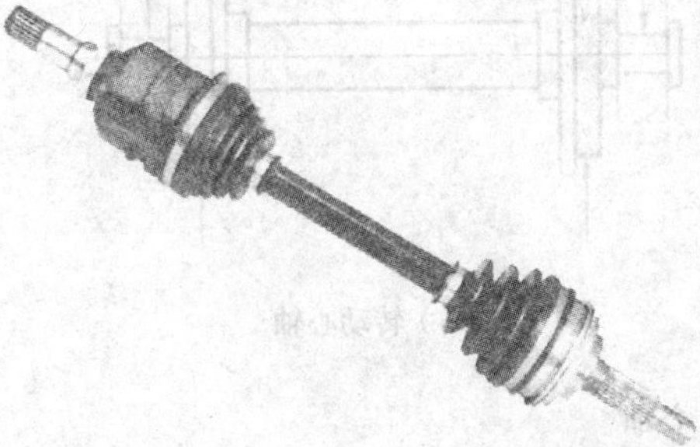

图 2－4　半轴

图 2－5　曲轴

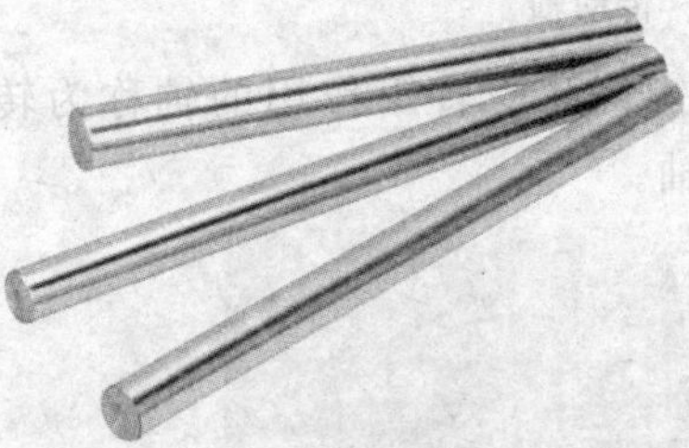

图 2－6　光轴

图 2－7　阶梯轴

3. **心轴、传动轴和转轴**

按照承受载荷的不同，轴可分为心轴、传动轴和转轴。

（1）心轴　只受弯矩作用而不受转矩作用的轴称为心轴。在工作过程中，若心轴不转动，则称为固定心轴，如图 2－8（a）所示，自行车前轴就属于此种固定心轴；若心轴转动，则称为转动心轴，如图 2－8（b）所示，火车的各轴就属于转动心轴。

（2）传动轴　在工作过程中仅传递转矩，或主要传递转矩及承受很小弯

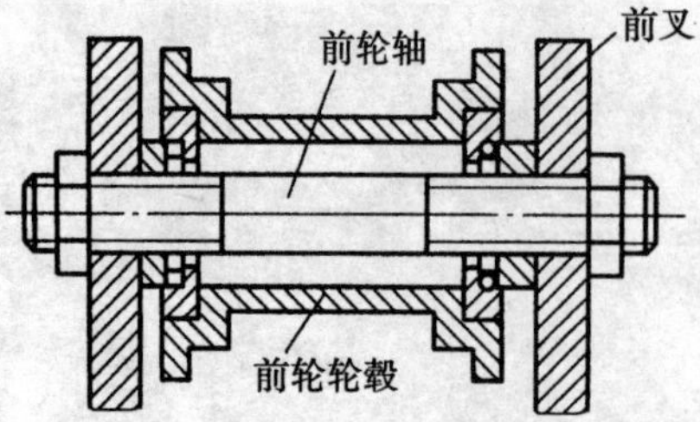

(a) 固定心轴

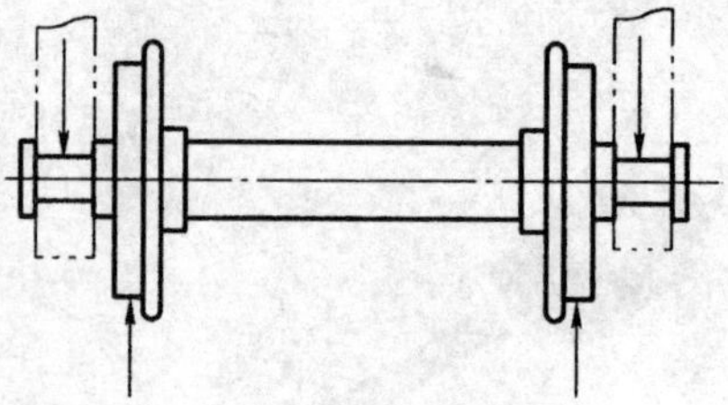

(b) 转动心轴

图 2—8　心轴

矩的轴称为传动轴，如图 2—9 所示。

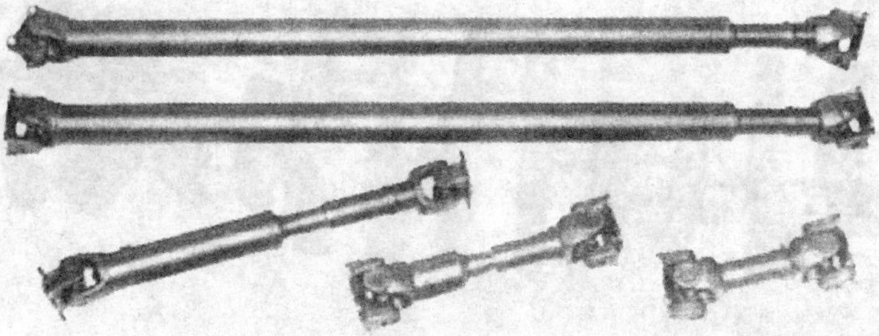

图 2—9　传动轴

(3) 转轴　在工作过程中既受弯矩，又受转矩作用的轴称为转轴，图 2—10所示为手动变速器的输入和输出轴。

图 2—10　转轴

认识轴承

认识曲轴轴瓦

1. 拆卸曲轴轴瓦

（1）用力矩扳手拆卸曲轴轴承盖上的螺栓，如图 2—11 所示。

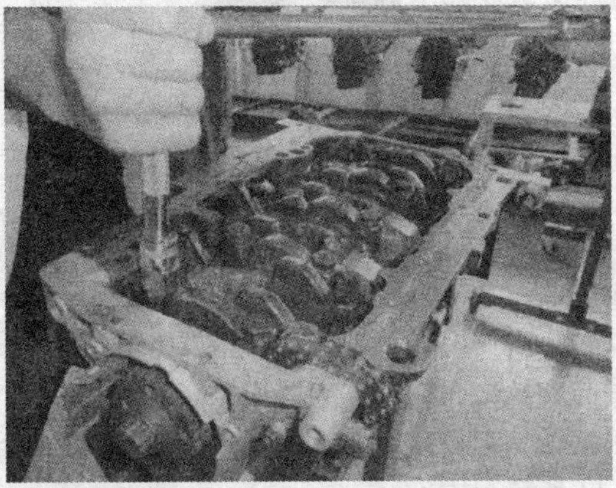

图 2—11　旋松螺栓

（2）取下轴承盖，如图 2—12 所示。

图 2—12　取下轴承盖

（3）取出的曲轴轴瓦，如图 2—13 所示。

拆卸过程中仔细观察曲轴是用什么零件支撑在缸体上的。

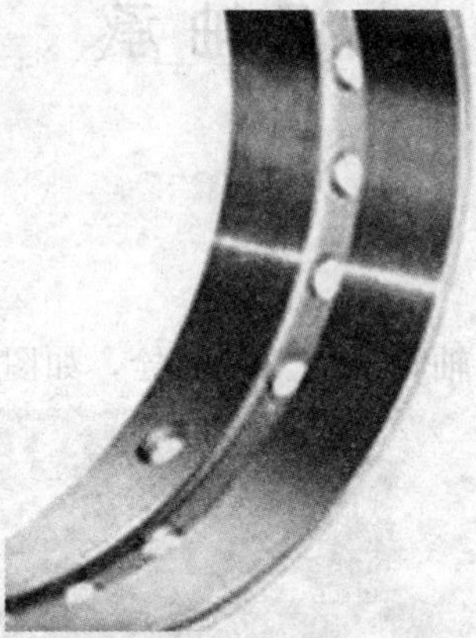

图 2—13　曲轴轴瓦

2. **轴承的功能**

轴承主要有以下两个功能：

（1）支撑轴及轴上零件，保持轴的旋转精度。

（2）减少转轴与支承之间的摩擦和磨损。

在机械中，根据轴承运动表面摩擦性质的不同，轴承分为滑动轴承和滚动轴承，如图 2—14 所示。

（a）滑动轴承　　（b）滚动轴承

图 2—14　轴承的类型

滑动轴承

汽车上的连杆轴瓦和曲轴轴瓦都属于滑动轴承，它们主要承受轴与轴承之间的摩擦。

1. **滑动轴承的特点**

滑动轴承结构简单，工作平稳，噪声较滚动轴承低，工作可靠，但是普通滑动轴承的启动摩擦阻力大，主要应用于高速、重载、有冲击的场合。

2. **滑动轴承的类型**

滑动轴承根据承受载荷的方向不同可分为推力滑动轴承（承受轴向载荷）和径向滑动轴承（承受径向载荷），汽车上常用径向滑动轴承。下面主要介绍径向滑动轴承。

常用的径向滑动轴承结构形式有两种：整体式和对开式。

（1）整体式滑动轴承　如图 2－15 所示，整体式滑动轴承由衬套、轴承座等结构组成。衬套一般为铜质，磨损后间隙无法调整，但可以更换。整体式滑动轴承套在汽车上主要用于连杆小头与活塞销相配，如图 2－16 所示。

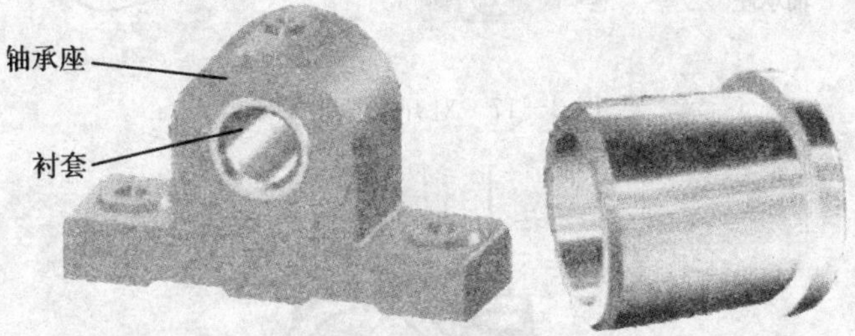

图 2－15　整体式滑动轴承

图 2－16　连杆小头和衬套

衬套虽然是整体式滑动轴承的主要工作零件，但在汽车的装置中也有应用，例如底盘的转向节主销衬套、齿轮衬套和电机衬套等。

(2) 对开式滑动轴承　如图 2－17 所示，对开式滑动轴承由轴瓦、轴承盖、轴承座、螺栓及垫片等组成。轴承的对开面配置调整垫片，目的是在轴瓦磨损后，可用减少垫片的方法来调整间隙。轴瓦分上、下两个半片，轴承的对开面上做出定位止口，以防止轴瓦转动。这种轴承不但能调整间隙，而且轴的拆装方便，因此应用很广。

汽车发动机中的连杆大头轴承、曲轴主轴承都是对开式滑动轴承，如图 2－18所示。

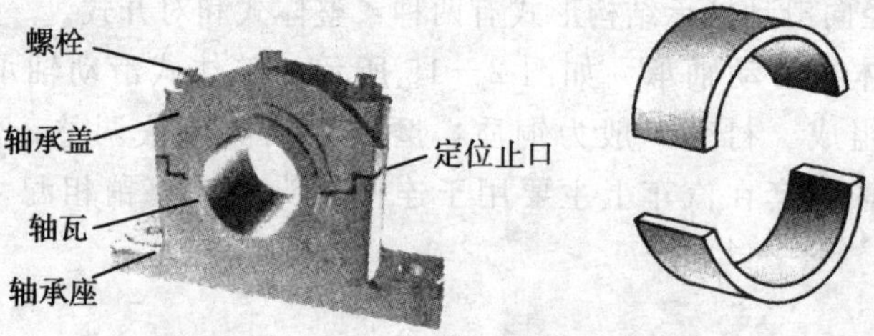

图 2－17　对开式滑动轴承

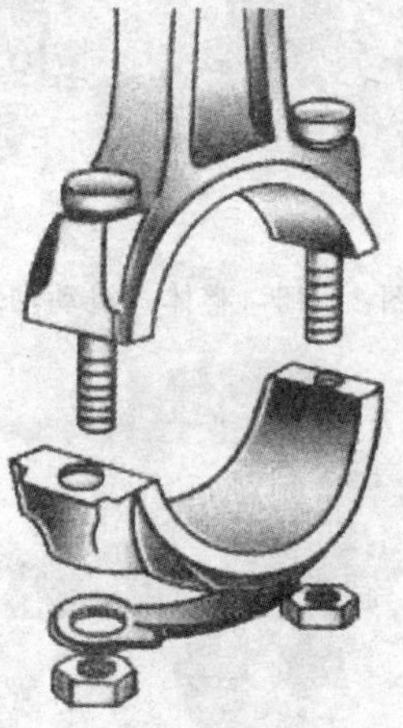

图 2－18　连杆大头

滚动轴承

1. 滚动轴承的应用

滚动轴承的摩擦阻力小，结构紧凑、转动灵活，拆装方便，广泛用于汽车的各个机构上，如变速器、转向器、水泵、风扇、离合器、差速器，以及前、后轮和传动轴上都用到了滚动轴承。图 2—19 所示为各种常用滚动轴承。

图 2—19　常用滚动轴承

2. 滚动轴承的内部结构及作用

滚动轴承严格说来是一个组合标准件，其基本结构如图 2—20 所示，它主要由内圈、外圈、滚动体和保持架 4 个部分组成，各零件的作用如下：

（1）内圈的作用是支撑轴，一般随轴一起旋转。

（2）外圈的作用是支撑轴承座等零件，一般固定。

（3）滚动体的作用是在滚道中做自转或公转运动，承受主要的磨损。

（4）保持架的作用是将滚动体等距分布，减少摩擦和磨损。

3. 滚动轴承的类型

（1）按滚动体的形状分　可将其分为球轴承和滚子轴承等。

球轴承承载能力低，极限转速高，如图 2—21（a）所示。滚子轴承承载能力高，极限转速低，如图 2—21（b）所示。

滚动轴承的滚动体有球、圆锥滚子、圆柱滚子、球面滚子和滚针等几种形状，如图 2—22 所示。

（2）按承受载荷的方向分　滚动轴承按承受载荷的方向不同可分为向心轴承、推力轴承、向心角接触轴承和推力角接触轴承 4 类。

①向心轴承主要承受径向载荷，有的向心轴承也承受较小的单向轴向载

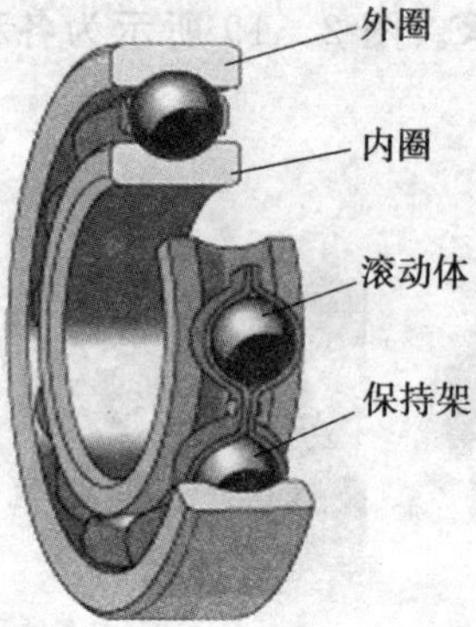

（a）结构图

（b）实物图

图 2—20 滚动轴承的结构

（a）球轴承

（b）滚子轴承

图 2—21 滚动轴承的类型

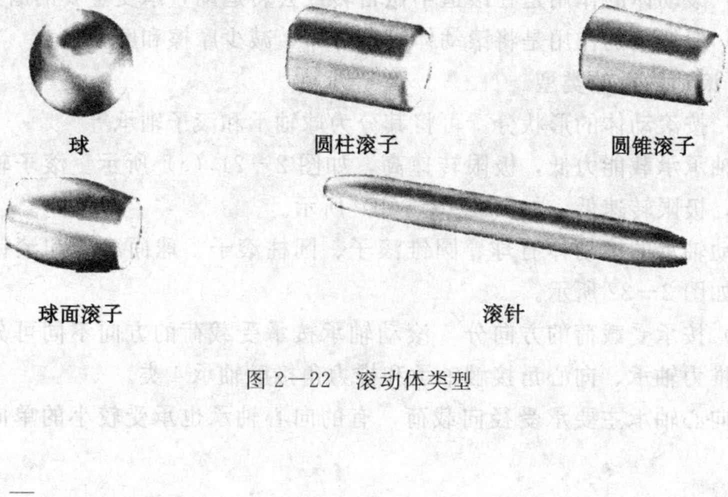

图 2—22 滚动体类型

荷或较小的双向轴向载荷，其常用类型有调心球轴承、圆柱滚子轴承、调心滚子轴承，以及如图 2－23 所示的深沟球轴承和如图 2－24 所示的滚针轴承。

图 2－23　深沟球轴承

注：接触角 α 是滚动轴承中内圈与滚动体接触处的法线和垂直于轴线的平面间的夹角

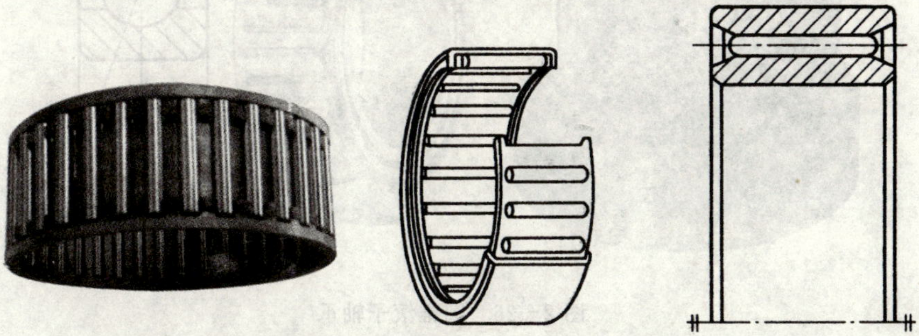

图 2－24　滚针轴承

②推力轴承仅能承受单向或双向的轴向载荷。其常用类型有双向推力球轴承、推力圆柱滚子轴承、推力滚针轴承和推力球轴承等。推力球轴承如图 2－25所示。

③向心角接触轴承能同时承受径向载荷和轴向载荷，一般以径向载荷为主。其常用类型有角接触球轴承和圆锥滚子轴承等。圆锥滚子轴承如图 2－26 所示。

④推力角接触轴承主要承受轴向载荷，也可以承受较小的径向载荷。其常用类型有推力调心滚子轴承、推力圆锥滚子轴承等。推力圆锥滚子轴承如图 2－27 所示。

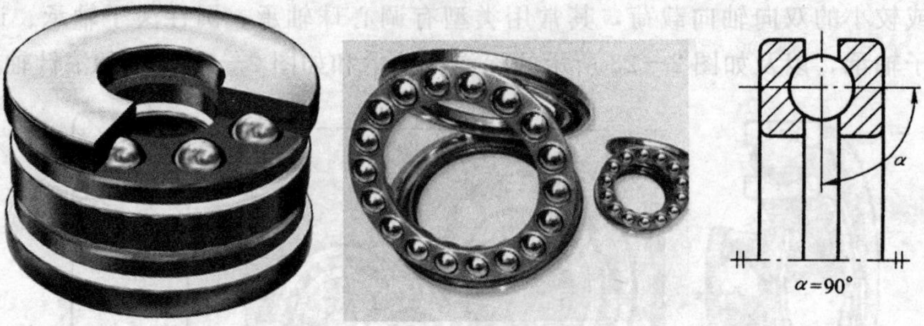

图 2—25　推力球轴承

图 2—26　圆锥滚子轴承

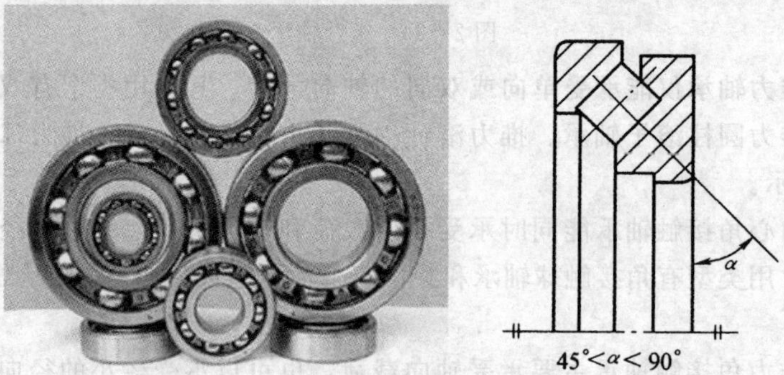

图 2—27　推力圆锥滚子轴承

4. **滚动滚轴承代号**

为了区别不同类型、结构、尺寸和精度的轴承，国家标准规定了其识别符号即轴承代号，并把它标印在轴承的端面上。国家标准（GB/T 272—1993）规定，轴承代号由前置代号、基本代号和后置代号三部分构成，如表2—1所示。

表2—1 滚动轴承代号排列规则

<table>
<tr><th colspan="14">轴承代号</th></tr>
<tr><th rowspan="2">前置代号</th><th colspan="5">基本代号</th><th colspan="8">后置代号</th></tr>
<tr><th>1</th><th>2</th><th>3</th><th>4</th><th>5</th><th>1</th><th>2</th><th>3</th><th>4</th><th>5</th><th>6</th><th>7</th><th>8</th></tr>
<tr><td rowspan="2">成套轴承分部件</td><td rowspan="2">类型代号</td><td colspan="2">尺寸系列代号</td><td colspan="2" rowspan="2">内径代号</td><td rowspan="2">内部结构</td><td rowspan="2">密封与防尘、套圈变形</td><td rowspan="2">保持架及其材料</td><td rowspan="2">轴承材料</td><td rowspan="2">公差等级</td><td rowspan="2">游隙</td><td rowspan="2">配置</td><td rowspan="2">其他</td></tr>
<tr><td>宽（高）度系列代号</td><td>直径系列代号</td></tr>
</table>

前置代号用来说明轴承分部件的特点，以字母表示，一般轴承不需要说明时无前置代号。

后置代号用字母和数字表示轴承的结构、公差及材料的特殊要求等内容。

基本代号用来表示轴承的内径系列、直径系列、宽度系列和类型，一般最多为五位数。

代号排列顺序有如下规则：

(1) 轴承的内径用基本代号右起第一、二位数字表示，如表2—2所示。

表2—2 轴承内径代号

轴承公称内径/mm	内径代号	示例
0.6～10（非整数）	用公称内径毫米数直接表示，在其与尺寸系列代号之间用“/”分开	深沟球轴承 618/2.5 $d=2.5$mm
1～9（整数）	用公称内径毫米数直接表示，对深沟球轴承及角接触球轴承7、8、9直径系列，内径与尺寸系列代号之间用“/”分开	深沟球轴承 625/5 $d=5$mm

续表

轴承公称内径/mm		内径代号	示例
10～17	10 12 15 17	00 01 02 03	深沟球轴承 6200 d=10mm
20～480（22，28，32 除外）		公称内径除以 5 的商数，商数为个位数，需在商数左边加“0”如 08	调心滚子轴承 23208 d=40mm
大于和等于 500 及 22，28，32		用公称内径毫米数直接表示，但在与尺寸系列之间用“/”分开	调心滚子轴承 230/500 d=500mm 深沟球轴承 62/22 d=22mm

注：此表代号不表示滚针轴承的代号。

（2）轴承的直径系列（即结构相同、内径相同的轴承在外径和宽度方面的变化系列）用基本代号右起第三位数字表示。例如，对于向心轴承和推力轴承，0、1 表示特轻系列，2 表示轻系列，3 表示中系列，4 表示重系列，如表 2—3 所示。

（3）轴承的宽度系列用基本代号右起的第四位数字表示。直径系列代号和宽度系列代号统称为尺寸系列代号，如表 2—3 所示。

（4）轴承类型代号用基本代号右起第五位数字表示（圆柱滚子轴承和滚针轴承等类型代号用字母表示），滚动轴承的主要类型如表 2—4 所示。

表 2—3　向心轴承和推力轴承的常用尺寸系列代号

直径系列	向心轴承								推力轴承			
	宽度系列代号								高度系列代号			
	8	0	1	2	3	4	5	6	7	9	1	2
	尺寸系列代号											
7	—	—	17	—	37	—	—	—	—	—	—	
8	—	08	18	28	38	48	58	68	—	—	—	—
9	—	09	19	29	39	49	59	69	—	—	—	—

续表

直径系列	向心轴承								推力轴承			
	宽度系列代号								高度系列代号			
	8	0	1	2	3	4	5	6	7	9	1	2
	尺寸系列代号											
0	—	00	10	20	30	40	50	60	70	90	10	—
1	—	01	11	21	31	41	51	61	71	91	11	—
2	82	02	12	22	32	42	52	62	72	92	12	22
3	83	03	13	23	33	—	—	—	73	93	13	23
4	—	04	—	24	—	—	—	—	74	94	14	24
5	—	—	—	—	—	—	—	—	—	95	—	—

表 2-4 滚动轴承的主要类型

轴承类型	代 号	轴承类型	代 号
双列角接触球轴承	0	深沟球轴承	6
调心球轴承	1	角接触球轴承	7
调心滚子轴承 推力调心滚子轴承	2	推力圆柱滚子轴承	8
		圆柱滚子轴承	N
圆锥滚子轴承	3	外球面球轴承	U
双列深沟球轴承	4	四点接触球轴承	QJ
推力球轴承	5		

代号举例如图 2-28 所示。

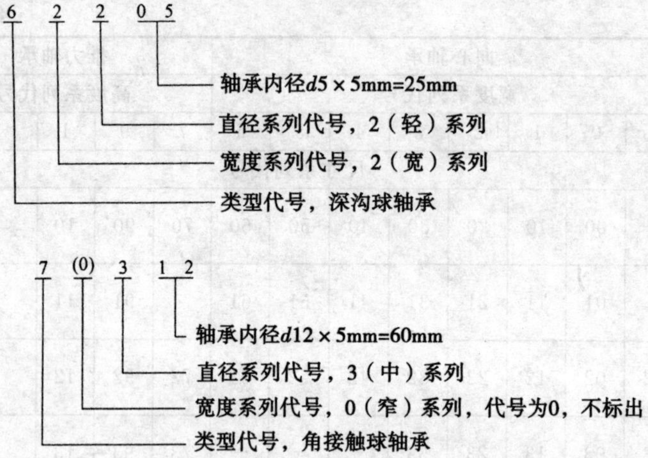

图 2—28　滚动轴承代号举例

请根据以上示例，结合各表思考下列滚动轴承的代号含义：6308、N2206、7311。

第三章　汽车的平面连杆机构

机构的组成及其运动简图

机器和机构

1. 机器和机构的概念

日常生活和生产实践中，我们见过或用过很多机器，如电动机、汽车发动机、洗衣机等。它们的作用是实现能量转换或完成有用的机械功代替人的劳动。图 3－1 所示的单缸发动机，是由齿轮 1 和 2、凸轮 3、凸轮轴 4、进气门 5、排气门 6、气缸体 7、活塞 8 齿轮、连杆 9 及曲轴 10 组成的。

发动机在工作时，由燃气混合气燃烧推动活塞 4 在气缸中作往复移动，通过连杆 3 带动曲轴 2 转动，从而将燃料燃烧的热能转换为机械能。其中，活塞、连杆、曲轴和气缸体构成的曲柄滑块机构，可将活塞的往复移动转变为曲轴的连续转动；两个齿轮组成的齿轮机构可以改变转速的大小和转动方向；由凸轮、推杆、气门等构成的配气机构将凸轮的转动转变为推杆的往复移动，定时打开和关闭气门。

由此可见，机器是能够转换和传递能量，以代替人的体力劳动的一种机械运动装盘。机构是具有确定相对运动的实物的组合，它的功用主要是转换或传递运动形式。机械是机器和机构的总称。

机器和机构具有以下的共同特征：

(1) 都是若干实物的组合。

(2) 各实物之间具有确定的相对运动。

2. 机器和机构的区别

由以上分析可知，机器和机构是不一样的，机构不能实现能量的转换和传递，只能够传递和转换运动形式，而机器却能传递、转换能量或做功。例如，图 3－1 所示发动机中的曲柄连杆机构，实现的就是运动形式的转换；而整个发动机则是机器，它可以将燃料燃烧的热能转变为机械能。

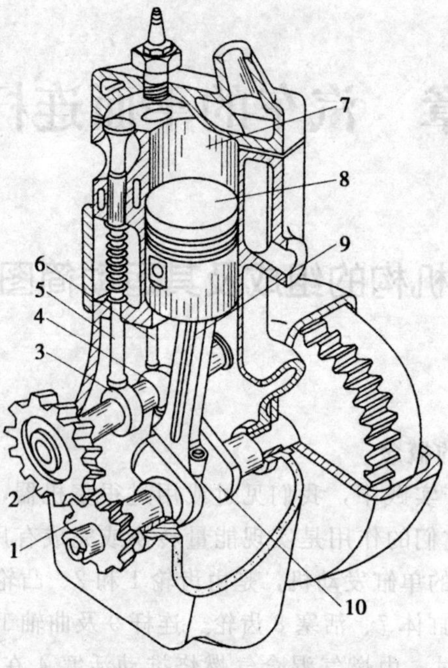

图 3－1　单缸发动机

1、2—齿轮　3—凸轮　4—凸轮轴　5—进气门　6—排气门

7—气缸体　8—活塞　9—连杆　10—曲轴

构件和零件

1. 零件

零件是指机械中每一个单独加工的单元体，是一个制造单元。

2. 构件

构件是指机构中能够做相对运动的实物即机件。通常构件是由一个或几个零件刚性地连接在一起，作为一个整体而运动，是运动的单元。例如，图3－1中的连杆就是由连杆体、连杆盖、螺栓、螺母等零件刚性连接在一起的。在机构的运动过程中，这一刚性连接体就是一个构件。另外，一个单独零件也可以是一个构件，如发动机的曲轴。

运动副及其分类

使两构件直接接触并能保持一定形式的相对运动的连接，称为运动副。运动副是一种可动连接。例如，活塞和气缸体的连接、曲轴轴颈和轴承的连接、齿轮与齿轮之间的连接等，都构成了运动副。根据组成运动副的两构件间的接触形式不同，运动副分为高副和低副。

1. **低副**

两构件以面接触组成的运动副，称为低副。按两构件的相对运动形式的不同，低副可分为：

（1）转动副　组成运动副的两构件在接触处只有相对转动，这种运动副称为转动副，也称为铰链连接，如图 3－2（a）所示为转动副。

（2）移动副　组成运动副的两构件在接触处只作相对移动，这种运动副称为移动副，如图 3－2（b）所示为移动副。

（3）螺旋副　组成运动副的两构件在接触处只作螺旋运动，这种运动副称为螺旋副，如图 3－2（c）所示为螺旋副。

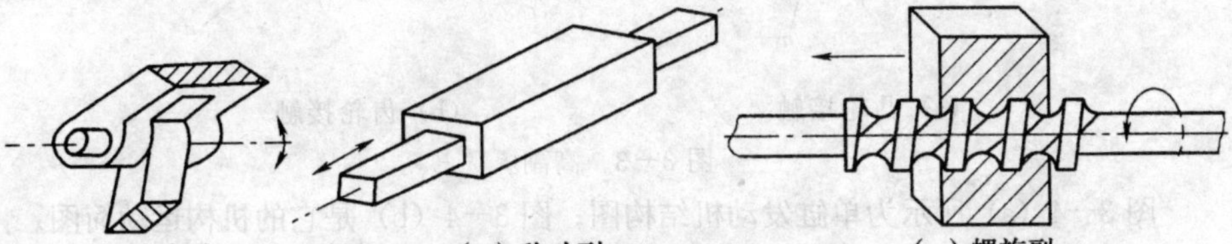

（a）转动副　（b）移动副　（c）螺旋副

图 3－2　低副

2. **高副**

两构件通过点或线接触而形成的运动副，称为高副，如图 3－3 所示。

通过分析可知，构件只是构成机构的一个要素，只有构件而没有运动副，也不能构成一个完整的机构，所以说运动副是构成机构的另一个要素。因此，机构是由若干构件通过运动副连接而成的。

机构的运动简图

研究机构运动时，为使问题简化，可以不考虑与运动无关的构件外形和运动副的具体结构，只用简单的线条和符号来表示构件和运动副，并按比例确定各运动副的位置。这种用来表明机构中各构件间相对运动关系的简图，称为机构运动简图。我们经常会在书中看到各种机构示意图，它是指不严格按照比例绘制的表示机构的结构和运动情况的简图。

要绘制机构运动简图，首先要分析机构的实际构造和运动情况，明确三类构件：固定件——机架；主动件——机构中作用有驱动力或力矩的构件；从动件——机构中随主动件运动而运动的可动构件。在任何机构中必须有也只能有一个构件为固定件，即机架，在可动构件中必定有一个或几个为主动件，一般和固定件相连，其余为从动件。其次，要明确机构由多少个构件组成，各构件之间通过何种运动副连接，然后按照表 3－1 所示的常用运动副及构件的图示符号绘制机构运动简图。

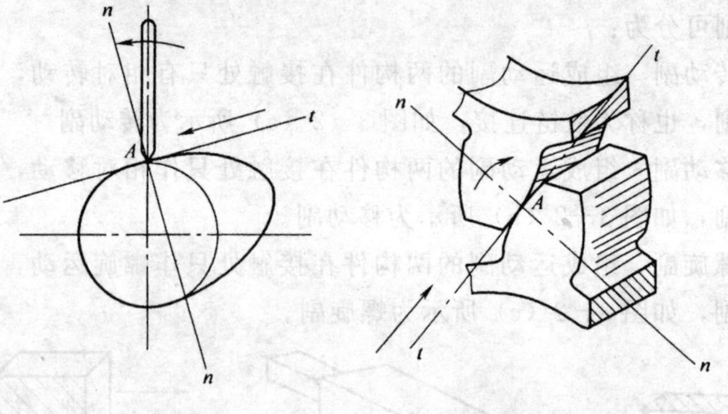

(a) 凸轮接触　　(b) 齿轮接触

图 3－3　高副

图 3－4（a）所示为单缸发动机结构图；图 3－4（b）是它的机构运动简图。

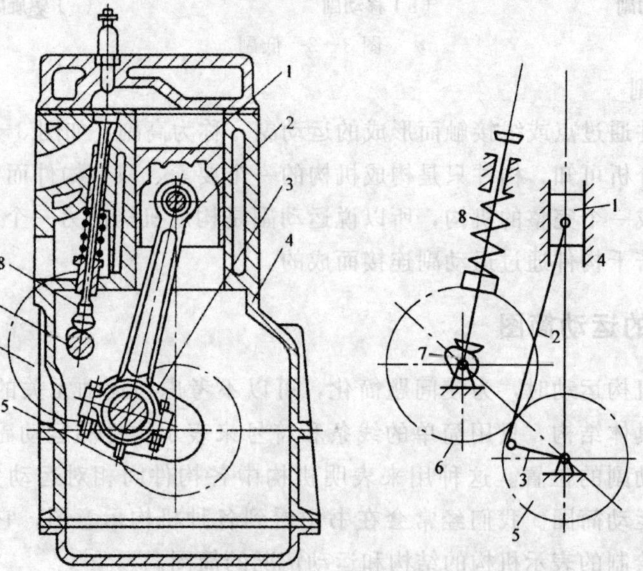

(a) 结构图　　(b) 机构运动简图

图 3－4　单缸发动机及其机构运动简图

1—活塞　2—连杆　3—曲轴　4—机体　5、6—齿轮　7—凸轮　8—推杆

表 3－1　机构运动简图符号

类别	名称	简图符号
构件	轴、杆件	
	机架	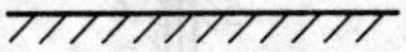
	构件的永久连接	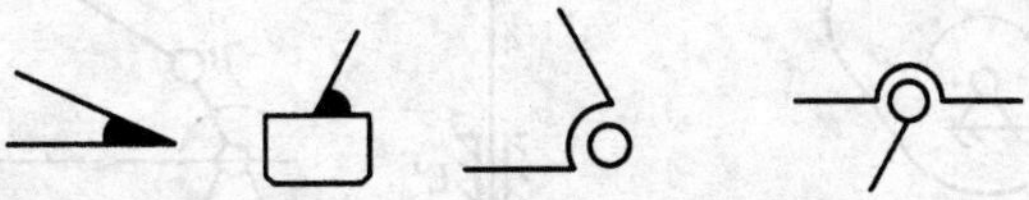
	双副元素构件	
	三副元素构件	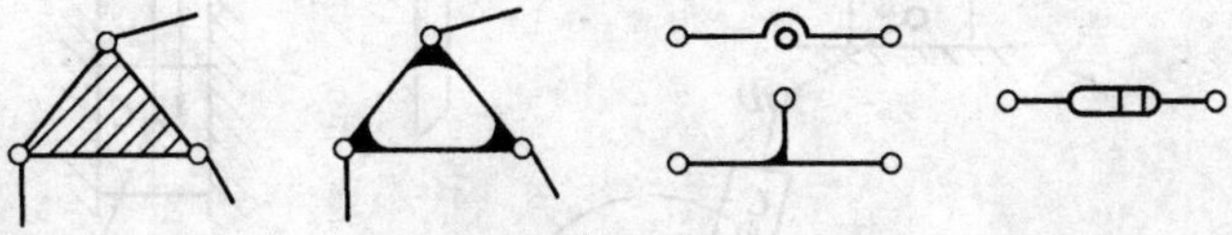
低副	转动副	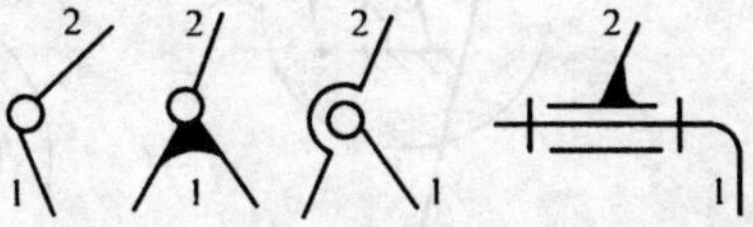
	移动副	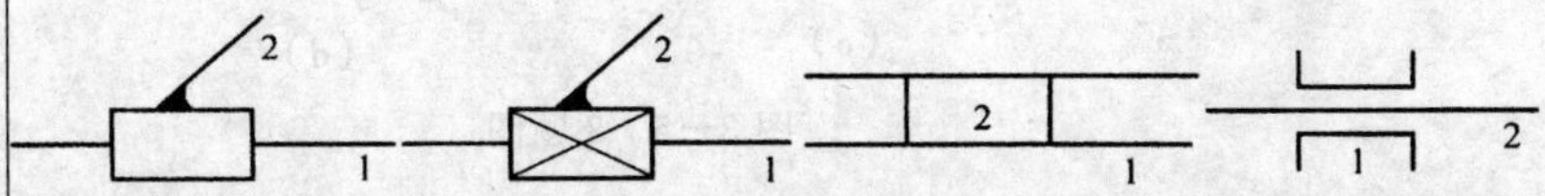
高副机构	齿轮机构	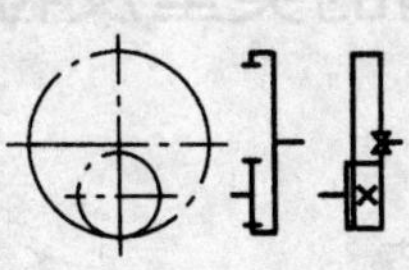 内啮合 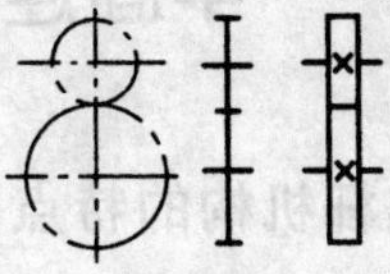 外啮合
	凸轮机构	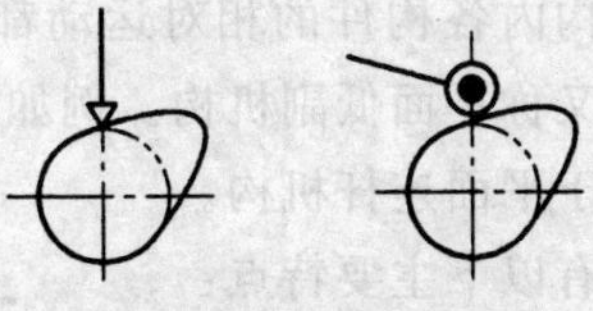

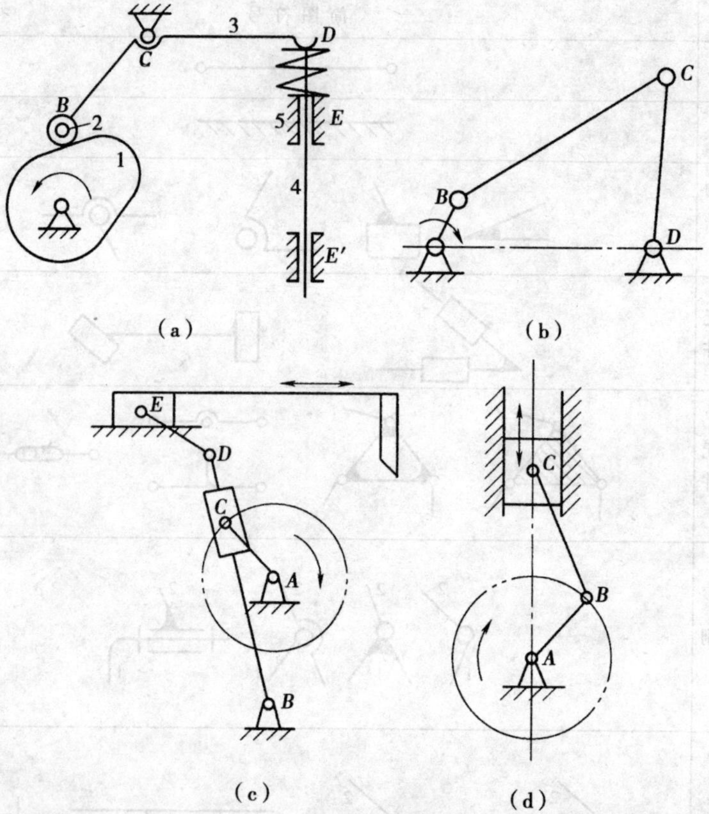

图 3—5　8 题图

平面连杆机构的类型及特性

平面连杆机构的特点

平面连杆机构是指由一些刚性构件（简称“杆”）通过转动副和移动副连接而成的机构，且机构内各构件的相对运动都在同一平面内或相互平行的平面内。平面连杆机构又称平面低副机构。例如，图 3—6 所示的曲柄滑块机构和天线调节机构都属于平面连杆机构。

平面连杆机构具有以下主要特点：

(1) 由于低副是面接触，因此压强小、便于润滑，磨损轻。

（2）运动副的接触面为圆柱面或平面，形状简单，因而制造容易。

（3）平面连杆机构结构简单、工作可靠，能满足多种运动规律和运动轨迹的要求。

（4）不适用于高速传动。

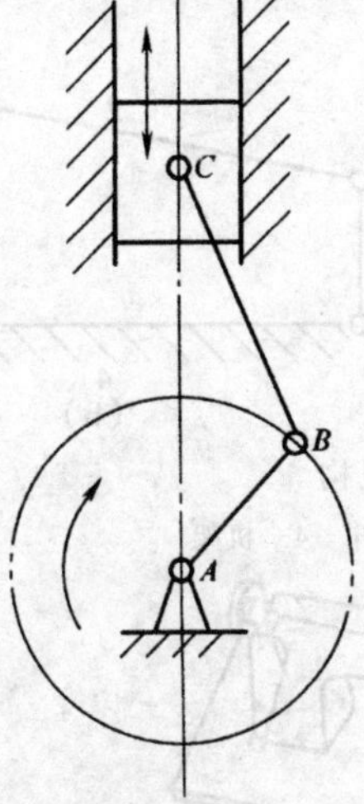

（a）曲柄滑块机构

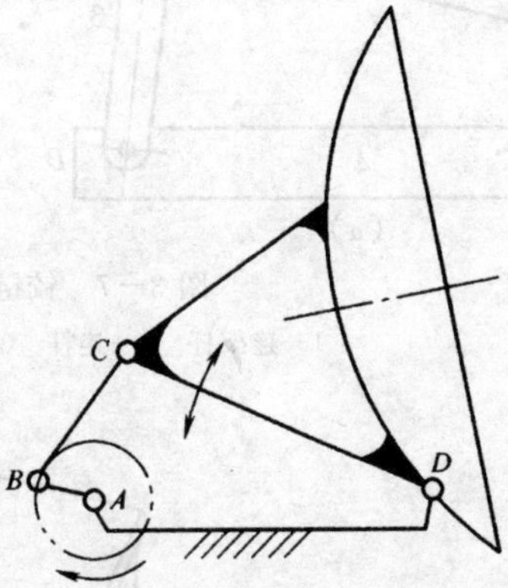

（b）天线调节机构

图 3－6　平面连杆机构

（5）对于多杆机构，因构件和运动副数目多，传动精度较低且设计困难。

平面连杆机构的类型

平面连杆机构的种类繁多，运动形式多样，应用广泛。这里只介绍几种常见的平面连杆机构。

1. 铰链四杆机构

由四个构件通过转动副连接而成的平面连杆机构，称为铰链四杆机构，如图 3－7（a）所示。图 3－7（b）为机构运动简图。机构中的固定件 4 称为机架；与机架直接相连的杆 1 和杆 3 称为连架杆；连接两连架杆的杆 2 称为连杆。

能绕着与机架相连的固定铰链做整周转动的连架杆，称为曲柄；只能在小于 360°的某一角度内摆动的连架杆，称为摇杆。因此，根据连架杆运动形式不同，铰链四杆机构可分为曲柄摇杆机构、双曲柄机构和双摇杆机构三种基本形式。

(1) 曲柄摇杆机构　两个连架杆中，一个为曲柄，另一个为摇杆的铰链四杆机构，称为曲柄摇杆机构。图 3－8 所示缝纫机踏板机构就属于曲柄摇杆机构，它可以将主动件 3（踏板）的摆动转变为从动件 1（曲柄）的转动；图3－9 所示的碎石机也是一种曲柄摇杆机构，它可以把主动件 *AB* 杆的转动转变为从动件 *CD* 杆的摆动。因此，曲柄摇杆机构能完成两种运动形式的转换，即

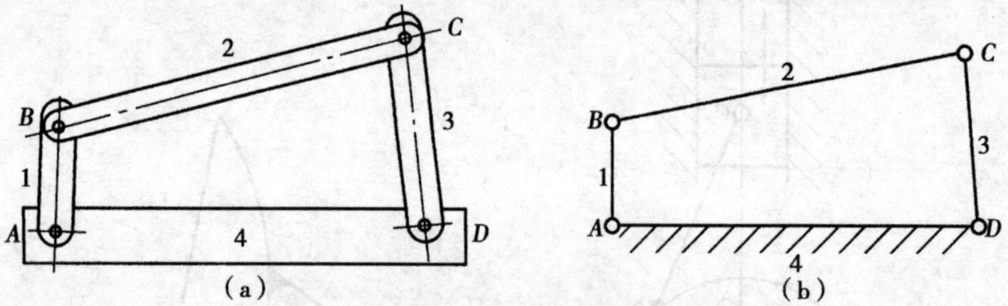

图 3－7　铰链四杆机构

1—连架杆　2—连杆　3—连架杆　4—机架

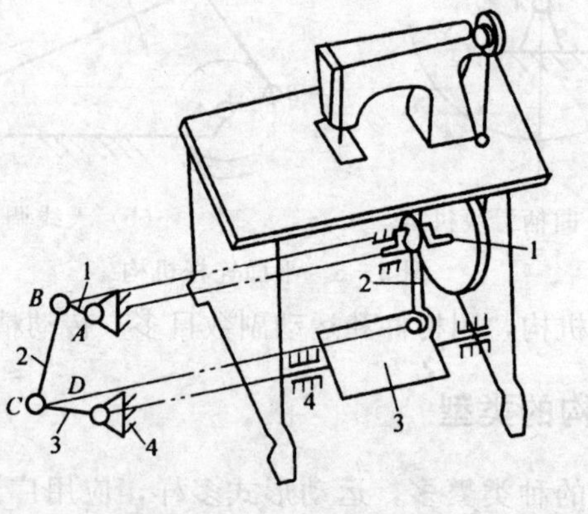

图 3－8　缝纫机踏板机构

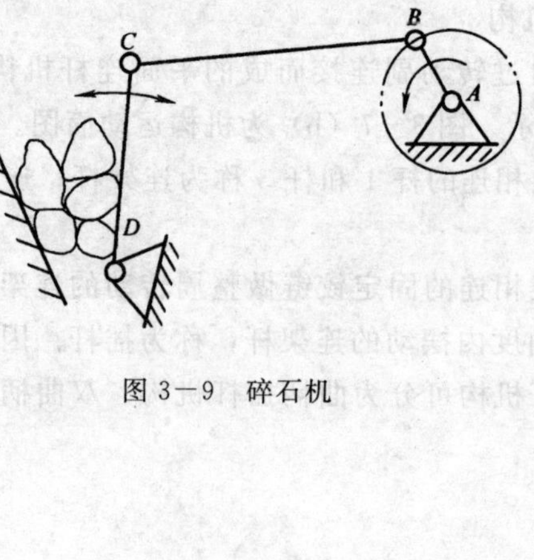

图 3－9　碎石机

①将曲柄整周的转动转换为摇杆的往复摆动。

②将摇杆的往复摆动转变为曲柄的整周转动。

(2) 双曲柄机构　图 3－10 所示的机车车轮联动机构中，两个连架杆均作整周旋转，即两个连架杆都是曲柄，这种机构称为双曲柄机构。该机构中，两曲柄长度相等，连杆与机架的长度也相等，这种双曲柄机构称为平行双曲柄机构。这种机构在工作时，两曲柄回转方向相同，角速度相等。但双曲柄机构在实际工作中还存在一种特别的情况，如图 3－11 所示，主动曲柄 1 回转方向不变时，各构件恰好位于同一直线 AD 上时，则从动曲柄 3 的回转方向不确定，有可能变为反向双曲柄机构，这时两曲柄回转方向相反，角速度不等。

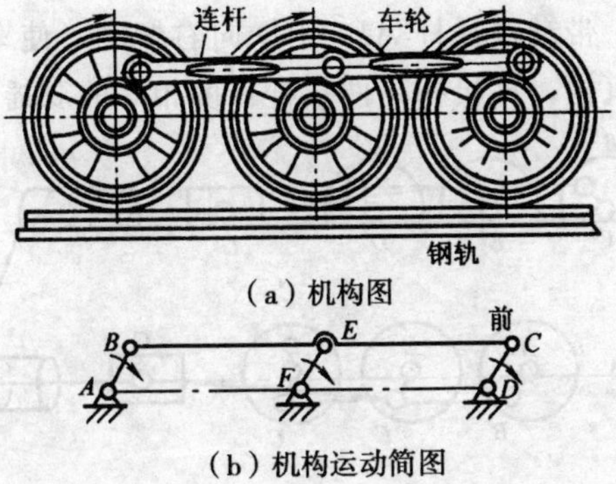

图 3－10　机车车轮联动机构

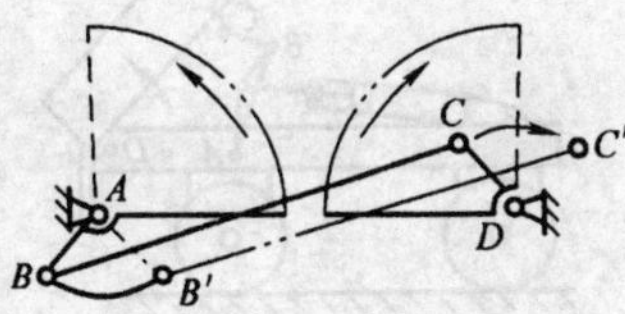

图 3－11　反向双曲柄机构

1、3—曲柄　2—连杆　4—机架

反向曲柄机构应用较少，图 3－12 所示的汽车车门启闭机构即是反向双曲柄机构。主动曲柄 AB 转动时，通过连杆 BC 使从动曲柄 CD 向反方向转动，从而保证两车门能同时开闭到预定位置。

在生产实际中，为防止平行双曲柄机构转化为反向双曲柄机构，可采用机构错位配置的方法来解决。机构错位配置是指使平行双曲柄机构不同时处

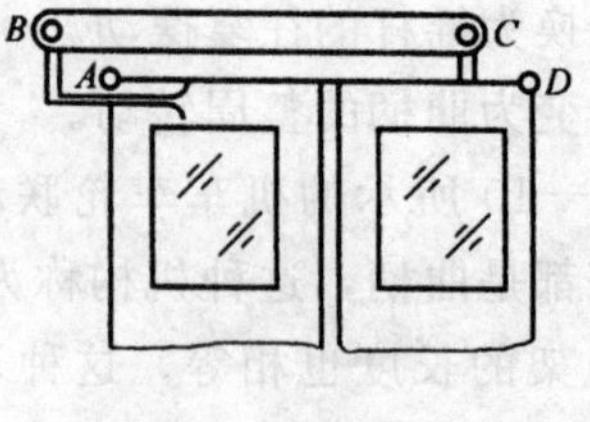

图 3－12　汽车车门启闭机构

于可能反向的位置，来保证机构正常运转，如图 3－13 所示的机车车轮联动机构利用错列配置和增加平行曲柄来消除这种位置的运动不确定状态。

(3) 双摇杆机构　铰链四杆机构中，如两连架杆都是摇杆，则称为双摇杆机构。图 3－14 所示为自卸翻斗车的双摇杆机构。AD 杆为车架，当油缸中的活塞向右运动时，带动双摇杆 AB、CD 向右摆动，使车卸货。图 3－15 所示为汽车前轮转向机构，该机构是两摇杆长度相等的双摇杆机构。

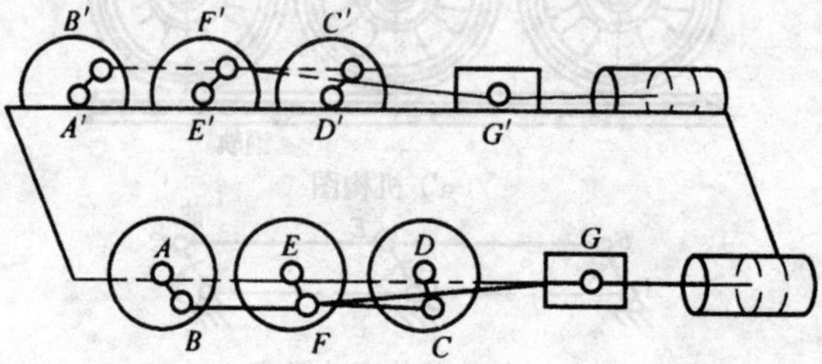

图 3－13　机车车轮联动机构的错列配置

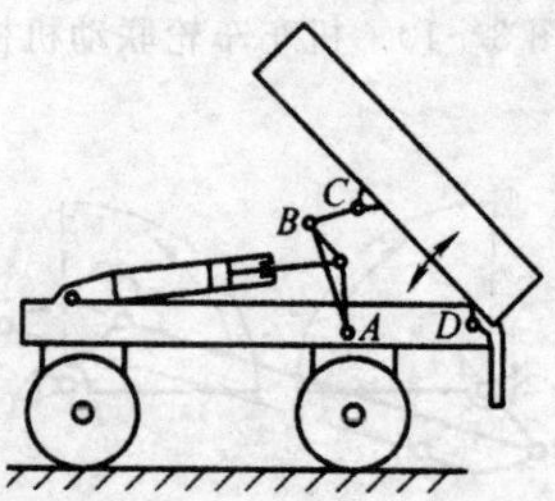

图 3－14　自卸翻斗车卸货机构

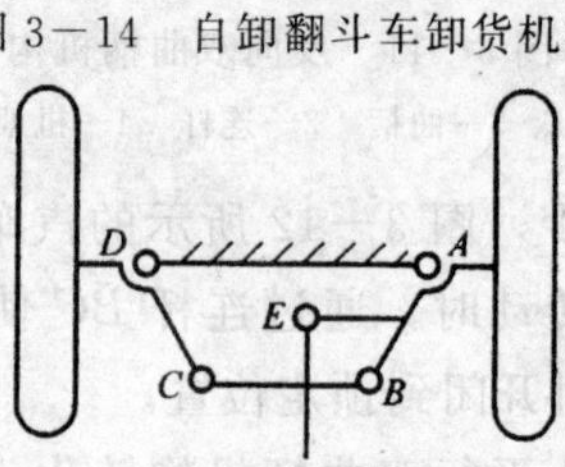

图 3－15　汽车前轮转向机构

2. **曲柄滑块机构**

图 3－16 所示为曲柄滑块机构，由滑块、连杆、曲柄和机架四个构件通过转动副和移动副连接而成。这是常见的含有一个移动副的平面四杆机构。在图 3－16 中，当曲柄 AB 旋转到与连杆 BC 成一直线时，滑块 C 的两个极限位置 C_1 和 C_2 之间的距离 H，称为滑块的行程。它与曲柄的长度 r 存在如下关系

$$H=2r$$

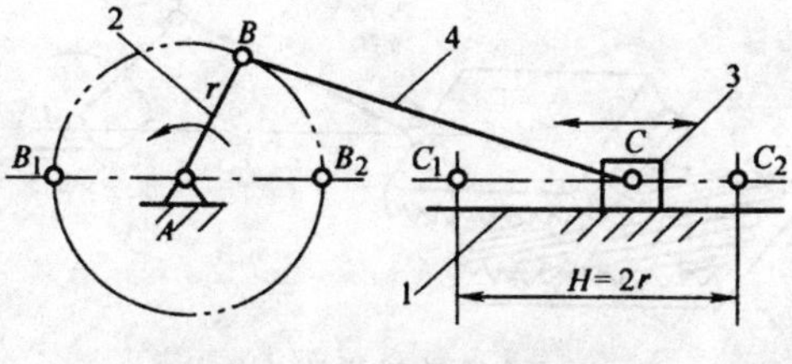

图 3－16　曲柄滑块机构
1—机架　2—曲柄　3—滑块　4—连杆

在曲柄滑块机构中，当滑块为主动件时，机构可将滑块的往复运动转变为曲柄的转动，常用于内燃机、蒸汽机等机器中，如发动机的活塞连杆机构（图 3－17（a））；当曲柄为主动件时，机构可将曲柄的转动转变为滑块的往复运动，常用于冲床（图 3－17（b））、自动送料机构（3－17（c））、自动搓丝机（图3－17（d））等机器设备中。

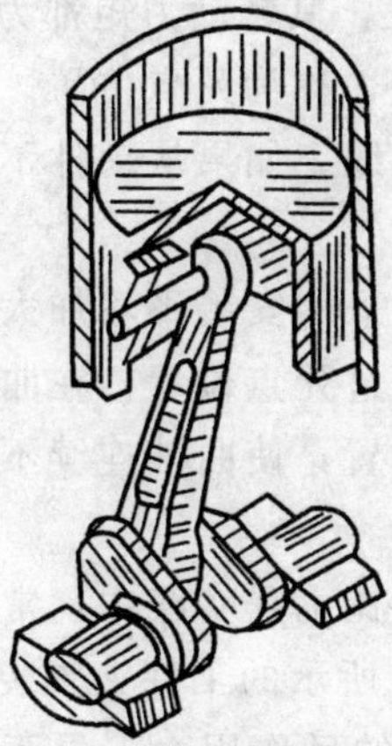

（a）发动机活塞连杆机构

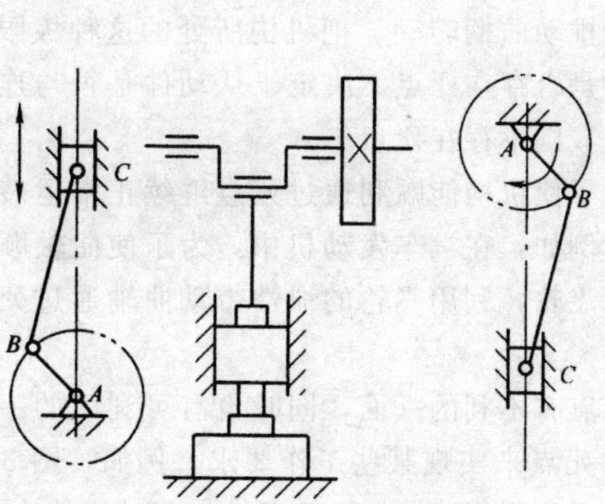

（b）冲床

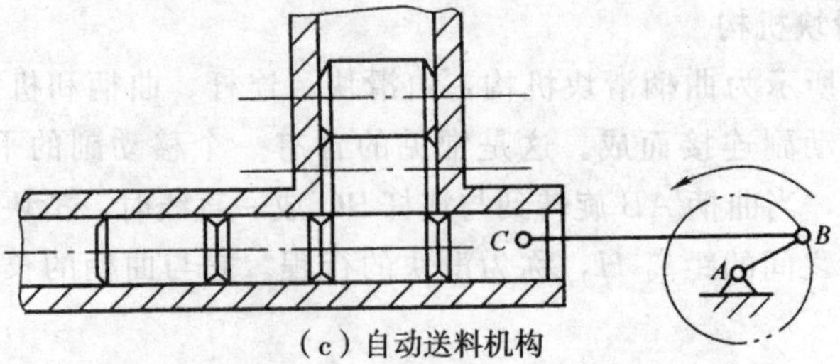

(c) 自动送料机构

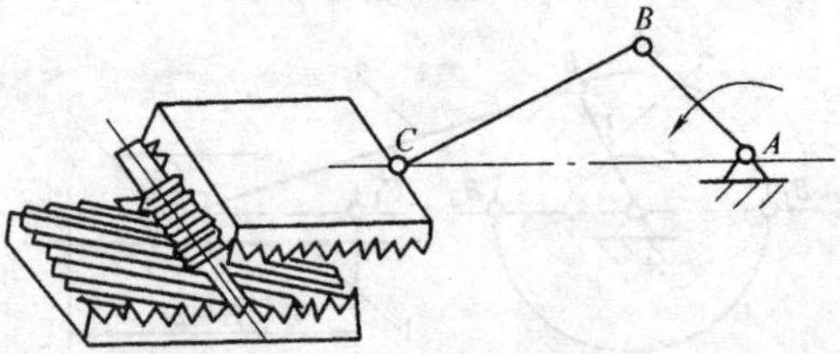

(d) 自动搓丝机构

图 3－17　曲柄滑块机构的应用

平面连杆机构的工作特性

1. 死点位置

在图 3－16 所示的曲柄滑块机构中，当滑块 C 为主动件，曲柄 AB 为从动件，连杆 BC 与曲柄 AB 共线时机构处于极限位置。连杆 BC 施加在曲柄 AB 上的力恰好通过转动中心 A，无论作用力有多大，其转动力矩都为零，因此不能推动曲柄转动。把机构所处的这种极限位置，称为死点位置。平面四杆机构是否存在死点，决定于从动件是否与连杆共线。如果从动件不能和连杆共线，则不存在死点。

为了使机构能顺利通过死点继续正常运转，常采用安装飞轮加大惯性的方法。例如，在汽车发动机中，为了使曲轴顺利通过死点位置，在曲轴末端安装了飞轮，利用飞轮的惯性带动曲轴通过死点位置，使曲轴连续不断地转动。

死点有不利的一面，同时也有可利用的一面。在工程实践中，常常利用机构的死点来实现某些工作要求。例如，图 3－18 所示的工件夹紧装置，当工件夹紧后 BCD 成为一条直线，此时机构在工件的反作用力下处于死点位置，能够保证在加工过程中，工件处于被夹紧的状态，不会自动松脱；需要取出工件时，向上扳动手柄便可松开夹具，取出工件。图 3－19 所示的飞机着陆起落架机构，也是利用了死点位置来承受飞机着陆时的巨大冲击力。由

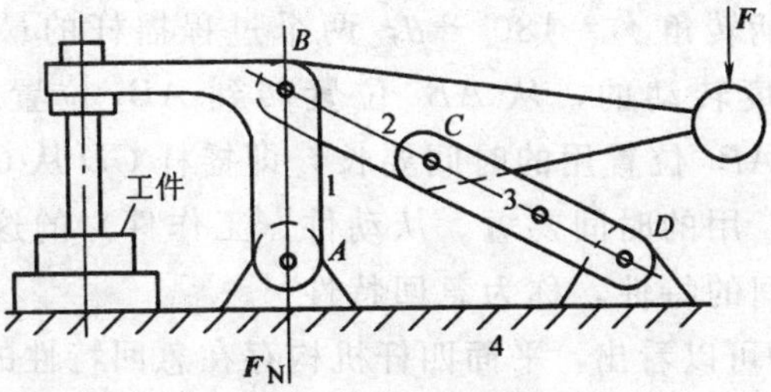

图 3－18　钻床夹紧机构

1、3—连架杆　2—手柄　4—机架

于杆 AB 首先受力，为主动件，杆 CD 为从动件。飞机降落时连杆 BC 给杆 CD 的力恰好通过转动中心 D，所以起落架不会在着陆时在冲击力的作用下反转，保证了飞机安全着陆。

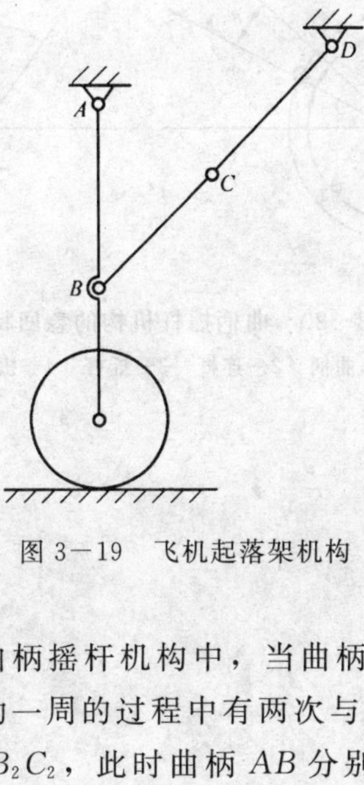

图 3－19　飞机起落架机构

2. **急回特性**

在图 3－20 所示的曲柄摇杆机构中，当曲柄 AB 是主动件，摇杆 CD 是从动件时，曲柄在转动一周的过程中有两次与连杆 BC 共线，两个共线位置分别为 B_1AC_1 和 AB_2C_2，此时曲柄 AB 分别位于 AB_1 和 AB_2，摇杆 CD 的位置分别为 C_1D 和 C_2D，C_1D 和 C_2D 称为摇杆 CD 的极限位置，$<C_1DC_2=\phi$ 称为摇杆的最大摆角。摇杆处于两个极限位置的时候，对应的曲柄 AB_1 和 AB_2 之间所夹的锐角称为极位夹角，用 θ 表示。若曲柄 AB 沿顺时针方向以等角速度运动叫转动，当曲柄从 AB_1 位置转到 AB_2 位置的时候，曲柄转过的角度 $\phi_1=180°+\theta$，当曲柄顺时针从 AB_2 位置再转到

AB_1 位置时，曲柄转角 $\phi_2=180°-\theta$，两个过程摇杆的最大摆角相同，由于曲柄是等角速度转动的，从 AB_1 位置转到 AB_2 位置所用的时间比从 AB_1 位置再转到 AB_1 位置用的时间要长，即摇杆 CD 从 C_2 回到 C_1 所用的时间比从 C_1 到 C_2 用的时间要短。从动件（工作件）的这种返回行程时间小于工作行程时间的特性，称为急回特性。

从以上分析中可以看出，平面四杆机构存在急回特性的条件是极位夹角不为零。生产实际中，常利用机构的急回特性来缩短非工作时间，以提高生产率，如颚式破碎机、往复式运输机等机械。

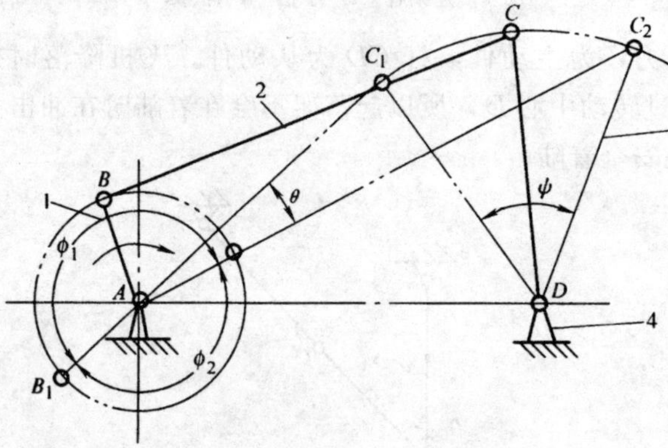

图 3－20　曲柄摇杆机构的急回特性

1—曲柄　2—连杆　3—摇杆　4—机架

第四章　汽车的带传动和链传动

带　传　动

带传动的类型、特点和应用

1. 带传动的类型

带传动是利用张紧在带轮上的传动带与带轮之间的摩擦或啮合来传递运动和动力的装置。带传动机构由主动带轮、从动带轮和传动带组成，如图4－1所示。

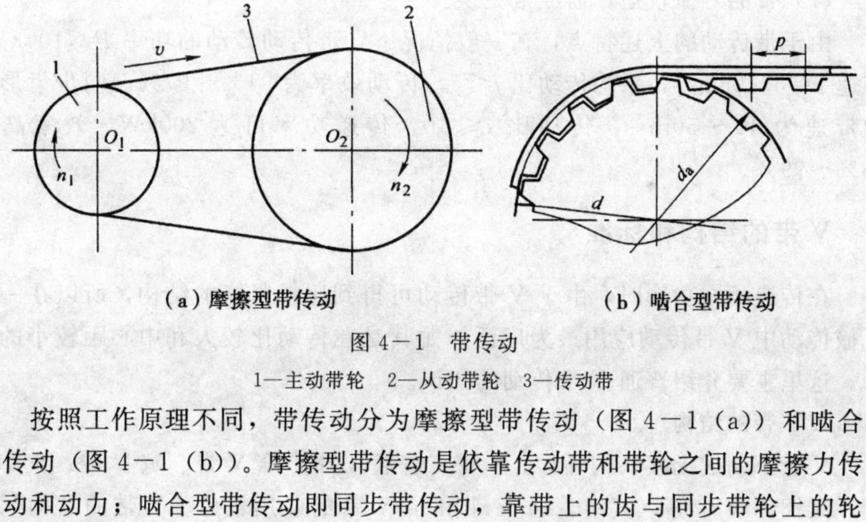

（a）摩擦型带传动　　（b）啮合型带传动

图4－1　带传动

1—主动带轮　2—从动带轮　3—传动带

按照工作原理不同，带传动分为摩擦型带传动（图4－1（a））和啮合型带传动（图4－1（b））。摩擦型带传动是依靠传动带和带轮之间的摩擦力传递运动和动力；啮合型带传动即同步带传动，靠带上的齿与同步带轮上的轮齿的啮合作用来传递运动和动力。

按传动带的截面形状不同，摩擦带可分为平带、V带（俗称三角带）、圆带、多楔带和同步带等（图4－2）。其中，平带和V带应用最多。

2. 带传动的特点

与其他传动形式相比，带传动具有如下特点：

（1）传动带能够吸收振动，缓和冲击，传动平稳，噪声小。

(2) 带传动过载时，传动带会在带轮上打滑，可以防止其他零件损坏，起到保护作用。

(3) 结构简单，制造，安装和维护方便。

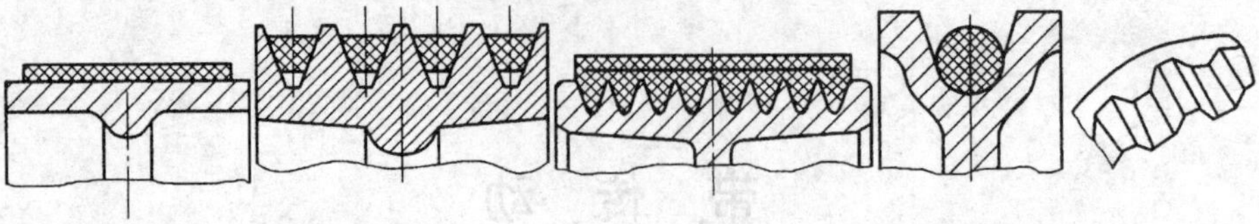

(a) 平带　(b) V带　(c) 多楔带　(d) 圆带　(e) 同步带

图 4—2　带传动的类型

(4) 带与带轮之间存在弹性滑动，因此传动比不恒定，传动精度和传动效率较低。

(5) 由于带工作时需要张紧，带对带轮轴有很大的压轴力。

(6) 带传动装置外廓尺寸大，结构不够紧凑。

(7) 带的寿命较短，需经常更换。

由于带传动的上述特点，在一般情况下，带传动传动的功率 $P \leqslant 100kW$，带速 $v=5 \sim 25m/s$，平均传动比 $i \leqslant 5$，传动效率为 94%～97%。同步齿形带的带速为 40～50m/s，传动比 $i \leqslant 10$，传递功率可达 200kW，效率高达 98%～99%。

V 带的结构和标准

在传递相同功率时，由于 V 带传动可得到比较紧凑的结构，所以在一般机械传动中 V 带传动应用最为广泛，尤其是在传动比较大和中心距较小的场合。这里主要介绍普通 V 带传动的知识。

1. V 带的结构

V 带都制成无接头的环形。V 带有普通 V 带、窄 V 带、宽 V 带、汽车 V 带、大楔角 V 带等，其中普通 V 带和窄 V 带的应用较广。V 带的结构如图 4—3 所示，由包布层、伸张层、强力层和压缩层四个部分组成。包布层一般由胶帆布制成，起耐磨和保护作用。伸张层和压缩层主要由橡胶组成，当带在带轮上弯曲时可分别伸张和压缩。抗拉层由几层棉帘布或一层线绳制成，承受基本的拉力。根据抗拉层的结构不同，V 带可分为帘布芯结构和线绳结构两种。帘布芯结构的 V 带制造较为方便，生产中采用较多。绳芯结构的 V 带比较柔软，适用于直径较小的带轮，但抗拉强度较低。

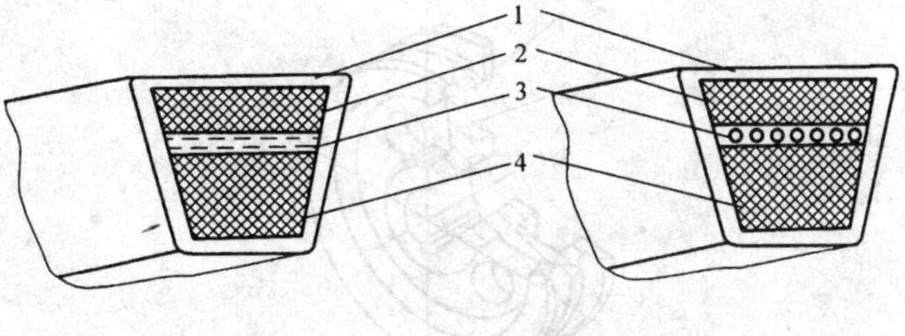

图 4－3　V 带的结构

1—包布层　2—伸张层　3—强力层　4—压缩层

2. V **带的标准**

普通 V 带已标准化，按其截面尺寸的大小，分为 Y、Z、A、B、C、D、E 七种型号，其截面尺寸依次增大。我国普通 V 带的截面尺寸如表 4－1 所示。

表 4－1　普通 V 带截面尺寸（摘录 GB/T 11544—1997）

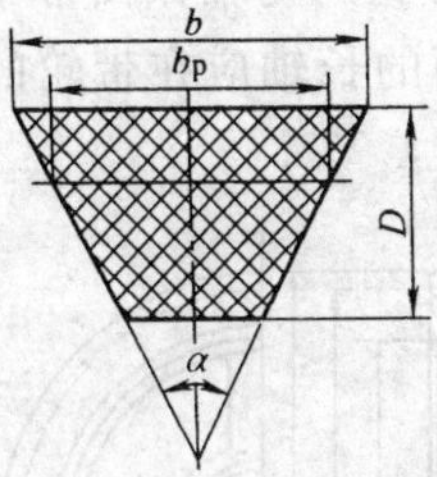

带型	节宽	基本尺寸	
普通 V 带	b_p/mm	顶宽 b/mm	楔角 α/（°）
Y	5.3	6.0	40
Z	8.5	10.0	
A	11.0	13.0	
B	14.0	17.0	
C	19.0	22.0	
D	27.0	32.0	
E	32.0	38.0	

V 带轮

1. **带轮常用材料**

带轮常用材料为灰铸铁，有时也采用钢、铝合金和工程塑料。转速较高时多采用锻钢或钢板冲压后焊接，低速或小功率传动时可用工程塑料。

2. **带轮的结构**

带轮一般由轮缘、轮辐、轮毂三部分组成，如图 4－4 所示。

轮缘是带轮上具有轮槽的部分，它是带轮的工作部分。轮槽的截面形状和尺寸都与带的截面尺寸相适应。轮槽数目也应与传动带的根数相适应。带轮上的梯形轮槽的槽角有 32°、34°、36°、38°四种。为了让 V 带包在带轮上弯曲后，其工作侧面能与带轮的两个工作侧面贴紧，因此，槽角都小于传动带

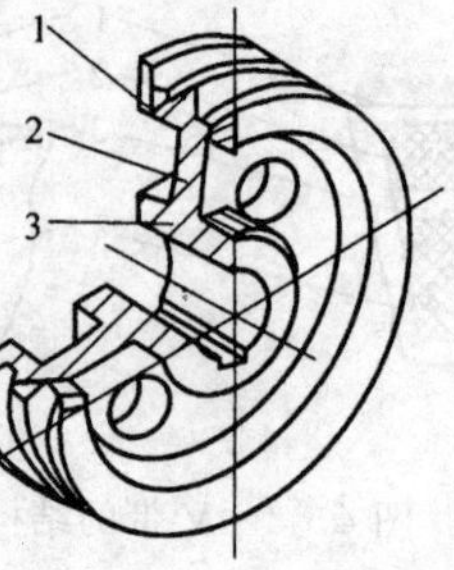

图 4－4　带轮的结构

1—轮缘　2—轮辐　3—轮毂

两侧的夹角（40°）。轮毂是带轮与轴互相配合的部分。轮辐是轮缘的连接部分。

根据带轮直径的不同，带轮可制成实心式、腹板式和轮辐式三种，如图4－5所示。对于尺寸较大的腹板轮，为了便于加工、安装和减轻重量，常在腹板上均匀制出 4～6 个直径大小一样的圆孔。轮辐式带轮的轮辐截面常做成椭圆形。为了减轻带轮回转时的空气阻力，椭圆形截面的长轴应在带轮的回转平面内。

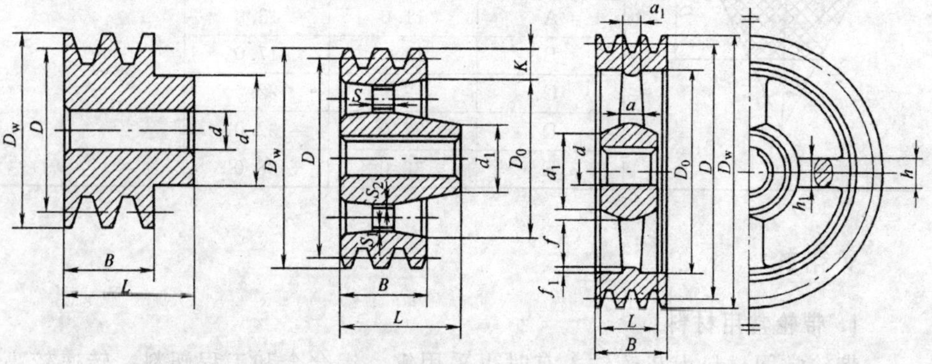

（a）实心式带轮　　（b）腹板式带轮　　（c）轮辐式带轮

图 4－5　V 带轮的轮辐结构形式

V 带轮结构的详细内容可参考其他有关资料。

带传动的张紧、安装和维护

1. **带传动的安装与维护**

正确的安装、调整、使用和维护是保证带传动正常工作和延长使用寿命的有效措施。在带传动的安装、调整、使用和维护方面，应注意以下几点：

(1) 带轮的安装　安装时两带轮的轮槽应对正，两轮轴应尽量平行，如图4－6所示。带轮装在轴上不应有晃动，否则将使传动带侧面过早磨损。

(2) 带轮的布置　为使传动带的装拆方便，带轮应尽量布置在轴的外伸端，如图 4－7 所示。

(3) V 带在轮槽中的位置　安装时应保证 V 带顶面与带轮轮缘平齐（新安装时可略高于轮缘），带与槽底面要留有间距，以保证带的工作侧面和轮槽的工作侧面充分接触，如图 4－8 所示。

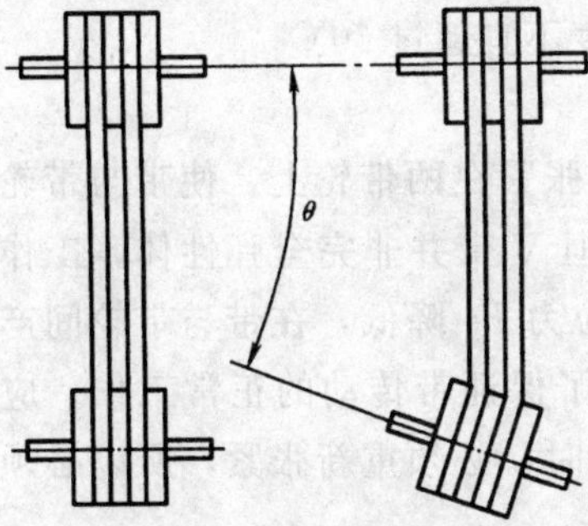

图 4－6　带轮的安装

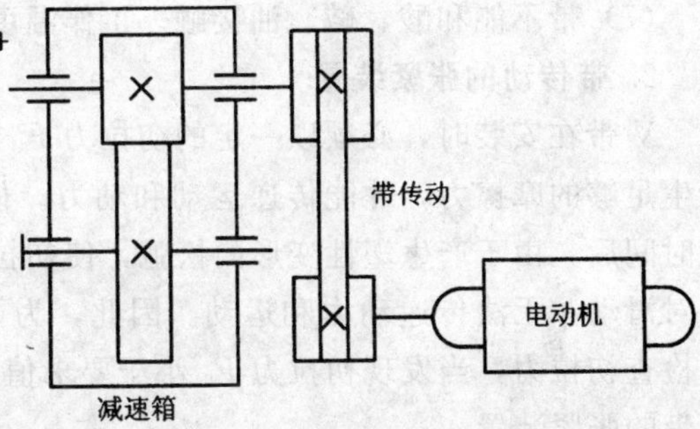

图 4－7　带轮的布置

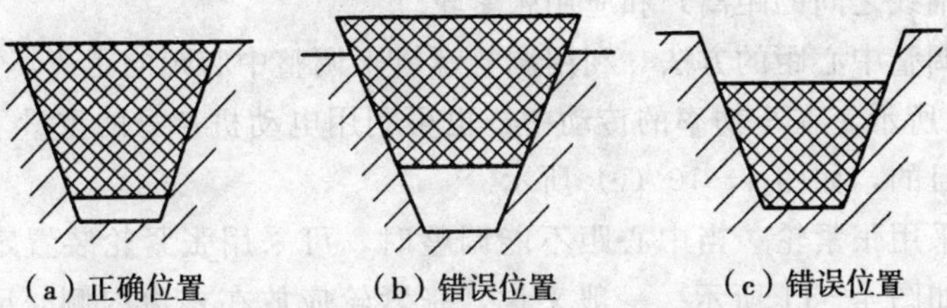

图 4－8　V 带在轮槽中的位置

(4) 初拉力的要求　带的初拉力要适当。在生产实践中，可根据经验来调整，一般来说，在中等中心距的情况下，控制三角带的初拉力时，以大拇指能按下 15mm 左右比较合适，如图 4－9 所示。

（5）定期检查　对带传动要进行定期检查并及时调整，对不能使用的带应及时更换。更换传动带时，必须全部同时更换，不能新旧混合使用，以保证各根传动带的受力均匀。

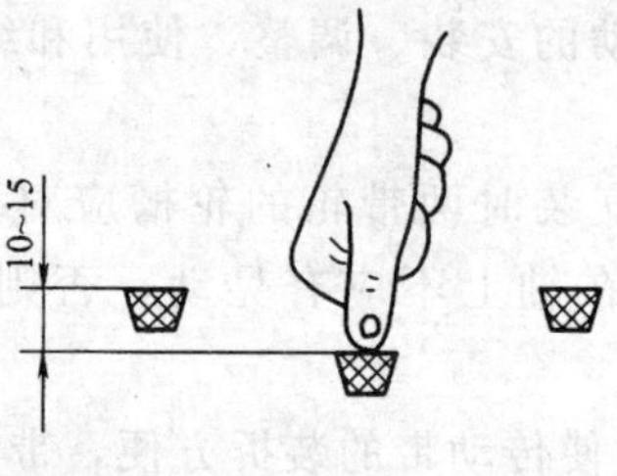

图 4－9　带的初拉力控制

（6）安装防护罩　带传动装置应安装防护罩，以免发生意外事故和保护带传动的工作环境，防止润滑油、切削液和其他杂物影响传动效果，避免传动带的过早老化。

（7）带不能和酸、碱、油接触。工作温度不宜超过 60℃。

2. 带传动的张紧装置

V 带在安装时，必须以一定的初拉力 F_0 张紧在两带轮上，使带与带轮间产生足够的摩擦力，才能传递运动和动力。但 V 带并非完全弹性体，工作一段时间后，由于产生塑性变形而松弛，使初拉力 F_0 降低，在带与带轮间产生相对滑动，无法传递动力和运动。因此，为了保证带传动的正常工作，应定期检查初拉力，当发现初拉力 F_0 小于要求值时，必须重新张紧，所以必须设置带的张紧装置。

通常带传动的张紧装置主要采用两种方法，即调整中心距（主动带轮与从动带轮轴线之间的距离）和应用张紧轮。

（1）调整中心距的方法　利用调整螺钉来调整中心距的距离，如图 4－10（a）、（b）所示。在小功率的传动中，也可利用电动机自身的重量下垂，来达到张紧的目的，如图 4－10（c）所示。

（2）采用张紧轮　当中心距不能调整时，可采用张紧轮装置定期将传动带张紧，如图 4－11 所示。一般来说，张紧轮应放在松边内侧。反之，由于带的反向弯曲，带的寿命降低。

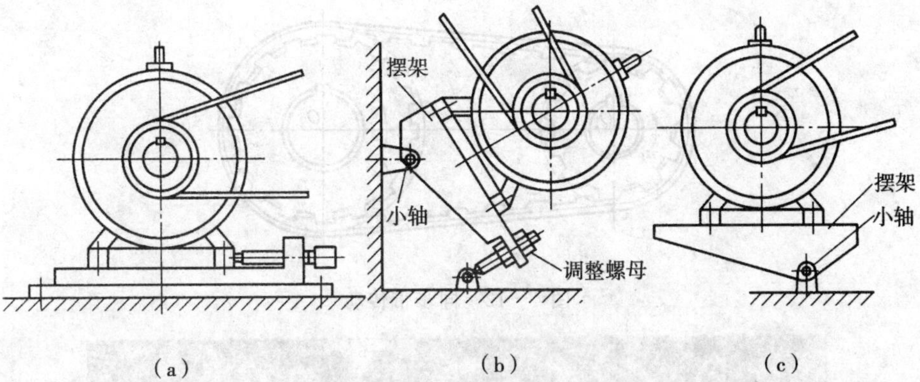

图 4－10　调整中心距的张紧方法

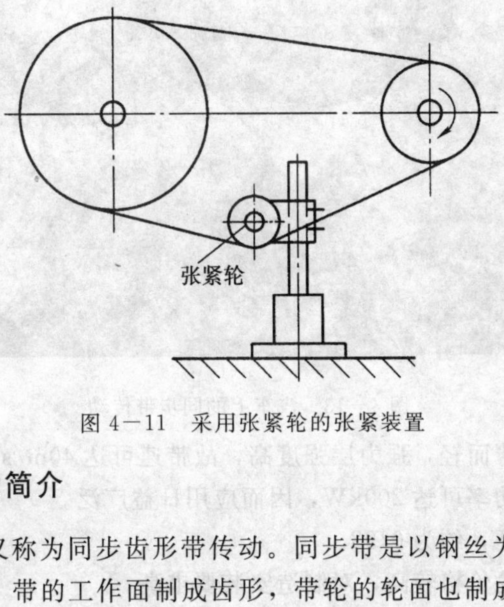

图 4－11　采用张紧轮的张紧装置

同步带传动简介

同步带传动又称为同步齿形带传动。同步带是以钢丝为强力层，外面覆盖聚氨酯或橡胶，带的工作面制成齿形，带轮的轮面也制成相应的齿形，靠带齿与轮齿啮合实现传动，如图 4－12 所示。带与带轮无相对滑动，能保持两轮的圆周速度同步。

同步带常用于要求传动比准确的中小功率传动中，其传动能力取决于带的强度。图 4－13 所示为汽车上的同步带传动装置。

同步带传动主要有如下特点：

(1) 平均传动比准确。

(2) 带的初拉力较小，轴和轴承上所受的载荷较小。

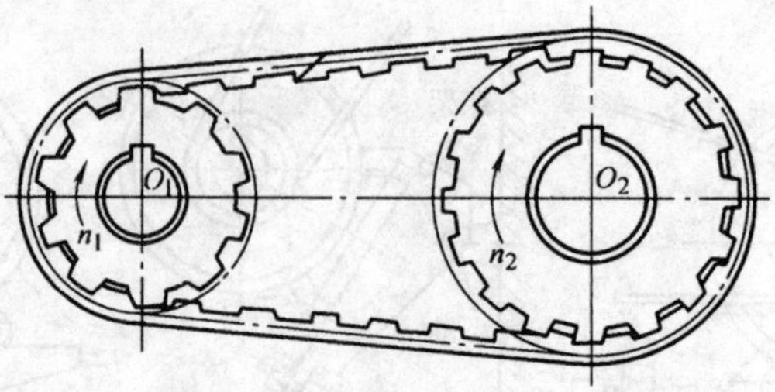

图 4－12　同步带传动

图 4－13　汽车上的同步带传动

(3) 由于带薄而轻，强力层强度高，故带速可达 40m/s，传动比可达 10，结构紧凑，传递功率可达 200kW，因而应用日益广泛。

(4) 效率较高，约为 0.98。

(5) 带及带轮价格较高，对制造安装要求高。

链　传　动

链传动的组成、特点及类型

1. 链传动的组成

链传动是通过链条和链轮轮齿的啮合来传递运动和动力的一种传动方式，

广泛用于运输、起重、建筑等各种机械的传动装置中。图 4－14 所示为汽车发动机配气机构中的链传动装置。链传动主要由主动链轮、从动链轮和链条组成，如图 4－15 所示。

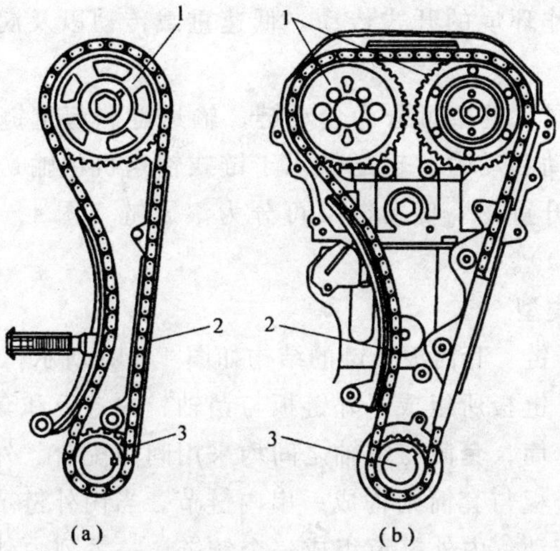

图 4－14　发动机配气机构中的链传动装置

1—凸轮轴正时链轮　2—链条　3—曲轴正时链轮

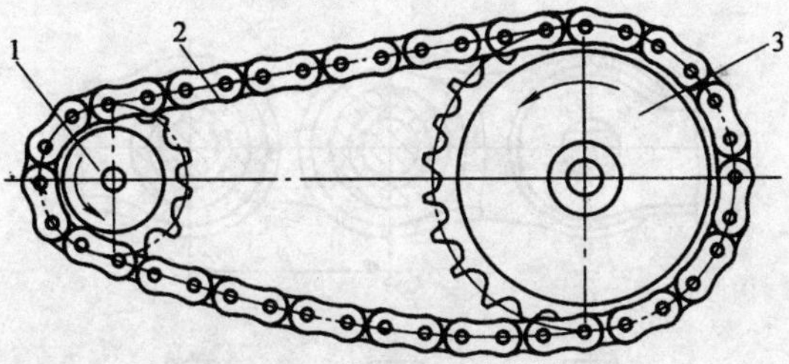

图 4－15　链传动的组成

1—主动链轮　2—链条　3—从动链轮

链传动与其他传动方式相比主要有如下的特点：

(1) 与带传动相比，链传动没有弹性滑动，能保持准确的平均传动比，传动效率较高；链条不需要大的张紧力，所以，轴与轴承所受载荷较小；不会打滑，传动可靠，过载能力强，能在低速重载下较好工作。

(2) 与齿轮传动相比，可以有较大的中心距，能在高温环境和多尘环境中工作，成本较低。

(3) 瞬时链速和瞬时传动比都是变化的，传动平稳性较差，工作中有冲击和噪声，不适合高速和转动方向频繁改变的场合。

链传动的应用范围很广，通常用于中心距大、多轴、转速比要求准确的传动，恶劣工作环境的开式传动，低速重载传动以及润滑良好的高速传动中。

根据用途不同，链条可分为传动链、输送链和起重链。传动链用于一般机械中传递运动和动力，输送链用于链式输送机中输送重物，起重链用于起重机械中提升重物。传动链又可分为滚子链（图 4－14（a））和齿形链（图 4－14（b））。

2. 传动链的类型

(1) 套筒滚子链　套筒滚子链的结构如图 4－16 所示。它由滚子、套筒、销轴、内链板和外链板所组成。外链板与销轴、内链板和套筒之间均采用过盈配合；滚子与套筒、套筒与销轴之间均采用间隙配合。外链板与销轴构成一串外链节，内链板与套筒则构成一串内链节。当内外链节相对屈伸时，套筒可绕销轴自由转动。内外链节组成一个铰链，一系列内外链节便组成了一根链条。链传动工作时，套筒上的滚子沿链轮齿廓滚动，可以减轻和链轮轮齿的磨损。链板均做成∞形，使其近似符合等强度要求，并减轻链条重量和运动时的惯性力。

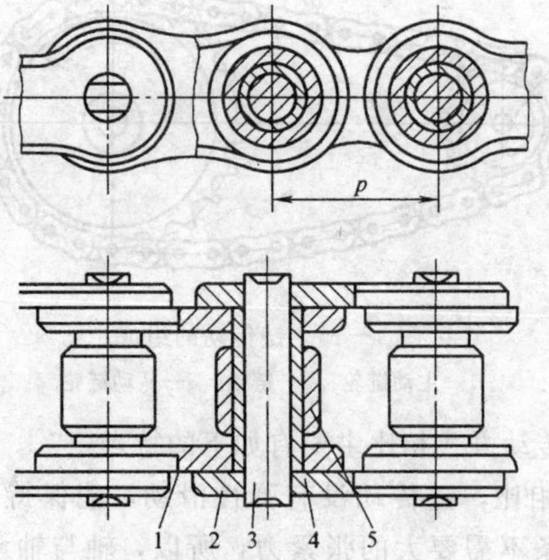

图 4－16　套筒滚子链的结构

1—内链板　2—外链板

3—销轴　4—套筒　5—滚子

套筒滚子链有三种接头形式（图 4—17），当链节数为偶数时，接头处可用开口销（图 4—17（a））或弹簧夹（图 4—17（b））来固定。通常前者用于大节距链。后者用于小节距链。当链子节数为奇数时，采用过渡链节连接（图 4—17（c））。过渡链节在链条受拉时，其链板要产生附加弯曲，应尽量避免用奇数链节。

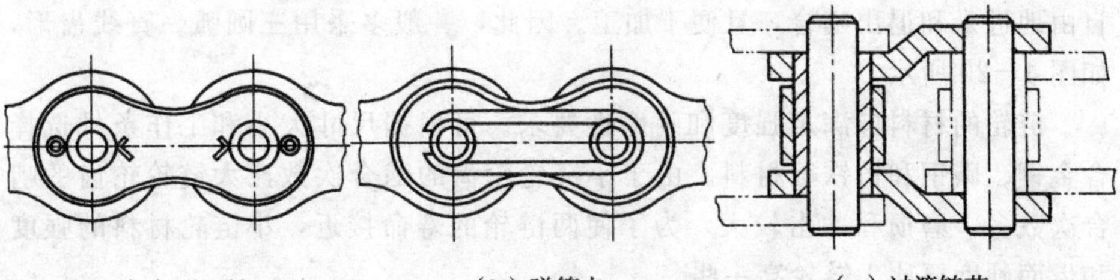

（a）开口销　（b）弹簧夹　（c）过渡链节

图 4—17　套筒滚子链的接头形式

滚子链分单排链（图 4—16）、双排链（图 4—18）和多排链。排数愈多承载能力愈高，当传递功率较大时，可用多排链。但排数愈多，各排链条受力不均匀，会降低多排链的使用寿命，因此排数不宜超过 4 排。

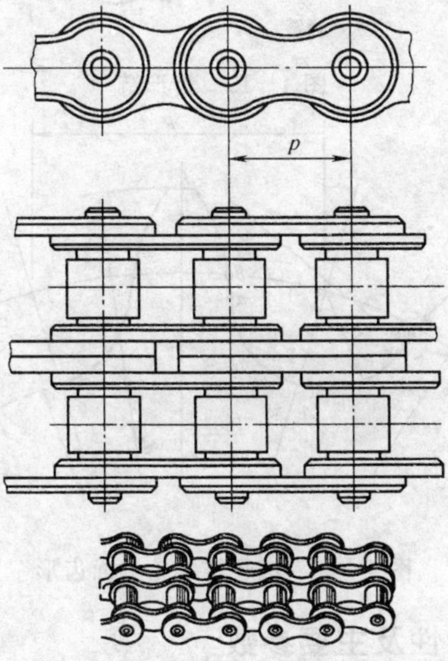

图 4—18　双排套筒滚子链

（2）齿形链　图 4—19 所示为齿形链。齿形链是由铰链连接的齿形板组成的。与套筒滚子链比较，它传动平稳，噪声较小，耐冲击，能承受较高的链速，但结构复杂、价格较高，且摩擦力较大，易磨损，因此主要用于高速传动。

一般来说，链条各零件由碳钢或合金钢制成，并经过热处理以提高强度和耐磨性。

3. **滚子链的链轮**

链轮的齿形要求尽可能减小啮合时产生的冲击和接触应力，保证链节能自由地进入和退出啮合，且便于加工。因此，一般多采用三圆弧一直线齿形，如图 4－20 所示。

链轮的材料应满足强度和耐磨性要求。可根据尺寸大小和工作条件选择合金钢、碳钢和铸铁等材料。由于小链轮轮齿的啮合次数比大链轮轮齿的啮合次数多，磨损和冲击较大，为了使两链轮的寿命接近，小链轮材料的强度和齿面硬度要比大链轮高一些。

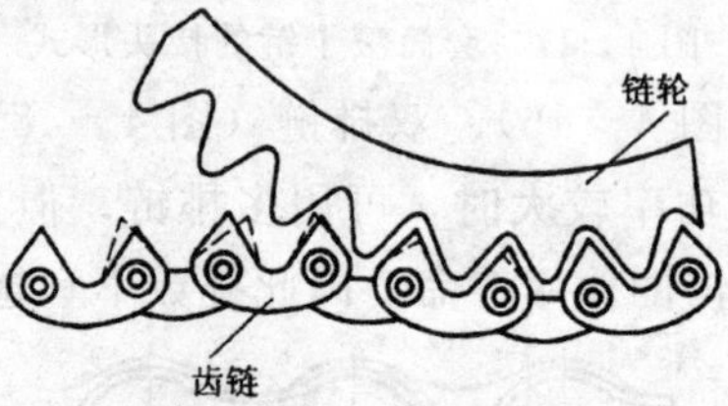

图 4－19　齿形链

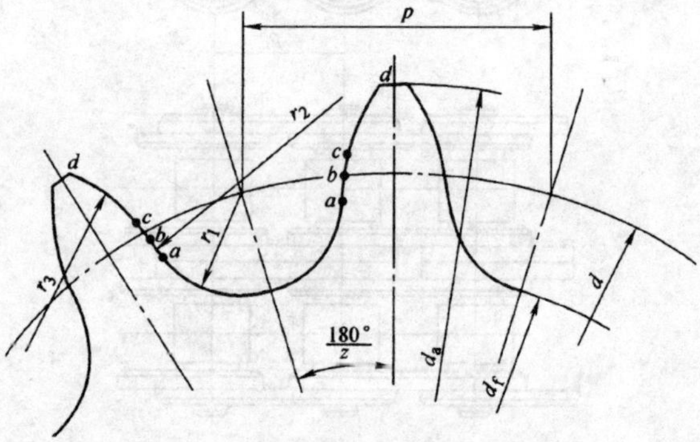

图 4－20　滚子链链轮端面齿形

链传动的运动特性及主要参数

1. **运动特性**

由于链条和链轮啮合传动时，使链条绕在链轮上呈一多边形，链轮每转过一个齿，链条速度就会变化一次，即链条速度呈周期性变化，使链条呈周期性上下抖动，从而造成链传动运动的不均匀性。这种链传动固有的现象称为多边形效应。链轮齿数越少，链速的变化幅度越大，多变形效应越严重。为避免链传动的运动不均匀性等对其他机构的影响，常将链传动安排在低速级。

2. **主要参数及选择**

(1) 链轮的齿数 z_1 和 z_2 链传动的平均传动比为

$$i=\frac{n_1}{n_2}=\frac{z_2}{z_1} \qquad (4-1)$$

式中　n_1、n_2——主、从动链轮的转速（r/min）；

z_1、z_2——主、从动链轮的齿数。

由于链轮的齿数越少，多边形效应越明显，传动越不平稳，所以，在传动比不过大的情况下，尽量增加小链轮的齿数 z_1 对传动是有利的，一般 $z_{min}=17$。但是 z_1 不能太大，因为 z_1 大，z_2 会更大，不仅增大传动尺寸，而且铰链磨损后容易发生跳链、脱链的现象，缩短链条的使用寿命。

两轮的齿数 z_1、z_2 应优先选用序列 17、19、21、23、25、38、57、76、95、114。为了使链传动磨损均匀，两链轮齿数应尽量选取与链节数（偶数）互为质数的奇数。

(2) 链节数 p　链的节距越大，承载能力越高，但传动的速度不均匀性、动载荷也要增大。因此，在满足功率要求的前提下，应尽量选用较小的链节距。高速、大功率和大传动比的链传动，可选用小节距多排链。低速、大中心距、小传动比时，可选用稍大节距的单排链。

(3) 中心距 α　中心距的选择要适当。若中心距太小，则小链轮上的包角也小，同时啮合的链轮齿数也减小；若中心距过大，则易使链抖动。一般可初选中心距 $\alpha=(30\sim50)\,p$，最大中心距 $\alpha_{max}\leqslant 80p$。

链传动的布置和张紧

链传动的布置是否合理，对链传动的工作能力和使用寿命影响较大。一般来说，链传动应布置在铅垂平面内，尽可能避免布置在水平面或倾斜平面内。如有必要，应考虑加装托板或张紧轮装置，并选择较为紧凑的中心距。布置时，常使链条的紧边在上，松边在下。链传动布置的方案如表 4－2 所示。

在链传动过程中，链的松边过松时，链传动容易产生振动、跳齿或脱链，因此在安装链条时，要使链条有一定的张紧力。通常使链条松边有适当的垂度，靠悬垂拉力就可保持链传动的张紧。张紧的目的主要是为了避免链条松动和垂度过大时啮合不良而产生链条的振动。链传动的张紧方法主要有两种，即调整中心距和用张紧轮张紧。用张紧轮张紧时，张紧轮一般是压紧在松边靠近小链轮处，其直径应与小链轮的直径相近，张紧方式如图4－21所示。

表4－2　链传动的布置

传动参数	布置方案	说　明
$i=2\sim3$ $a=(30\sim50)_p$ （i与a较合适）	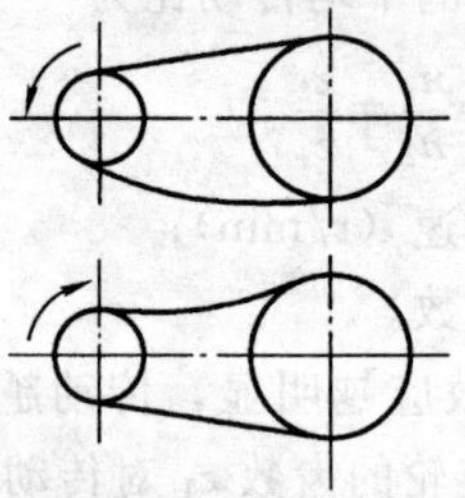	两轮轴线在同一水平面，紧边在上或在下均可，一般紧边在上
$i>2$ $a<30p$ （i大a小）	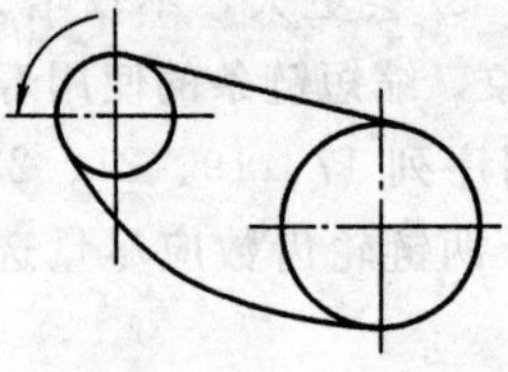	两轮轴线不在同一水平面上，松边应在下
$i<2$ $a<60p$ （i小a大）	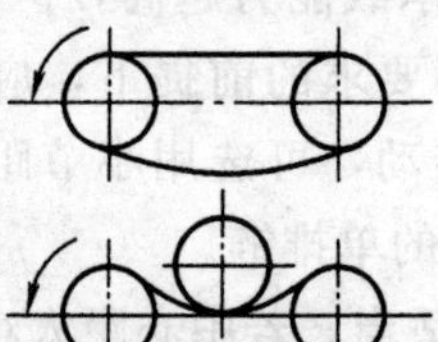	两链轮轴线在同一水平面，松边应在下
i、a为任意值 （垂直传动）	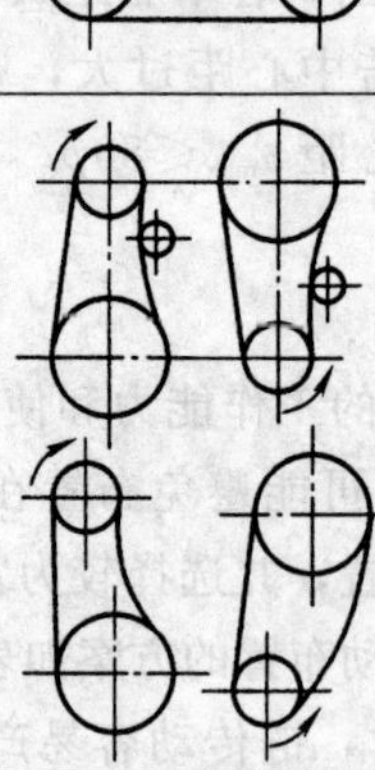	两轮轴线在同一垂直平面内，应设置张紧装置或使上、下两轮偏置

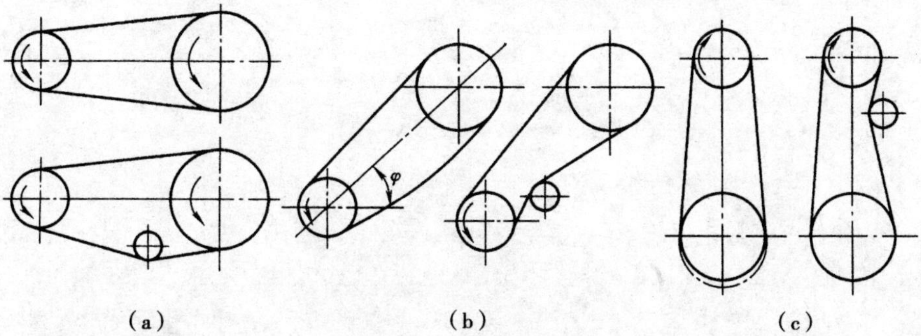

图 4－21　链传动的张紧

链传动的润滑

链传动必须保证有良好的润滑，这样才可以缓和冲击，减少磨损，提高工作的可靠性和传动效率，延长使用寿命。不管采用何种润滑方式，润滑油都应加在松边上，因为松边上的链节松弛，润滑油更容易流到需要润滑的缝隙表面。

第五章　汽车的连接

螺纹连接

在机械设备中广泛采用了各种连接，根据被连接的零部件是否允许有相对运动，把连接分为动连接和静连接。构成静连接的被连接件的位置是相对固定的，构成动连接的被连接件能够相对运动。根据拆开时是否需要破坏连接件，连接还可分为可拆连接和不可拆连接。本节主要介绍螺纹连接。

螺纹的类型

螺纹零件在生产实践中应用广泛，如螺栓、螺母、丝杠等。在圆柱外表面上切制的螺纹称为外螺纹；在孔内表面上切制的螺纹称为内螺纹。内外螺纹配套使用，缺一不可。螺纹按其螺旋线的绕行方向不同可分为右旋螺纹（顺时针旋入）和左旋螺纹（逆时针旋入），常用的螺纹为右旋螺纹。

在圆柱体上沿一条螺旋线切制的螺纹称为单线螺纹；沿两条或三条螺旋线切制出的螺纹分别为双线和三线螺纹。连接用螺纹多为单线螺纹，多线螺纹主要用于传动。螺纹按其截面形状可以分为三角形螺纹（普通螺纹）、梯形螺纹、锯齿形螺纹、矩形螺纹及其他特殊形状的螺纹。连接螺纹多为三角螺纹，传动螺纹多用梯形螺纹。常用螺纹的牙型及应用如表 5－1 所示。

表 5－1　常用螺纹的牙型及应用

螺纹类型		牙形图	特点及应用
连接螺纹	普通螺纹	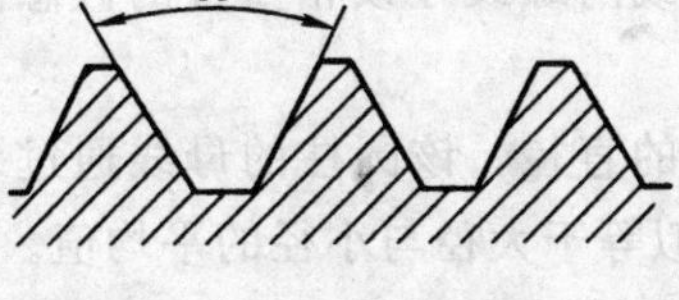	牙形角 $a=60^\circ$，自锁性能好。同一公称直径的螺纹按螺距的大小分为粗牙和细牙螺纹。粗牙螺纹多用于一般连接，细牙螺纹用于细小零件和薄壁件的连接，也常用于微调机构

续表

螺纹类型		牙形图	特点及应用
连接螺纹	圆柱管螺纹	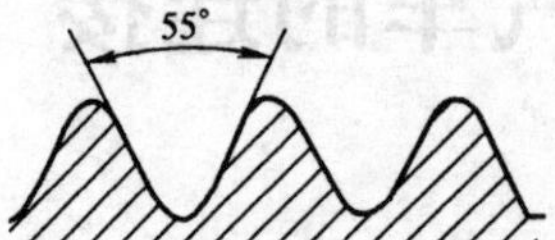	牙形角 $\alpha=55°$，牙顶有较大圆角，内外螺纹旋合后无径向间隙，密封性好，常用于水、油、气等的管路及电器管路系统的连接
传动螺纹	梯形螺纹	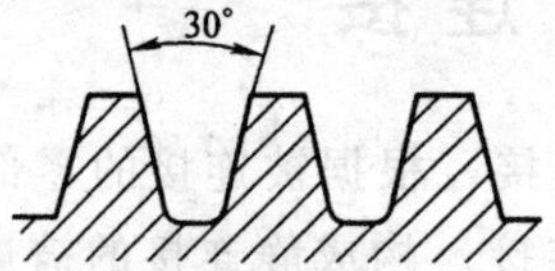	牙形角 $\alpha=30°$，内径与外径处间隙相等。加工工艺性好，牙根强度高，螺旋副对中性好，广泛用于传动中

螺纹的主要参数

如图 5－1 所示，普通螺纹的主要参数有大径、小径、中径、螺距、导程、牙型角和升角等。

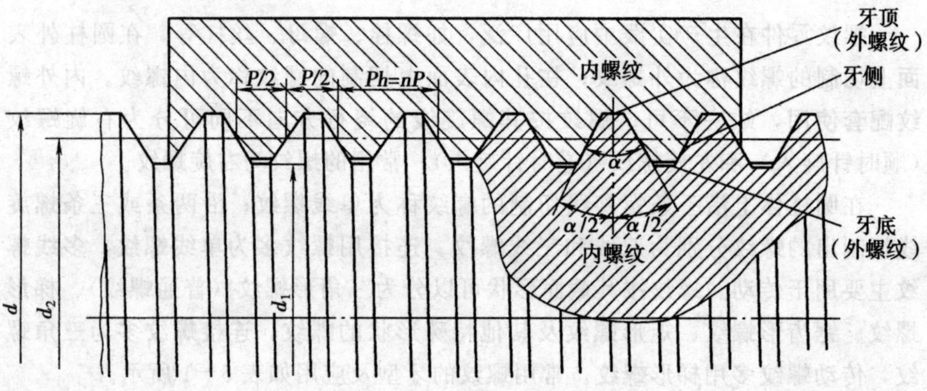

图 5－1　普通螺纹的主要参数

(1) 大径 d　是与外螺纹牙顶或内螺纹牙底相重合的假想圆柱面的直径，即螺纹的公称直径。

(2) 小径 d_1　是与外螺纹牙底或内螺纹牙顶相重合的假想圆柱子面的直径。

(3) 中径 d_2　是一个假想圆柱的直径，该圆柱的母线通过牙型上沟槽和凸起宽度相等的地方。这一直径近似等于大径与小径的平均值。

(4) 螺距 P　相邻两牙在中径母线上对应两点间的轴向距离。

(5) 导程 Ph　螺纹上任一点沿螺旋线转一周所移动的轴向距离。P 与 Ph 之间的关系为：$Ph=nP$，n 为螺纹的线数。显然，对于单线螺纹，$Ph=P$

(6) 螺纹升角 ψ　是在中径圆柱上螺旋线的切线与垂直于螺纹轴线的平面夹角（如图 5－2 所示）。

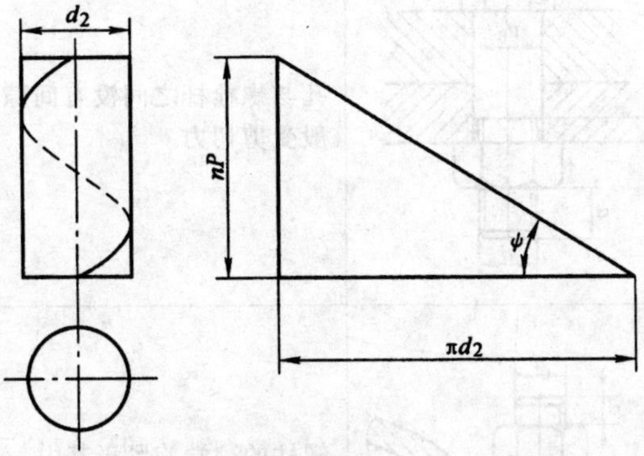

图 5－2　螺纹升角

(7) 牙型角 α　是轴向剖面内螺纹牙两侧面间的夹角。

螺纹连接的主要类型和螺纹连接件

1. 螺纹连接的类型

螺纹连接是利用螺纹连接件构成的。螺纹连接结构简单、紧固可靠、装拆方便快捷，应用极为广泛。螺纹连接的基本类型有四种，即螺栓连接、双头螺柱连接、螺钉连接和紧定螺钉连接。其结构、特点及应用如表 5－2 所示。

表 5－2　螺纹连接的主要类型及应用

类型		结构	特点及应用
螺栓连接	普通螺栓连接	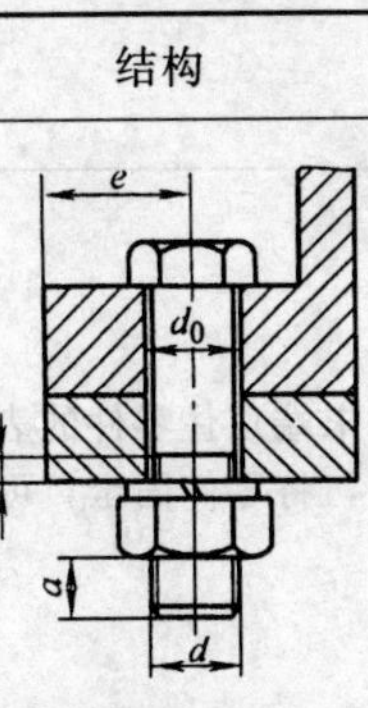	结构简单、装拆方便，被连接件不需切制螺纹，应用广泛。适用于被连接件不太厚、便于加工通孔的场合。工作时，螺栓受轴向拉力

续表

类型	结构	特点及应用
螺栓连接 铰制孔用螺栓连接	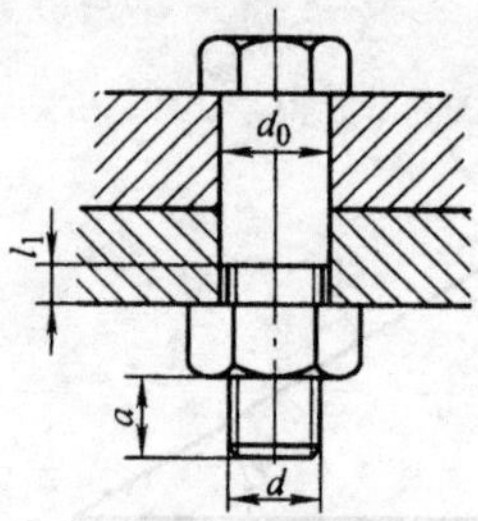	孔与螺栓杆之间没有间隙。工作时，螺栓一般受剪切力
双头螺柱连接	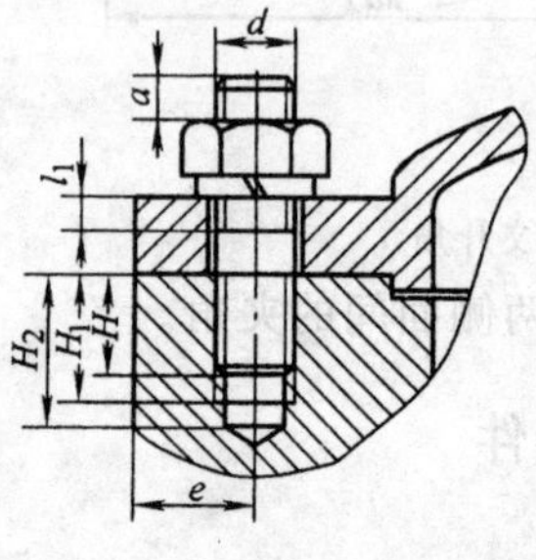	螺柱的一端旋紧于其中一个被连接件的螺纹孔中，另一端穿过另一个被连接件的孔。适用于被连接件之一太厚、结构要求紧凑或经常拆卸的场合
螺钉连接	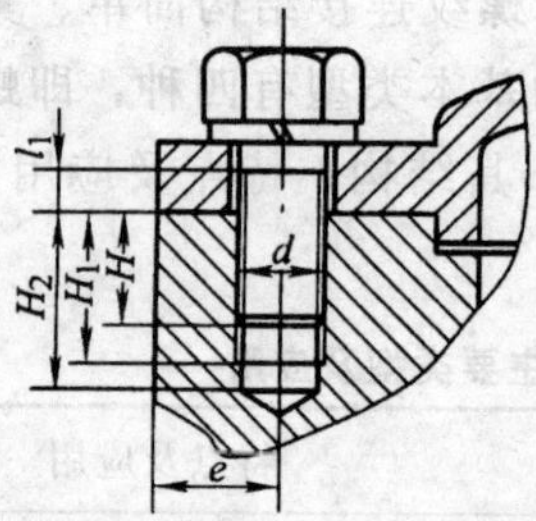	适用于被连接件之一太厚且不经常拆卸的场合
紧定螺钉连接	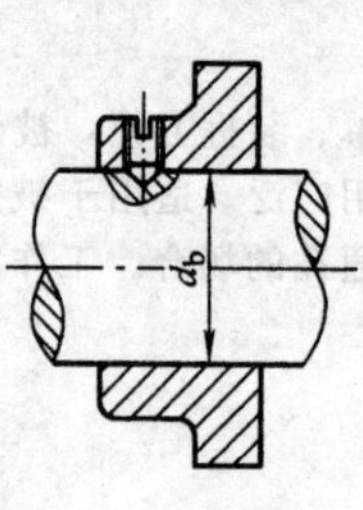	螺钉的末端顶住零件的表面或顶入该零件的凹坑中，将零件固定，可以传递不大的载荷

2. **常用螺纹连接件**

常用的标准螺纹连接件有螺栓、双头螺柱、螺钉、螺母、垫圈等。这些连接件多数已标准化。常用的部分螺纹连接件如表 5—3 所示。

表 5—3　常用部分螺纹连接件

名　称	图　形	名　称	图　形
六角头 螺栓	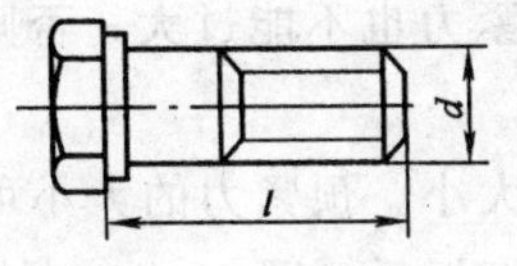	开槽圆 柱头螺钉	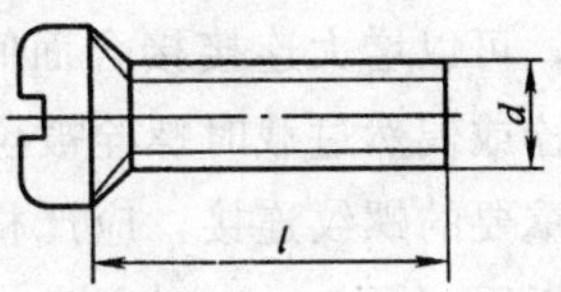
双头螺柱	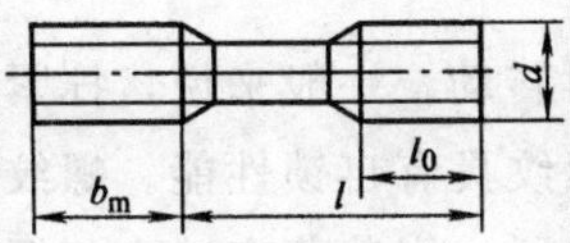	开槽 沉头螺钉	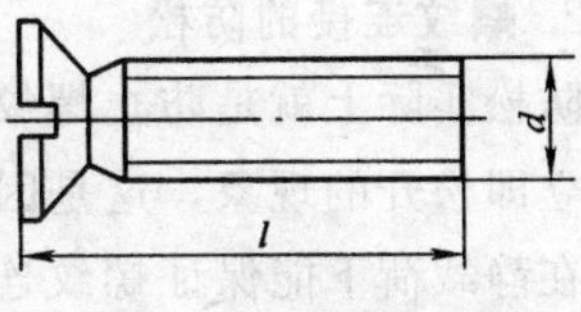
六角螺母	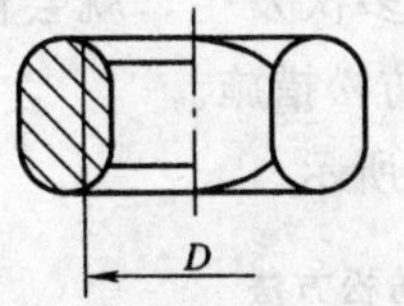	开槽平端 紧定螺钉	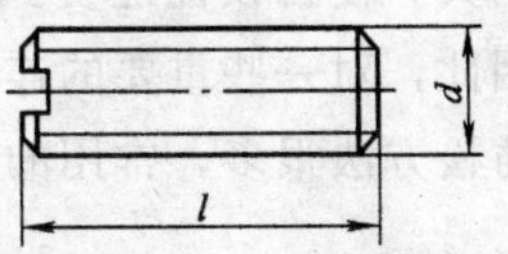
六角 开槽螺母	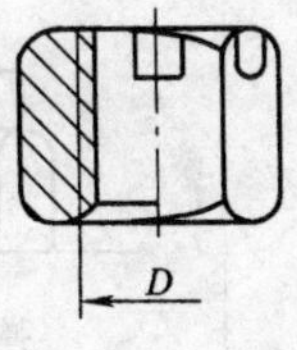	平垫圈	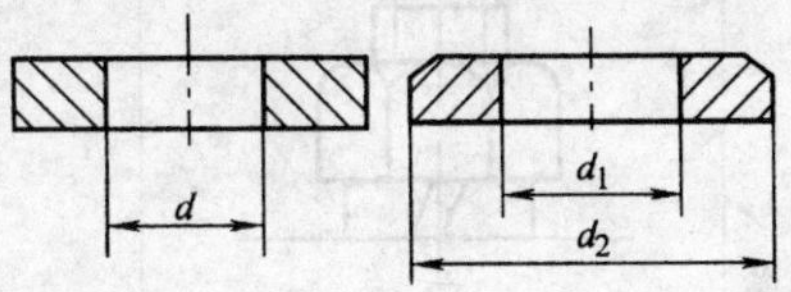
圆螺母	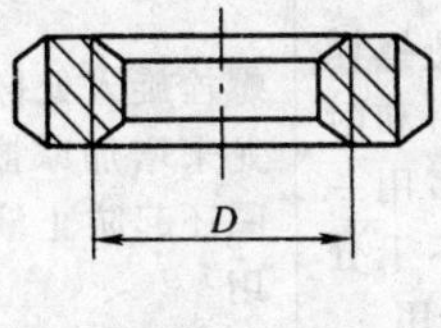	弹簧垫圈	

螺纹连接的预紧与防松

1. 螺纹连接的预紧

螺纹连接在装配时一般需要拧紧，使螺栓受到预紧力的作用。螺纹连接进行预紧的目的是为了提高连接的可靠性、紧密性和防松能力。对于承受轴向载荷的螺栓连接，还能提高螺栓的疲劳强度。对于受横向载荷的普通螺栓连接，可以增大连接接合面间的摩擦力。预紧力也不能过大，否则将导致装配螺栓或偶然过载时螺栓被拉断。

重要的螺纹连接，应严格控制预紧力的大小。预紧力的大小可用指针式扭力扳手（图 5－3）来测定，也可采用定力矩扳手（图 5－4）来控制，当达到要求的力矩 M 时，弹簧受压会自动打滑。

2. 螺纹连接的防松

防松实际上就是防止螺纹副间发生相对转动。一般来说，拧紧的螺母不会有立即松开的现象，这是因为连接用的螺纹具有自锁性能。螺纹的自锁性只有在静载荷下能保证螺纹连接不会自动松脱。当载荷有冲击、振动或是变载荷以及螺纹连接的工作温度变化很大时，螺纹副间的摩擦力有可能减小或瞬间消失，使自锁性能受到破坏，这种情况如多次发生，就会使螺纹连接松脱。因此，对一些重要的连接必须采取有效的防松措施。

防松方法很多，常用的防松方法如表 5－4 所示。

表 5－4　常用的螺纹连接防松方法

摩擦力防松	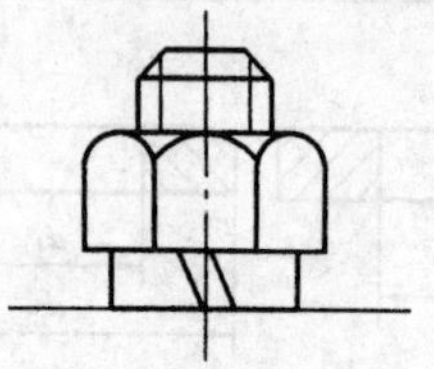 弹簧垫圈	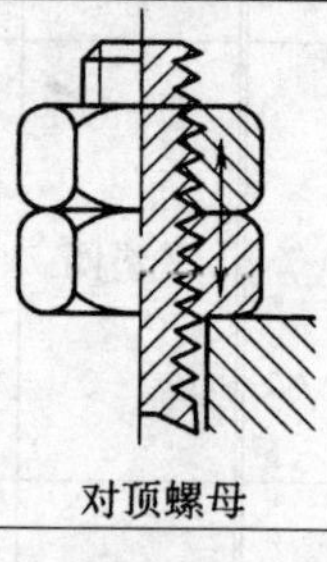 对顶螺母	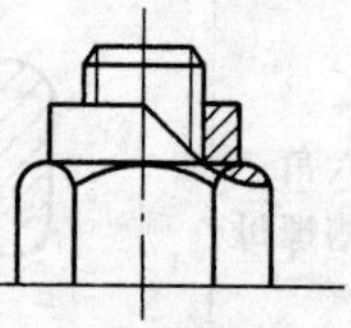 弹性圈螺母
	弹簧垫圈材料为弹簧钢，装配后垫圈被压平，其反弹力使螺纹间保持压紧力和摩擦力	利用两螺母的作用使螺栓始终受到附加的拉力和附加的摩擦力。由于多用一个螺母，且工作并不十分可靠，目前已很少采用	螺栓旋入处嵌入纤维或尼龙来增加摩擦力。该弹性圈还起防止液体泄漏的作用

续表

<table>
<tr>
<td rowspan="2">机械防松</td>
<td>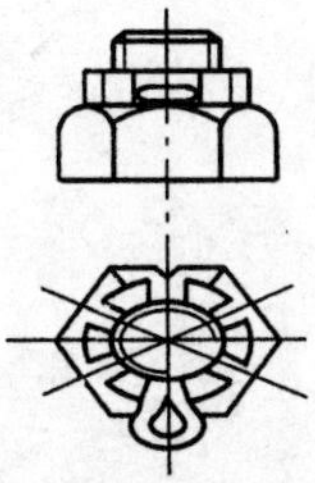
槽形螺母和开口销</td>
<td>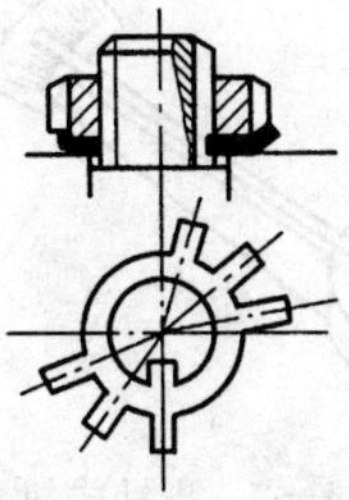
圆螺母用止动垫圈</td>
<td>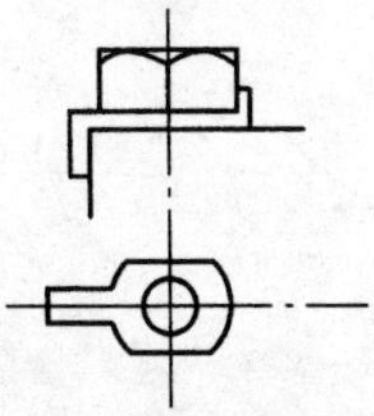
单耳止动垫圈</td>
</tr>
<tr>
<td>槽形螺母拧紧后，用开口销穿过螺栓尾部小孔和螺母的槽，也可以用普通螺母，拧紧后再配钻开口销孔</td>
<td>使垫圈内舌嵌入螺栓（轴）的槽内，拧紧螺母后将垫圈外舌之一褶嵌于螺母的一个槽内</td>
<td>将垫圈褶边以固定螺母和被连接件相对位置</td>
</tr>
<tr>
<td>冲边防松</td>
<td>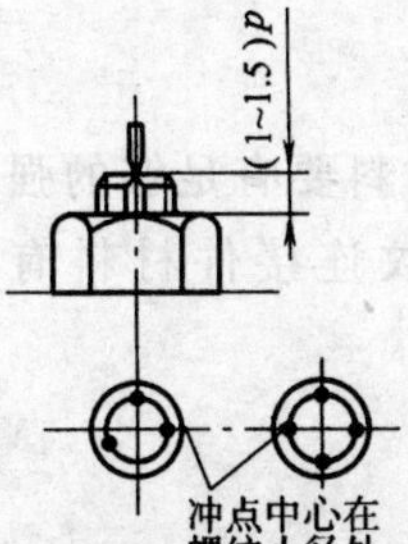

端面冲点</td>
<td>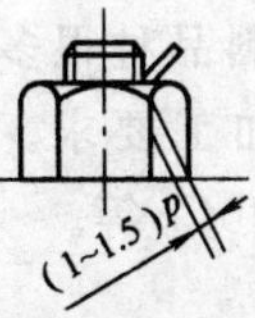

侧面冲点</td>
<td>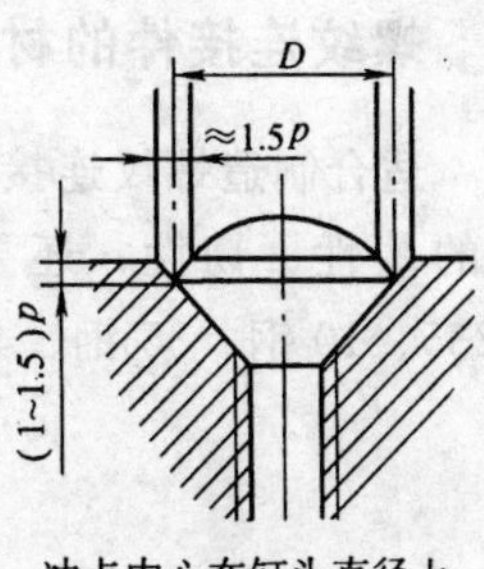

冲点中心在钉头直径上</td>
</tr>
<tr>
<td>黏接法防松</td>
<td colspan="3">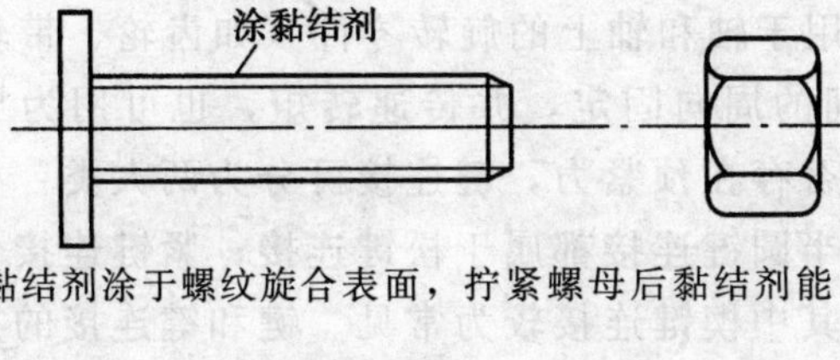

一般采用厌氧性黏结剂涂于螺纹旋合表面，拧紧螺母后黏结剂能自行固化，防松效果良好</td>
</tr>
</table>

图 5－3　指针式扭力扳手

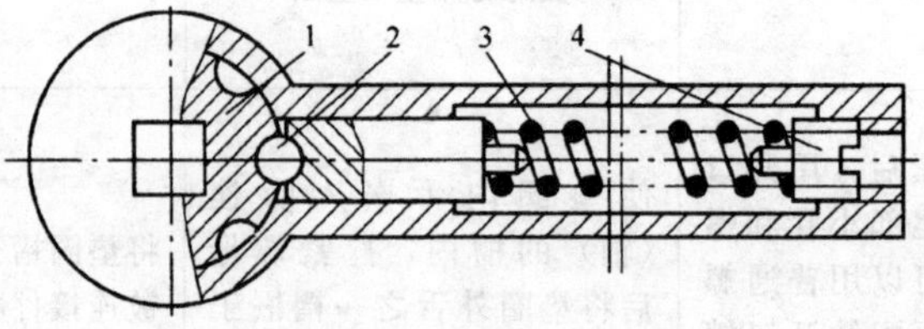

图 5－4　定力矩扳手

1—扳手卡盘　2—圆柱销　3—弹簧　4—调节螺钉

螺纹连接件的材料

适合制造螺纹连接件的材料品种很多，选用的材料要有足够的强度，一定的塑性、韧性，还要适应加工要求。常见的螺纹连接件材料有 Q215、Q235、10 钢、35 钢、45 钢和 40Cr 等。

键、花键和销连接

键连接

键连接主要用于轴和轴上的旋转零件（如齿轮、带轮等）或摆动零件（如摇臂等）之间的周向固定，并传递转矩，也可用为导向零件。根据工作前键连接中是否存在预紧力，键连接可分为两大类：松键连接和紧键连接。平键连接和半圆键连接都属于松键连接；紧键连接包括楔键连接和切向键连接两类，其中楔键连接较为常见。键和键连接的类型、特点及应用如表 5－5 所示。

表 5—5 键和键连接的类型、特点及应用

键连接类型	键的类型	结构简图	特点	应用
平键连接	普通平键	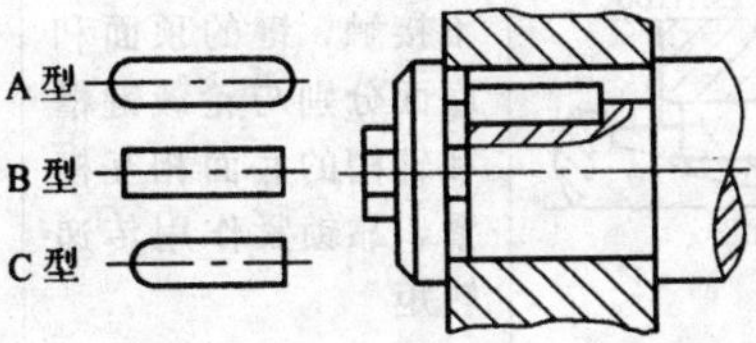	对中性好，装拆方便，构成静连接。通常A型键与键槽配合较紧，在键槽中轴向固定良好，但不能轴向固定轴上零件。A型键的键槽应力集中比B型键大。平键的侧面为工作面	A型、B型键通常用于轴的中间部位；C型键应用较少，常用于轴端连接
	导向平键	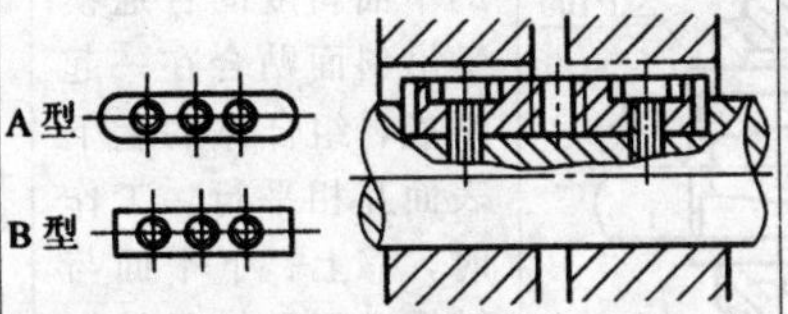	靠侧面工作，对中性好，结构简单；轴上零件可沿轴向移动，构成动连接	用于轴上零件轴向移动量不大的场合，如变速箱中的滑移齿轮
	滑键	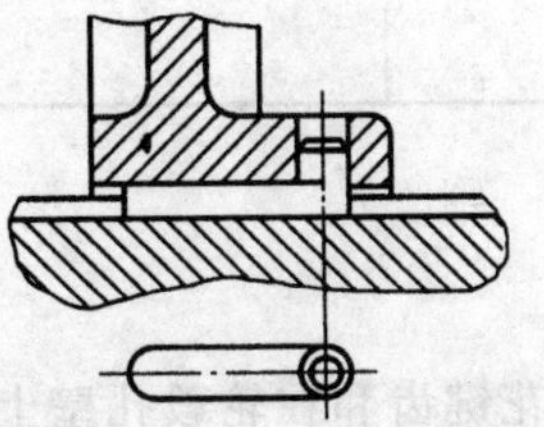	轴上开键槽，将键固定在轮毂上，并与轮毂一起在轴上的键槽中滑动	用于轴上零件轴向移动量大的场合
半圆键连接	半圆键	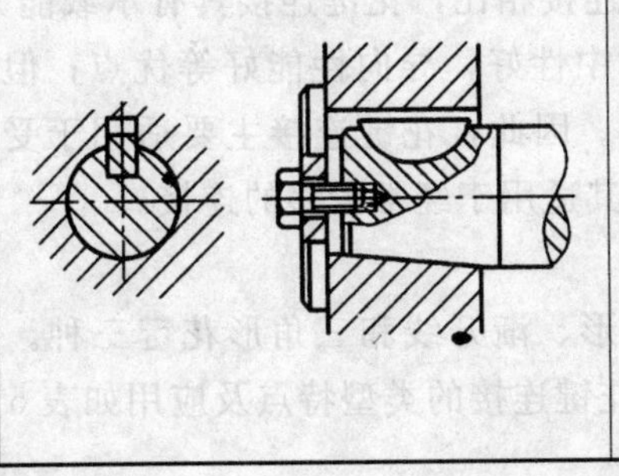	半圆键结构紧凑，装拆方便，能在轴上的键槽中摆，以适应轮毂键槽底面的偏斜。键的上表面与轮毂键槽的底面间留有间隙，键的侧面和轴、轮毂键槽的侧面贴合	主要用于轻载、轮毂宽度较窄和轴端处的连接，尤其适用于圆锥形轴端的连接

续表

键连接类型	键的类型	结构简图	特点	应用
紧键连接	普通楔键	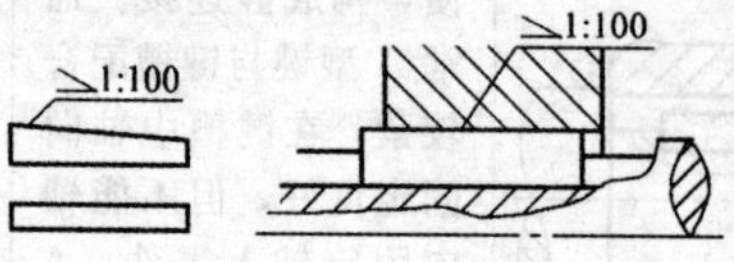	键有 1∶100 的斜度，键的侧面与键槽侧面不接触，键的顶面和底面分别与轮毂键槽和轴槽的底面相互楔紧，靠锁紧作用传递转矩	用于精度要求不高、转速较低时传递较大的、单向或有振动的转矩
紧键连接	切向键	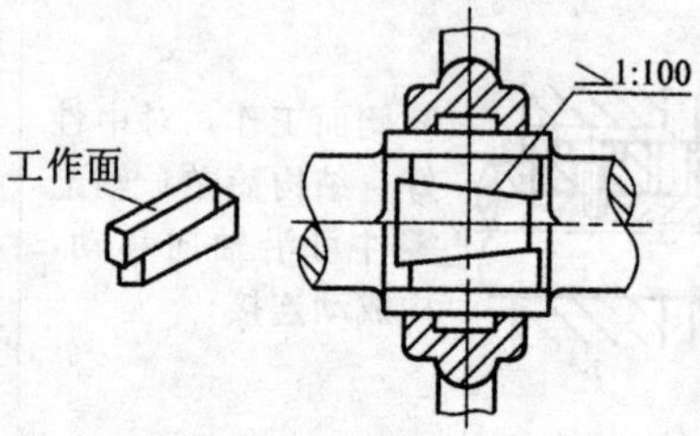	由两个具有 1∶100 的单面斜度的普通楔键沿斜面贴合在一起组成，组合体的上下表面互相平行。工作时，靠上、下平面与键槽底面及轴毂的楔紧作用传递转矩	键槽对周的削弱强度大，会使装在轴上的零件与轴产生偏心，一般适用于对中性和运动精度要求不高、低速、重载且轴径大的场合

花键连接

1. 花键连接的特点

花键连接是由在轴上加工出的外花键齿和在轮毂孔壁上加工出的内花键齿构成的连接，如图 5—5 所示。花键连接中，键齿的侧面为工作面，工作时靠键齿的侧面传递转矩。与平键连接相比，花键连接具有承载能力大，齿浅、对轴的削弱小，应力集中小，对中性好，导向性能好等优点；但加工需要专用的设备、量具和刃具，成本高。因此，花键连接主要适用于受重载和定心精度要求较高的静、动连接，尤其适用于经常滑移的连接。

2. 花键连接的类型

按齿形不同，花键可分为矩形、渐开线和三角形花键三种。应用最广的是矩形花键（图 5—6)。常用的花键连接的类型特点及应用如表 5—6 所示。

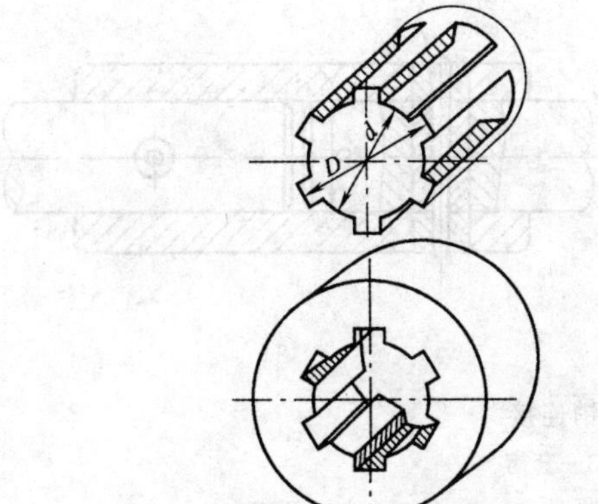

图 5－5　花键连接

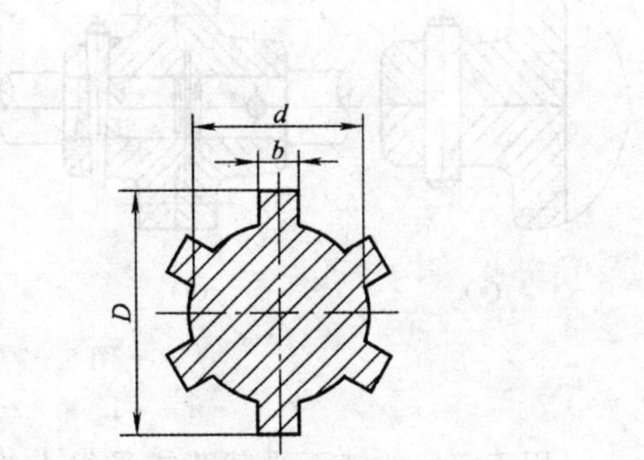

图 5－6　矩形花键

表 5－6　常用花键连接的类型特点及应用

类型	简图	特点	应用
矩形花键	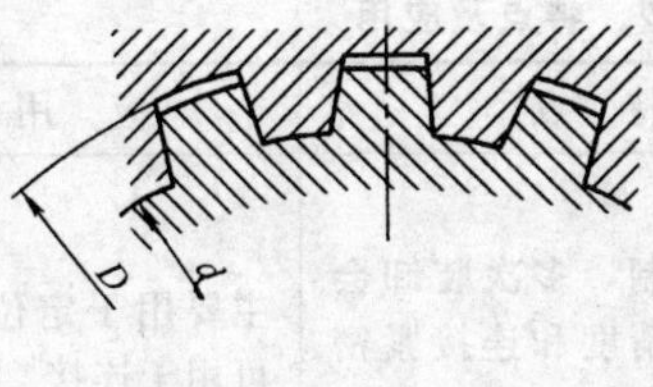	承载能力高，对中性好，导向性好，齿根较浅，应力集中较小，轴与毂的强度削弱较小，加工方便	应用广泛，主要用于飞机、汽车、拖拉机、机床、农业机械及一般机械传动装置中
渐开线花键	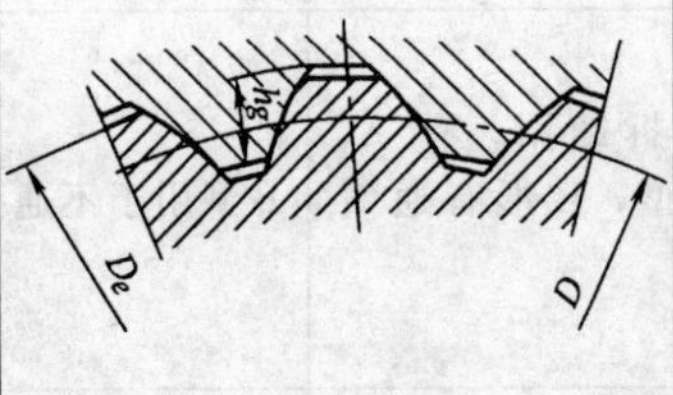	齿廓为渐开线，受载时齿上受径向力作用，能起到自动定心作用，使各齿受力均匀，强度高、寿命长。加工工艺与齿轮相同，可获得较高精度和互换性	用于载荷较大、定心精度要求较高及尺寸较大的连接

销连接

销是标准件，主要类型有圆柱销、圆锥销、开口销等。销主要用作装配定位，固定零件的相对位置（图 5－7（a）），也可用于连接或锁定零件，传递不大的载荷（图 5－7（b）），还可作为安全装置中的过载剪断元件（图5－7（c））。

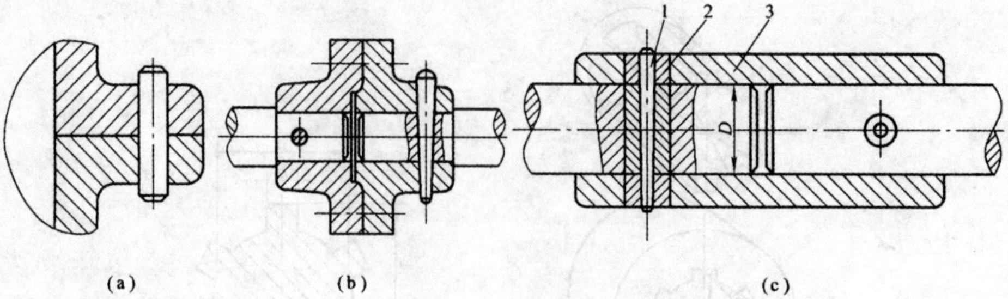

图 5－7　销连接

1—销　2、3—套筒

用于定位的销不受载荷或受很小的载荷，其直径可按结构确定，数目一般不少于两个，且分布在紧固螺栓（螺钉）的对称方向上。销在连接件内的长度，约为销直径的 1～2 倍对于安全销，应考虑销在剪断后不至于飞出，且易于更换。常用销连接的类型、特点和应见如 5－7 所示。

销的常用材料一般为 35 钢或 45 钢。

表 5－7　常用销连接的类型、特点及应用

类型		简图	特点	应用
圆柱销	圆柱销	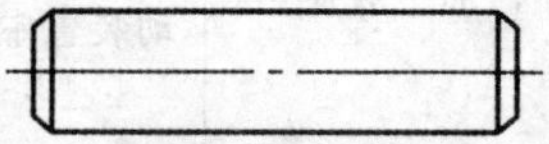	销孔需铰制，多次装卸会降低定位精度和连接紧密性，只能传递不大的载荷	主要用于定位，也可用于连接
	内螺纹圆柱销	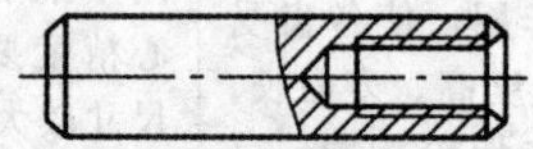	内螺纹供拆卸用。有 A、B两种类型，B形有通气孔	B型用于不通孔
圆锥销	圆锥销	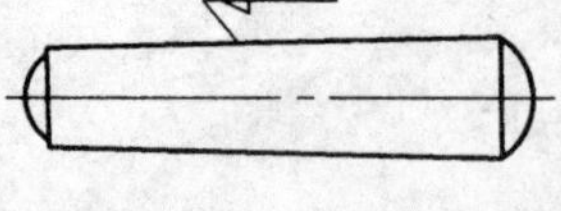	有 1∶50 的锥度，便于安装，定位精度比圆柱形高。受横向力时能自锁，锥孔需铰制。螺纹孔供拆卸用	主要用于定位，也可以固定上零件，多用于经常拆卸场合
	内螺纹圆锥销	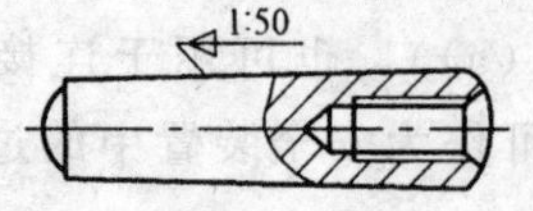		用于直孔

续表

类　型	简　图	特　点	应　用
销轴	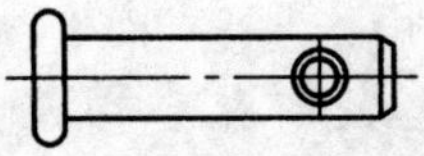	用开口销锁定，拆卸方便	用于铰接销轴
带孔销	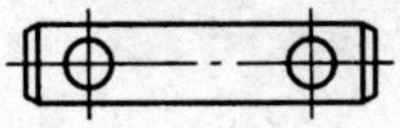		
开口销	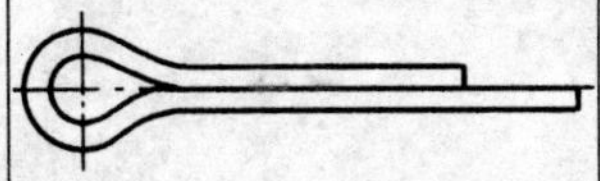	工作可靠，拆卸方便	用于其他紧固件的防松

第六章　汽车的凸轮机构

凸轮机构的组成

凸轮机构可以完成各种复杂的运动，且结构简单、紧凑，是机械工业中的一种常用机构，尤其是在自动和半自动化机械以及自动生产线中应用广泛。

图 6－1 所示的发动机的配气机构就是凸轮机构。在这个机构中，具有曲线外廓形状的凸轮 1 转动的时候，其轮廓将会迫使气门杆 2 作往复移动，从而控制气门有规律地开启和关闭（气门的关闭是借助气门弹簧 3 的弹力作用实现的），使可燃混合气进入气缸或使燃烧后的废气排出。与凸轮始终保持直接接触的气门杆 2 称为从动件。凸轮机构是由凸轮、从动件和机架三个构件组成的高副机构（如图 6－2 所示）。

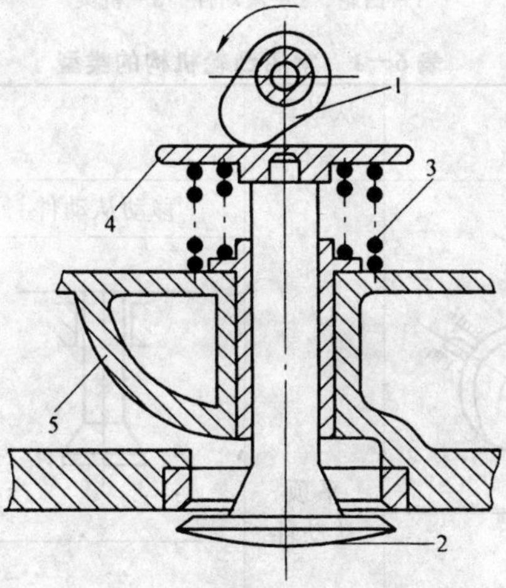

图 6－1　汽车发动机的配气机构

1—凸轮　2—气门杆　3—气门弹簧

4—气门弹簧座　5—机架

凸轮机构的类型及特点

凸轮机构的类型很多。不同类型的凸轮机构由不同类型的凸轮和从动件所组成。常用的凸轮机构的类型及简图如表 6－1 所示。

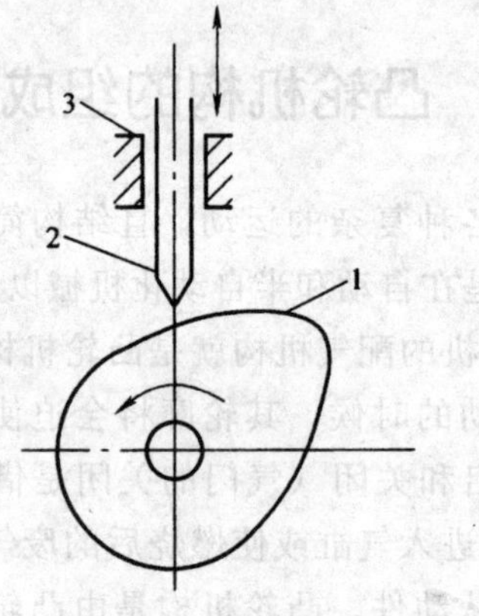

图 6－2　凸轮机构

1—凸轮　2—从动件　3—机架

表 6－1　常用凸轮机构的类型

凸轮名称	简图	从动件名称	简图	
			移动从动件	摆动从动件
盘形凸轮	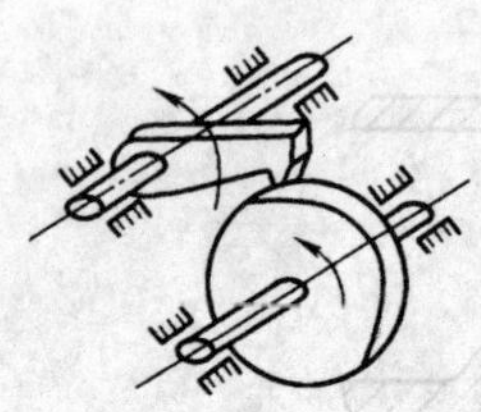	平顶从动件	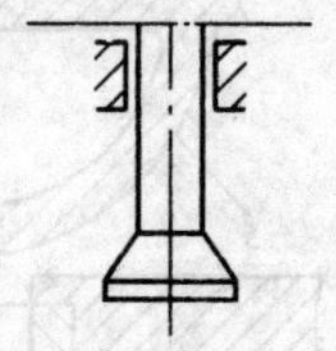	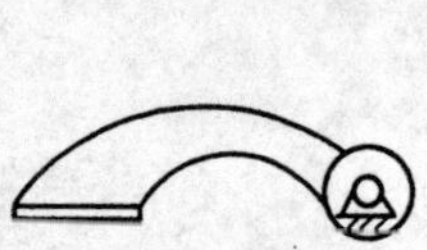
	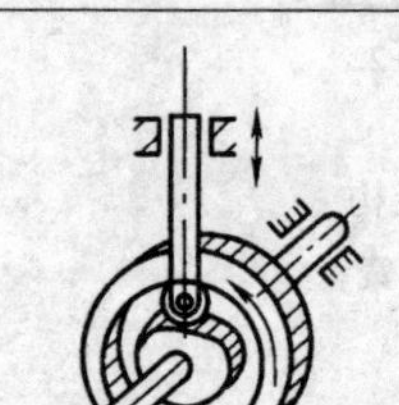		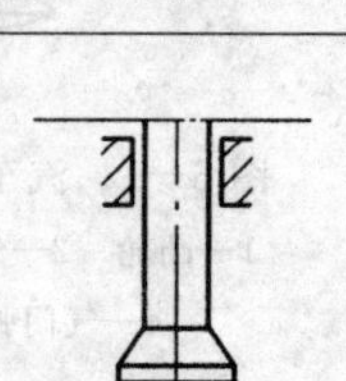	

续表

凸轮名称	简图	从动件名称	简图
移动凸轮	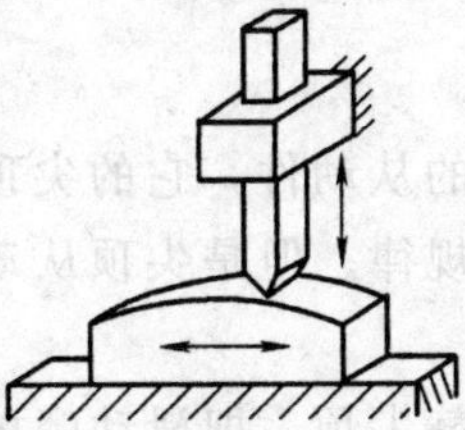	尖顶从动件	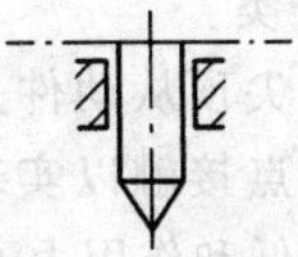 
圆柱凸轮	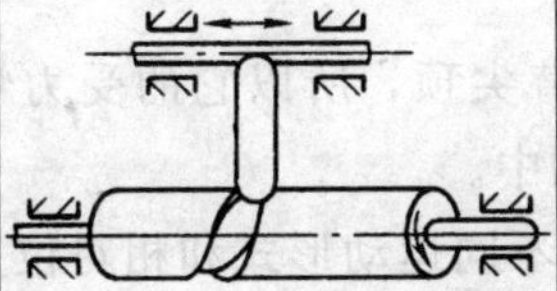	滚子从动件	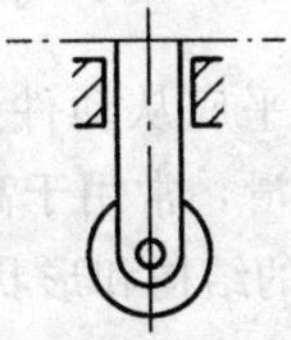 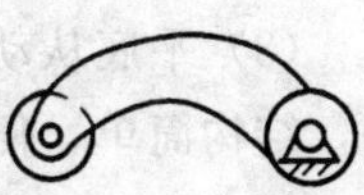

1. **按凸轮形状分类**

(1) 盘形凸轮　盘形凸轮又称为圆盘凸轮，是凸轮的最基本的形式，如图 6－3 (a) 所示。这种凸轮是一个绕固定轴转动，且径向尺寸变化的盘形构件。盘形凸轮结构简单，应用最广，但从动件的行程不能过大，因此多用于行程较短的场合。

(2) 移动凸轮　移动凸轮也称为板状凸轮，如图 6－3 (b) 所示。这种凸轮相对机架作往复直线移动。

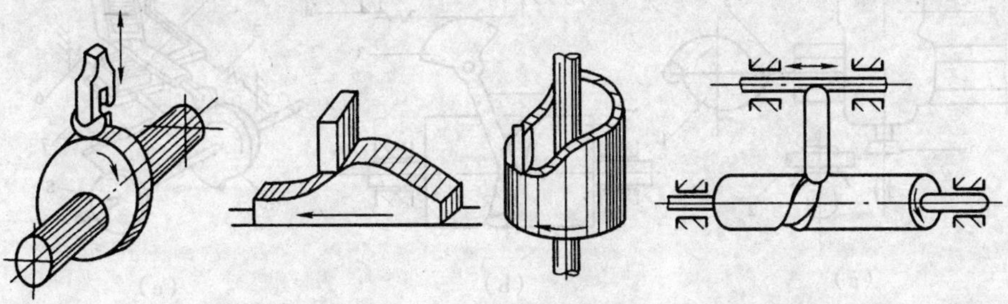

(a)　(b)　(c)　(d)

图 6－3　凸轮的形状

（3）圆柱凸轮　圆柱凸轮是在端面上做出曲线轮廓（图6—3（c）），或在圆柱面上开有曲线凹槽的凸轮（图6—3（d））。从动件一端位于凹槽中，当凸轮转动时，从动件沿凹槽作直线往复运动或摆动。这种凸轮与从动件的运动不在同一平面内，是一种空间凸轮。

2. 按从动件形状分类

（1）尖顶从动件　尖顶从动件是结构最简单的从动件，它的尖顶可以与任何形状凸轮轮廓保持点接触以实现复杂的运动规律。但是尖顶从动件易于磨损，仅适用于速度较低和作用力不大的场合。

（2）滚子从动件　滚子从动件是用滚子来代替尖顶，把滑动摩擦变成滚动摩擦，因此磨损较小，可传递较大的力，应用比较广泛，但它的结构比尖顶从动件复杂一些。

（3）平底从动件　平底从动件是用平面代替尖顶，所以它的受力情况较好，结构简单，便于润滑，常用于高速凸轮机构中。

从动件不仅有不同的结构和形状，而且还有不同运动形式和相对位置。作往复直线运动的称为移动从动件，做往复摆动的称为摆动从动件。移动从动件的导路中心线通过凸轮的回转中心时，称为对心从动件，否则称为偏置从动件。

凸轮机构的应用实例

图6—4所示为凸轮机构的应用实例。

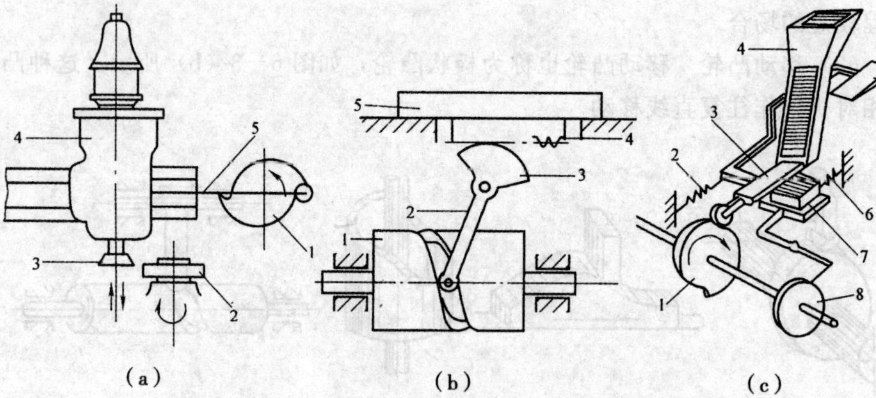

图6—4　凸轮机构应用实例

图6—4（a）所示为插齿机的切深机构。当凸轮1转动时，拉动丝杠5向右侧运动，则刀架4和插齿刀3一起向毛坯件移动，直到将齿轮切到需要深

度为止。

图 6—4（b）所示为自动车床上使用的进给机构。当圆柱凸轮 1 转动时，利用其凹槽带动摆杆 2 绕固定轴往复摆动，再通过扇形齿轮 3 与齿条 4 的啮合传动，使刀架 5 按一定规律运动，完成进刀和退刀的动作。

图 6—4（c）所示为火柴自动装盒机构。火柴从进料口 4 装入，当插板 3 在凸轮 1 推动下插入进料口下部时，火柴就不能落下来。当凸轮转回时，在弹簧 2 的作用下插板 3 退出，火柴便落入盒 7 中，随后插板 5 插入，阻止火柴落下，使火柴盒正好装满。

从动件常用的运动规律

1. 凸轮机构的有关参数

（1）基圆半径　以凸轮的最小半径所做的圆称为凸轮的基圆。其半径称为基圆半径，用 r_b 表示（图 6—5）。

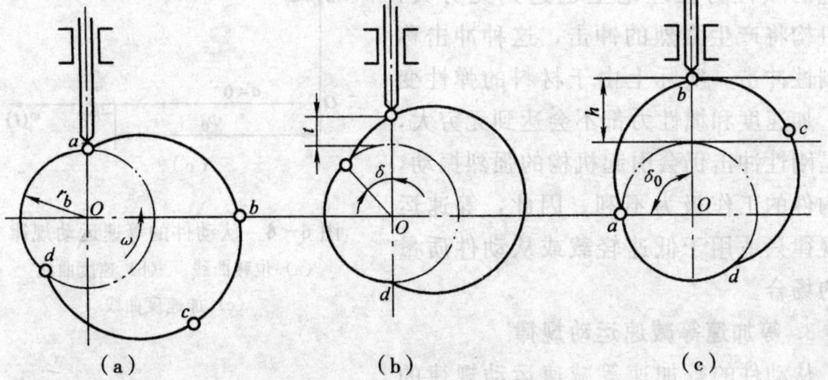

图 6—5　凸轮的运动过程

（2）行程　如图 6—5 所示，当凸轮逆时针转过一个角度 δ 时，从动件将上升一段距离，即产生一段位移 s。当从动件到达最高位置时（图 6—5（c）），此时从动件的最大升距称为行程，用 h 表示。

（3）推程　当凸轮逆时针转动时，从动件从最低位置（图 6—5（a）的 a 点）运动到最高位置（图 6—5（c）的 b 点）的过程称为推程。到达 b 点后，从动件将在 $b \to c$ 段停止不动，该段称为远停程。

（4）回程　从动件从最高位置（图 6—5（c））回到最低位置的过程称为

回程。到达 d 点后，从动件将在 $d\to a$ 段停止不动，该段称为近停程。

凸轮的各参数影响着从动件的位移、速度和加速度，因此，从动件的运动规律是由凸轮的轮廓曲线的形状决定的。

2. **等速运动规律**

等速运动规律的特点是：当凸轮等速回转时，从动件推程或回程中的速度为常数。

图 6－6 所示为从动件等速运动规律的位移、速度和加速度曲线图。由图可知，这种运动规律的位移曲线是斜直线，速度曲线为水平直线，加速度为零。但是，从动件在运动开始和停止的瞬时，速度由零突变到 v_0，或由 v_0。突变到零，其加速度在理论上为∞和－∞，所产生的惯性力在理论上也达到无穷大，对机构将产生强烈的冲击，这种冲击称为刚性冲击。实际上由于材料的弹性变形，加速度和惯性力都不会达到无穷大，但是刚性冲击仍会引起机构的强烈振动，对构件的工作极为不利。因此，等速运动规律只适用于低速轻载或从动件质量小的场合。

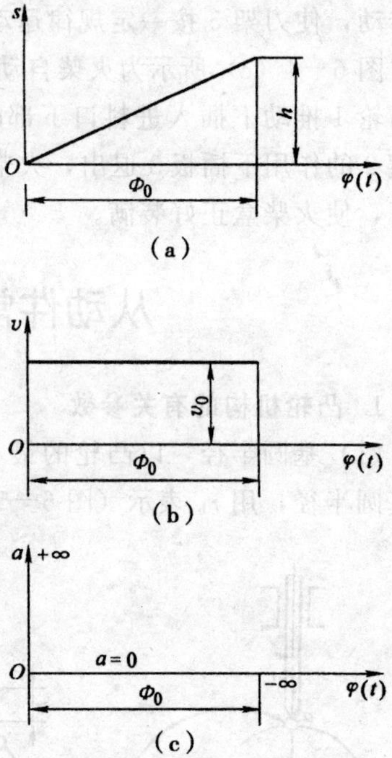

图 6－6　从动件的等速运动规律

(a) 位移曲线　(b) 速度曲线

(c) 加速度曲线

3. **等加速等减速运动规律**

从动件的等加速等减速运动规律的特点是：从动件在一个推程或者回程中，前半段作等加速运动，后半段作等减速运动。通常加速度和减速度的绝对值相等。

图 6－7 所示为从动件等加速等减速运动规律的位移、速度和加速度曲线图。由图可知，这种运动规律的位移曲线是一段抛物线，速度曲线为斜直线，加速度曲线为水平直线。

由加速度曲线图可见，这种运动规律在推程和回程的两端及中点，其加速度仍存在变化，但其变化值是一个有限值，因此产生的惯性力也为有限值，由此引起的冲击称为柔性冲击。因此，等加速等减速运动规律多用于中速轻载的场合。

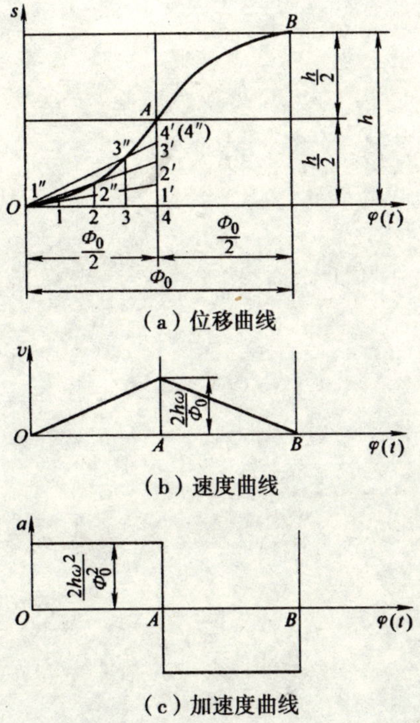

图 6－7　从动件的等加速等减速运动规律

第七章　汽车的齿轮传动和蜗杆传动

标准直齿圆柱齿轮传动

齿轮传动的特点及分类

1. 齿轮传动概述

齿轮传动是各类机械传动中应用最广泛最主要的一种传动。它是通过两个齿轮相互啮合来传递运动和动力的传动装置。如图 7—1 所示，两齿轮轴线的相对位置不变，各自绕其自身的轴线转动。工作时，主动轮 O_1 的轮齿 1，2，3…通过啮合点法向力 F_n 的作用，推动从动轮 O_2 的轮齿 1′，2′，3′…使从动轮转动，从而将主动轮的动力和运动传递给从动轮。

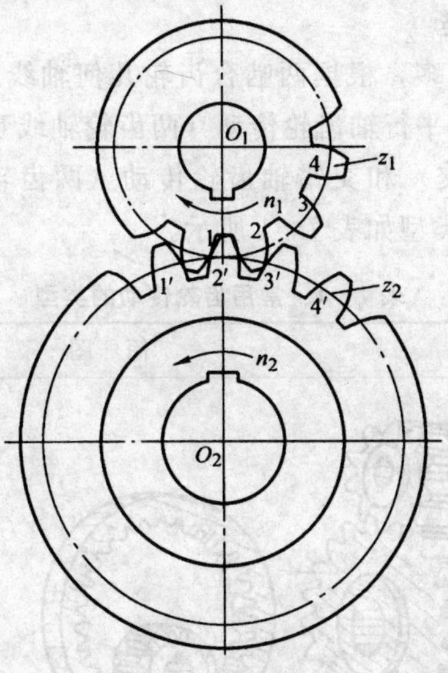

图 7—1　齿轮传动

在图 7—1 所示的一对齿轮中，设主动齿轮的转速为 n_1，齿数为 z_1，从动齿轮的转速为 n_2，齿数为 z_2。当主动齿轮转过 n_1 转数时，转过的齿数为

n_1z_1，此时从动齿轮转过 n_2 转数，其转过的齿数为 n_2z_2，由于两齿轮转过的齿数相等，即 $n_1z_1=n_2z_2$。由此可知一对齿轮的传动比为

$$i_{12}=\frac{n_1}{n_2}=\frac{z_2}{z_1} \tag{7-1}$$

式（7-1）说明一对齿轮的传动比 i_{12} 是主动齿轮与从动齿轮转速（角速度）之比，与齿数成反比。

2. **齿轮传动的特点**

与其他传动相比，齿轮传动具有以下特点：

（1）可实现较大的传动比，且传动比恒定，传动精度高。

（2）传动效率高，寿命长。

（3）结构紧凑、工作可靠，可实现平行轴、任意角相交轴和任意角交错轴之间的传动。

（4）适用的速度和传递功率及尺寸范围大，可用于高速（$v>40$m/s）、中速和低速（$v<25$m/s）的传动；传递功率为 1～50 000kW 或更大；其直径从不到 1mm 的仪表齿轮到 10mm 以上的重型齿轮。

(5)要求较高齿轮的制造和安装精度,成本高,不适合远距离两轴之间的传动。

3. **齿轮传动的分类**

齿轮传动的类型很多，根据两啮合齿轮几何轴线的相对位置和齿向的不同，可将齿轮传动分为平行轴齿轮传动（两齿轮轴线互相平行）、相交轴齿轮传动（两齿轮轴线相交）和交错轴齿轮传动（两齿轮轴线既不平行也不相交）。常用齿轮传动的类型如表 7-1 所示。

表 7-1　常用齿轮传动的类型

类型		简图
平行轴齿轮传动	直齿圆柱齿轮机构	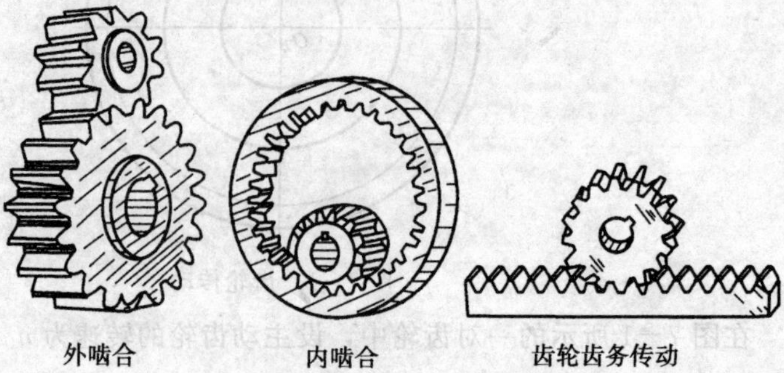 外啮合　　内啮合　　齿轮齿务传动

续表

类　型		简　图
平行轴齿轮传动	斜齿圆柱齿轮机构	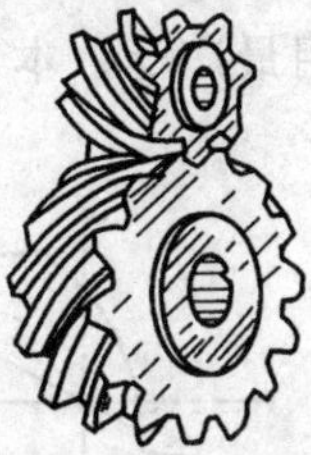
	人字齿轮机构	
相交轴齿轮传动		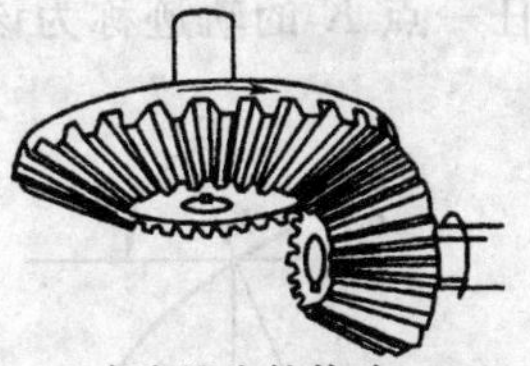 直齿锥齿轮传动
交错轴齿轮传动		 斜齿轮转动  蜗杆传动

渐开线直齿圆柱齿轮各部分的名称、主要参数和几何尺寸

齿轮可按齿廓曲线不同，分为渐开线、圆弧和摆线三种，如图 7－2 所示，其中渐开线齿轮应用最广泛。本节主要介绍外啮合渐开线直齿圆柱齿轮传动。

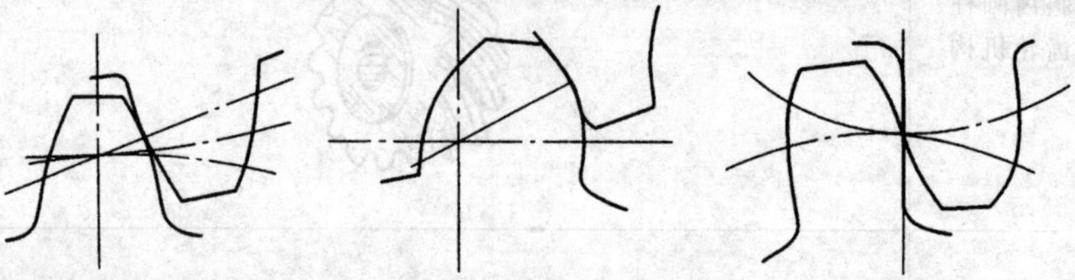

（a）渐开线　　（b）圆弧　　（c）摆线

图 7－2　齿廓曲线

1. 渐开线的形成及其传动特点

渐开线齿轮的齿廓是取用了渐开线的一段。因此，我们要先了解一下渐开线的形成及其性质。

如图 7－3 所示，当一条动直线（发生线）$n-n$ 沿着一固定的圆（基圆）作纯滚动时，该动直线上任一点 K 的轨迹称为该圆的渐开线。

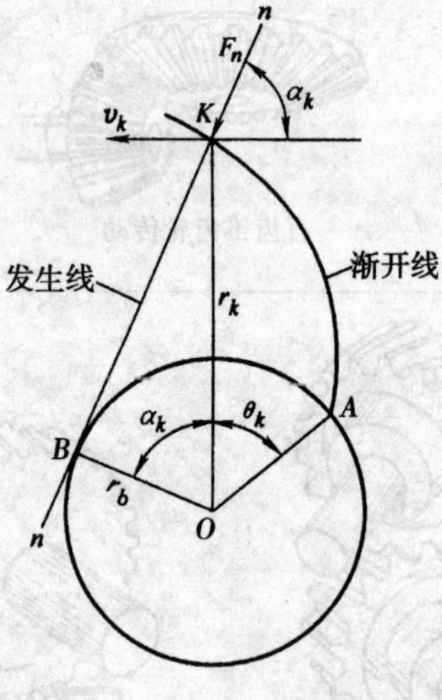

图 7－3　渐开线的形成

渐开线齿廓具有以下的传动特点：

（1）能保证传动比为一常数。

（2）齿廓间正压力的方向保持不变，有利于齿轮传动保持平稳。

（3）齿轮的传动比取决于两齿轮基圆半径的大小，即使两轮中心距稍有变化，传动比仍然保持不变。

2. **齿轮各部分的名称**

图 7－4 所示为直齿圆柱齿轮（简称直齿轮）的一部分，其各部分的名称和表示符号如下。

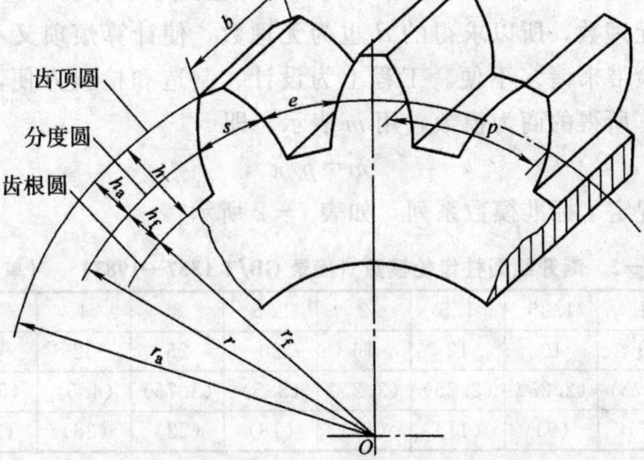

图 7－4 直齿圆柱齿轮各部分名称和符号

（1）齿槽 齿轮上相邻两齿之间的空间，称为齿槽。

（2）齿顶圆 齿顶圆柱面与端平面的交线称为齿顶圆，其直径用 d_a 表示。

（3）齿根圆 齿根圆柱面与端平面的交线称为齿根圆，其直径用 d_f 表示。

（4）齿厚 在任意直径 d_k 的圆周上，同一轮齿两侧齿廓间的弧长称为该圆上的齿厚，用 s_k 表示。

（5）齿槽宽 齿槽两侧齿廓间的弧长称为该圆周上的齿槽宽，用 e_k 表示。

（6）分度圆 为了设计、制造方便，在齿顶圆与齿根圆之间取个圆，作为计算、制造、测量齿轮尺寸的基准，该圆称为分度圆，其直径用 d 表示。在标准齿轮上分度圆的齿厚 s 与齿槽宽 e 相等。

（7）齿距 两相邻同侧齿廓间的弧长称为齿距，分度圆上的齿距用 p 表示，$p=s+e$。

（8）齿高 齿顶圆与齿根圆之间的径向距离称为齿高，用 h 表示。

(9) 齿顶高　齿顶圆与分度圆之间的径向距离称为齿顶高，用 h_a 表示。

(10) 齿根高　齿根圆与分度圆之间的径向距离称为齿根高，用 h_f 表示。

(11) 齿宽　轮齿沿分度圆柱母线方向的尺寸称为齿宽，用 b 表示。

3. 齿轮的主要参数

(1) 模数　因为分度圆的周长 $\pi d=zp$，则分度圆的直径为

$$d=pz/\pi \tag{7-2}$$

当已知直齿轮的齿距 p 和齿数 z 时，可由上式求出分度圆直径 d。但由于上式中 π 为无理数，所以求得的 d 也为无理数，使计算烦琐又不精确，给齿轮制造和检验带来诸多不便。工程上为设计、制造和检验方便，规定齿距 p 除以圆周率 π 所得的商为模数，用 m 表示。即

$$m=p/\pi \tag{7-3}$$

我国已规定了标准模数系列，如表 7－2 所示。

表 7－2　渐开线圆柱齿轮模数（摘录 GB/T 1357—1987）　（单位：mm）

第一系列	1	1.25	1.5	2	2.5	3	4	5	6
	8	10	12	16	20	25	32	40	50
第二系列	(1.75)	(2.25)	(2.75)	(3.25)	(3.5)	(3.75)	(4.5)	(5.5)	(6.5)
	(7)	(9)	(11)	(14)	(18)	(22)	(28)	(36)	(45)

注：1. 对斜齿圆柱齿轮是指法向模数。

2. 优先采用第一系列，括号中的数值尽可能不用。

(2) 压力角　渐开线齿廓上任一点的法线，与该点的线速度之间所夹的锐角，就称为该点的压力角（如图 7－3 中的 α_k）。但是，齿轮齿廓上各点的法线及线速度的方向是不相同的，故各点的压力角也是不同的。

齿轮的压力角通常是指分度圆上的压力角，用 α 表示。我国规定，标准压力角 $\alpha=20°$。因此，分度圆就是齿轮取标准模数和标准压力角的圆。从图 7－3中可得分度圆压力角的计算公式为

$$\cos\alpha=\frac{r_b}{r} \tag{7-4}$$

式中：r_b——基圆半径（m）；

r——分度圆半径（m）。

4. 标准直齿圆柱齿轮的几何尺寸

外啮合标准直齿圆柱齿轮的基本参数和几何尺寸的计算公式如表 7－3 所示。内齿轮和齿条的几何尺寸计算，可查阅相关机械设计手册。

表 7—3 渐开线标准直齿圆柱齿轮主要参数和几何尺寸计算公式

名 称	符 号	公 式
齿数	z	选定 $z_1 \geqslant z_{\min}$，$z_2 = iz_1$
模数	m	根据强度或结构确定，选用标准值
压力角	α	选用标准值，$\alpha = 20°$
分度圆直径	d	$d = mz$
齿顶高	h_a	$H_a = h_a^* m$，对正常齿：$h_a^* = 1$
齿根高	h_f	$h_f = (h_a^* + c^*) m$，对正常齿：$c^* = 0.25$
齿高	h	$h = h_a + h_f$
齿顶圆直径	d_a	$d_a = (z+2)$
齿根圆直径	d_f	$d_f = (z - 2h_f^* - 2c^*) m$
基圆直径	d_b	$d_b = d\cos\alpha$
齿距	P	$p = \pi m$
齿厚	S	$s = \pi \dfrac{m}{2}$
齿槽宽	e	$e = \pi \dfrac{m}{2}$
中心距离	a	$a = (d_1 + d_2) = (z_1 + z_2) m$
顶隙	c	$c = c^* m$

正确啮合条件和正确安装中心距

1. 正确啮合条件

要使一对渐开线齿轮正确啮合，必须使它们的模数和压力角分别相等，这就是齿轮正确啮合条件

$$\begin{cases} m_1 = m_2 = m \\ \alpha_1 = \alpha_2 = \alpha \end{cases} \tag{7—5}$$

2. 正确安装中心距

图 7—5 所示为一对渐开线标准直齿圆柱齿轮啮合传动，渐开线标准直齿圆柱齿轮机构的中心距等于两齿轮分度圆半径之和。这种中心距称为正确安装中心距或标准中心距。即

$$\alpha = r_1 + r_2 \tag{7—6}$$

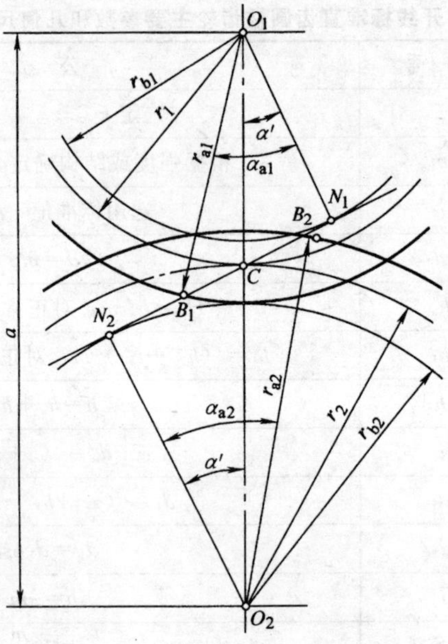

图 7－5　渐开线齿轮的啮合

标准斜齿圆柱齿轮传动和标准直齿锥齿轮传动简介

斜齿圆柱齿轮传动

1. 斜齿圆柱齿轮传动特点及应用

直齿圆柱齿轮的轮齿方向与轴线是平行的，所有垂直于轴线的平面内的齿形完全相同。当两个直齿圆柱齿轮啮合时，相互啮合的两个齿的接触线，是平行于轴线且与齿宽相等的直线（图 7－6（a）），在直齿轮运转的过程中，轮齿将沿齿宽同时进入或脱离啮合，即：作用在轮齿上的载荷是突然加上或卸掉的，这样会使传动不平稳，容易产生振动和噪声。

斜齿轮的轮齿与轴线倾斜成螺旋形，如图 7－7 所示。一对斜齿轮啮合过程中，每个瞬时接触线都不与轴线平行，是倾斜的（图 7－6（b））。轮齿开始啮合时，接触线长度由零逐渐增大；当达到某一位置后，接触线长度又逐渐缩短，直到脱离啮合。另外，由于轮齿是倾斜的，同时啮合的齿数比直齿轮传动多。因此，斜齿轮传动比直齿轮传动平稳，承载能力较大，适用于高速和重载传动。但在传动中会产生轴向分力，且不便用为变速滑移齿轮。

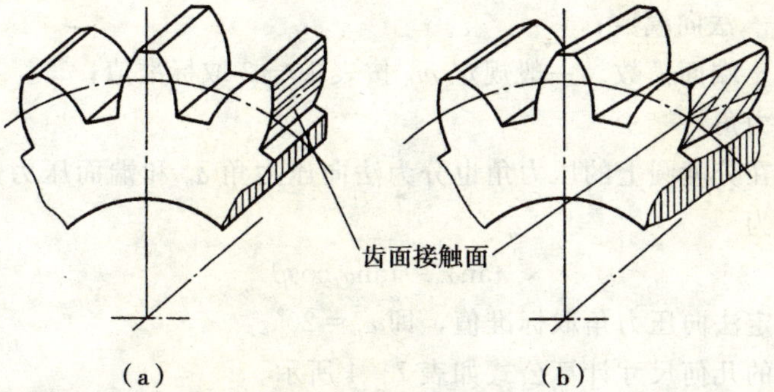

图 7－6 齿面接触线

2. **斜齿圆柱轮的主要参数及几何尺寸**

由于斜齿圆柱齿轮在齿宽方向上轮齿是沿螺旋线方向分布的，其齿面在端面（垂直于齿轮轴线的平面）和法向（垂直于齿的平面）的齿形不同。由于加工斜齿轮时，刀具是沿螺旋线方向进刀的，因此要以轮齿的法向参数为标准来选择刀具。但在计算几何尺寸时，要按端面的参数进行计算。因此，需要熟悉斜齿轮端面与法向之间的参数换算关系。

为了便于分析，假想将斜齿轮的分度圆柱面展开，如图 7－8 所示。

(1) 螺旋角 β 在斜齿轮的展开平面上，螺旋线变成了斜直线，它与轴线的夹角称为分度圆柱上的螺旋角，简称螺旋角，用 β 表示。斜齿轮轮齿的旋向分为左旋和右旋两种，如图 7－7 所示。

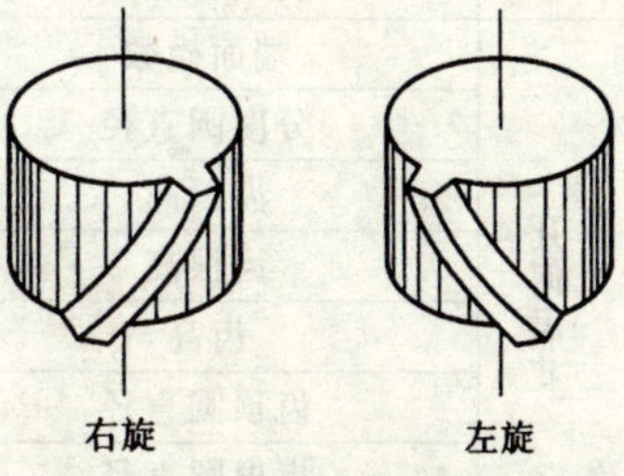

图 7－7 斜齿轮轮齿的旋向

(2) 模数 图 7－8 中，有阴影线的部分表示齿厚，无阴影线的部分表示齿槽。p_n 表示法向齿距，P_t 表示端面齿距，则 p_n、p_t 之间的关系式为

$$P_n = p_t \cos\beta \qquad (7-7)$$

上式两边都除以 π 得

$$\frac{p_n}{\pi} = \frac{pt}{\pi}\cos\beta \qquad (7-8)$$

即得

$$m_n = m_t \cos\beta \qquad (7-9)$$

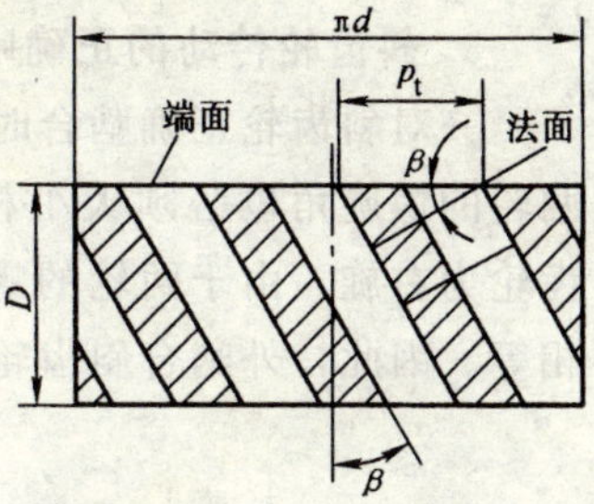

图 7－8 斜齿轮展开图

式中：m_n——法向模数；

m_t——端面模数。一般规定 m_n 按表 10—2 取标准值；

(3) 压力角

斜齿轮在分度圆上的压力角也分为法向压力角 α_n 和端面压力角 α_t，两者之间的关系为

$$\tan\alpha_n = \tan\alpha_t \cos\beta$$

一般规定法向压力角取标准值，即 $\alpha_n = 20°$。

斜齿轮的几何尺寸计算公式如表 7—4 所示。

表 7—4　标准斜齿轮几何尺寸算公式

	名　称	符　号	计算公式
基本参数	法向模数	m_n	按强度决定，选取标准值
	法向压力角	α_n	选标准值 $\alpha_n = 20°$
	齿数	z	$z_1 \geqslant z_{min}$，$z_2 = iz_1$
	齿顶高系数	h_{an}^*	选标准值 $h_{an}^* = 1$
	顶隙系数	c_n^*	选标准值 $c_n^* = 0.25$
	分度圆柱螺旋角	β	一般取 $\beta = 8° \sim 20°$
几何尺寸	端面模数	m_t	$m_t = m_n / \cos\beta$
	分度圆直径	d	$d = zm_t = zm_n / \cos\beta$
	齿顶高	h_a	$h_a = h_{an}^* m_n$
	齿根高	h_f	$h_f = (h_{an}^* + c_n^*)\ m_n$
	齿高	h	$h = h_a + h_f = (2h_a^* + c_n^*)\ m_n$
	齿顶圆直径	d_a	$d_a = d + 2h_a$
	齿根圆直径	d_f	$d_f = d - 2h_f$
	中心距	a	$a = d_1 + d_2 / 2 = m_n\ (z_1 + z_2)\ / 2\cos\beta$

3. 斜齿轮传动的正确啮合条件

一对斜齿轮正确啮合时，除了两轮的端面模数和端面压力角分别相等外，两轮的螺旋角也必须大小相等、方向相反，即其中一个齿轮为左旋，另一个齿轮为右旋。由于两轮的螺旋角相等，所以其法向模数和法向压力角也必然相等。因此，外啮合斜齿轮传动的正确啮合条件为

$$\begin{cases} m_{n1} = m_{n2} = m \\ \alpha_{n1} = \alpha_{n2} = \alpha \\ \beta_1 = -\beta_2 \end{cases} \tag{7-10}$$

直齿锥齿轮传动简介

1. 锥齿轮传动的特点和类型

锥齿轮传动用来传递两相交轴间的回转运动，在一般机械中多采用轴交角 $\Sigma=90^\circ$。锥齿轮的轮齿分布在圆锥体上，其齿形从大端到小端是逐渐收缩的。与圆柱齿轮相似，锥齿轮有分度圆锥、顶圆锥和根圆锥。工作时，两齿轮的分度圆锥锥顶必须重合，这样使锥齿轮的制造、安装比较困难，也降低了锥齿轮传动的精度和承载能力，因此锥齿轮传动一般用于轻载、低速场合。

锥齿轮传动可按锥齿轮齿线（齿面与分度圆锥面的交线）形状不同，分为直齿、斜齿和曲齿等多种形式的锥齿轮传动。由于直齿锥齿轮传动设计、制造和安装比较方便，所以应用较广泛，但其传动的平稳性和承载能力不如曲齿锥齿轮高。

锥齿轮传动按啮合形式不同，可分为外啮合（图 7－9（a））、内啮合（图 7－9（b））和平面啮合（图 7－9（c））三种锥齿轮传动。

2. 直齿锥齿轮传动的正确啮合条件

由于直齿锥齿轮的大端齿形可以近似地用当量齿轮（直齿圆柱齿轮）的齿形代替，其模数以大端模数为标准，因此，直齿锥齿轮的正确啮合条件与直齿圆柱齿轮相同，即

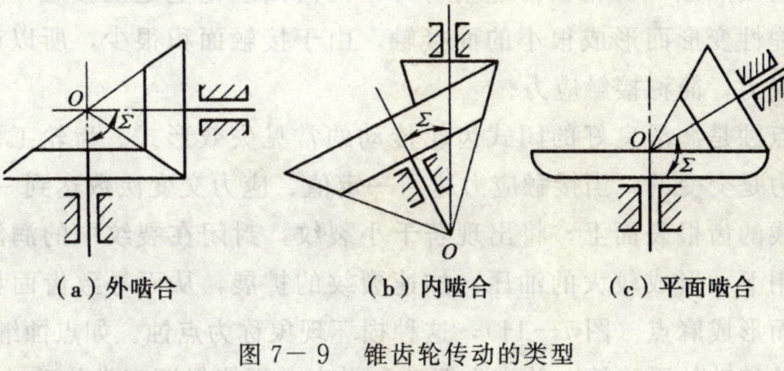

（a）外啮合　（b）内啮合　（c）平面啮合

图 7－9　锥齿轮传动的类型

$$m_1=m_2=m$$

$$\alpha_1=\alpha_2=\alpha$$

3. 直齿锥齿轮传动的传动比

直齿锥齿轮传动的传动比与两轮齿数的关系为

$$i=\frac{n_1}{n_2}=\frac{z_2}{z_1}$$

齿轮传动的失效形式及常用材料

1. 齿轮传动的失效形式

齿轮失效是指齿轮在传动过程中，由于载荷的作用发生轮齿折断、齿面损坏等现象，使齿轮失去了正常的工作能力。由于齿轮传动的工作条件和应用范围不同，失效形式也各不相同。

按工作情况不同，齿轮传动可分为齿轮外露或只有简单遮盖的开式传动（图7－10（a））和齿轮被封闭在箱体内的闭式传动（图7－10（b）为汽车变速箱中的齿轮传动）。开式传动容易有灰尘或其他杂物进入轮齿啮合处，且不能保证有良好的润滑条件；闭式传动的工作条件相对要好。齿轮失效一般是指轮齿失效，其失效的形式主要有五类，即齿面磨损、齿面点蚀、齿面胶合、齿面塑性变形和轮齿折断。

（1）齿面磨损　外界硬的微粒落入啮合面间时，由于齿面相对滑动，导致轮齿表面磨损。齿面逐渐磨损后，齿廓将失去正确齿形从而影响传动的平稳性，严重时将导致轮齿过薄而折断。齿面磨损是齿轮开式传动的主要失效方式。为了减少磨损，应尽可能采用闭式传动。运转初期磨合后应及时换掉脏油，并清洗有关零件，然后再正式运转。

（2）齿面点蚀　齿轮在传递动力时，两齿面理论上是线接触，实际上因为齿面的弹性变形而形成很小的面接触。由于接触面积很少，所以产生很大的接触压应力，简称接触应力。

齿面点蚀是润滑良好的闭式齿轮传动的常见失效形式。齿轮工作时，齿面接触应力是交变的，当接触应力达到一定值、应力交变次数达到一定值时，在靠近节线的齿根表面上，将出现若干小裂纹，封闭在裂纹中的润滑油在外加压力作用下，形成较大的油压，加速裂纹的扩展，从而导致齿面贝壳状小片的剥落而形成麻点（图7－11），这种损坏现象称为点蚀。如点蚀继续扩展，将影响齿轮传动的平稳性，并产生振动和噪声，不能保证正常传动。

（3）齿面胶合　在高速重载的齿轮传动中，齿面间的压力大，瞬时温度高，润滑效果差。当瞬时温度过高时，将使两齿面相互胶合，两齿面作相对运动时，粘住的齿面将被撕裂，从而在齿面上沿着滑动方向形成带状或大面积伤痕。低速重载齿轮传动不易形成油膜，摩擦发热虽不大，但也可能会因重载而出现冷胶合。表面粗糙度对于冷胶合影响十分突出。因此，对于低速重载齿轮传动，为避免发生胶合，应注意降低表面粗糙度值以及控制各种载荷集中等因素。

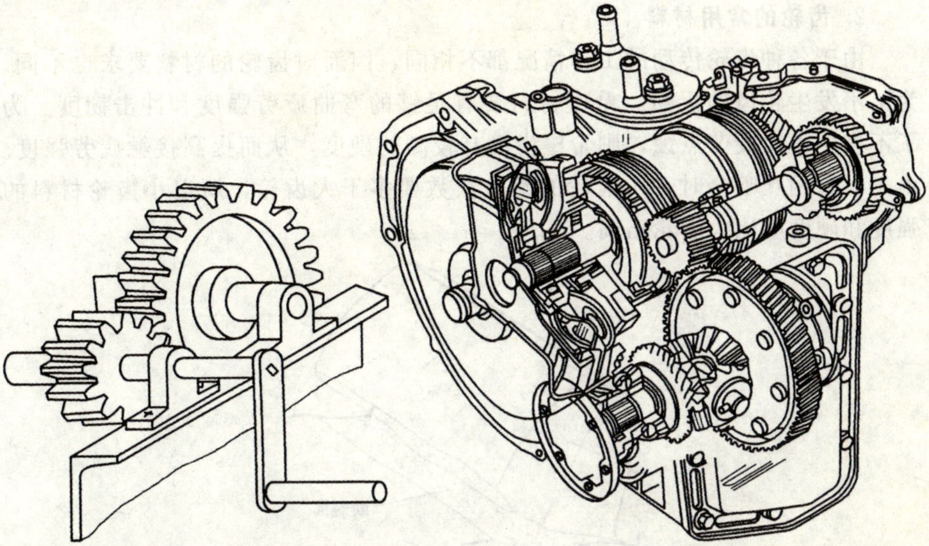

(a) (b)

图 7－10 齿轮传动的工作情况

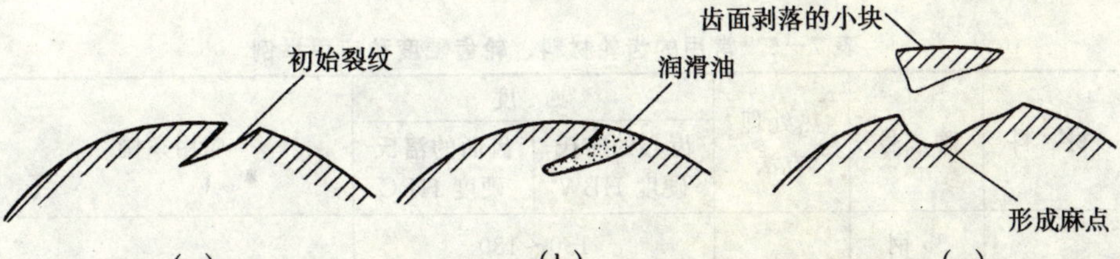

(a) (b) (c)

图 7－11 齿面点蚀的过程分析

(4) 齿面塑性变形　齿面较软的齿轮，载荷及摩擦力又都较大时，在啮合过程中，齿面表层材料容易沿着摩擦力的方向产生塑性变形，使轮齿失去正确齿形。可以通过提高齿面硬度、采用黏度较大的润滑油，来减轻或防止齿面塑性变形。

对于开式传动，应尽量设置防尘罩以防止外界磨料进入啮合区，选用硬度较高材质，较高黏度（或带极压添加剂）的润滑剂以减轻磨损。

(5) 轮齿折断　轮齿受力后齿根弯曲应力最大，而且有应力集中。当轮齿多次重复受力后，齿根处将产生疲劳裂纹并逐渐扩展，最终引起轮齿断裂（图 7－12），这种断裂称为弯曲疲劳断裂。此外，轮齿受到短时过载或冲击载荷时也可能产生折断。齿根折断均起始于拉应力一侧。

2. **齿轮的常用材料**

由于各种齿轮传动的工作情况都不相同，因而对齿轮的材料要求也不同。为了不发生轮齿的折断，希望材料要有足够的弯曲疲劳强度和冲击韧度。为了不发生表面疲劳点蚀，则希望齿面有较高的硬度，从而提高接触疲劳强度。由于齿轮相互啮合时，小齿轮的啮合次数要多于大齿轮，所以小齿轮材料的强度和硬度应比大齿轮略高。

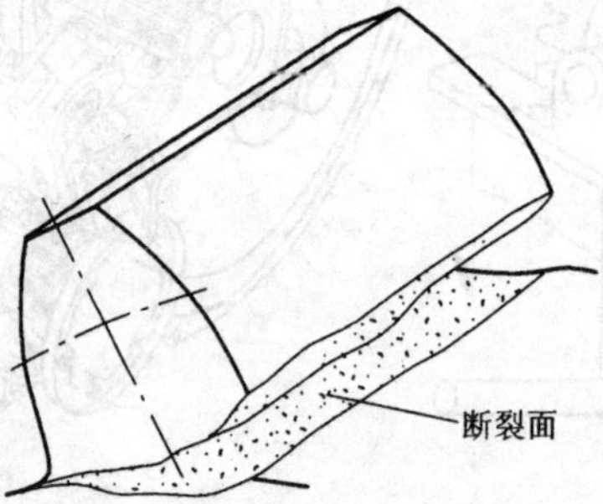

图 7－12　轮齿折断

常用的齿轮材料、轮齿硬度和应用举例如表 7－5 所示。

表 7－5　常用的齿轮材料、轮齿硬度和应用举例

材　料	牌　号	热处理方法	硬度：齿心的布氏硬度 HBW	硬度：齿面的洛氏硬度 HRC	应用举例
优质碳素钢	35 钢	正火	150～180		低速轻载的齿轮或中速中载的大齿轮
	45 钢		162～217		
	50 钢		180～220		
	35 钢	调质	180～210		中、低速中载的齿轮。如通用减速器和机床中一般传动的齿轮
	45 钢		217～255		
合金钢	35SiMn		217～269		
	35SiMnMo		217～369		
	40Cr		217～286		

续表

材料	牌号	热处理方法	硬度		应用举例
			齿心的布氏硬度 HBW	齿面的洛氏硬度 HRC	
优质碳素钢	35 钢	表面淬火	180～210	40～45	高速中载、无剧烈冲击的齿轮。如机床变速箱中的齿轮
	45 钢		217～255	40～50	
合金钢	40Cr		241～286	48～55	
	20Cr	渗碳、淬火、回火	HRC28～33	56～62	高速中载、承受冲击载荷的齿轮。如汽车、拖拉机中的重要齿轮
	20CrMnMo			56～62	
	20CrMnTi			56～62	
	38CrMoAlA	氮化	229	＞65	载荷平稳、润滑良好的齿轮
铸钢	ZG45	正火	163～197		重型机械中的低速齿轮
	ZG55		179～207		
	ZG35SiMn		163～217		
	ZG35SiMn	调质	197～248		标准系列减速器的大齿
球墨铸铁	QT500－5		147～241		可用来代替铸钢
	QT600－2		229～302		
灰铸铁	HT250		170～241		低速中载、不受冲击的齿轮。如机床操纵机构的齿轮
	HT300		187～255		

注：（$v<25$m/s）为低速，$v=25～40$m/s 为中速，$v>40$m/s 为高速。

蜗杆传动

蜗杆传动的特点和类型

1. 蜗杆传动的特点

蜗杆传动是由蜗杆和涡轮组成的（图 7－13 所示），用于传递交错轴之间的回转运动和动力，通常轴交角为 90°。

与齿轮传动相比，蜗杆传动具有以下特点：

（1）传动比大。在传力机构中，通常传动比可在 8～80 范围内选取。在

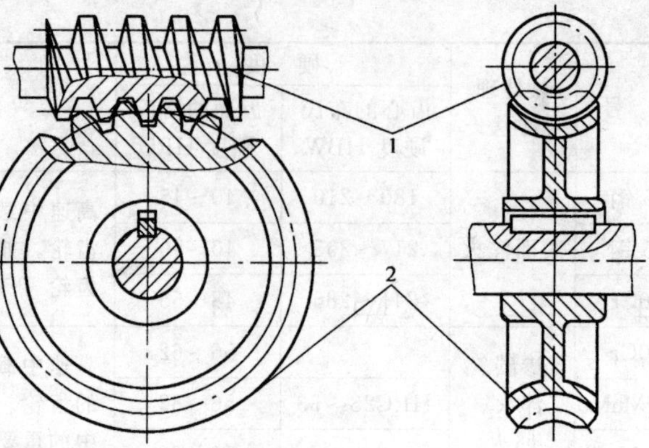

图 7－13 蜗杆传动

1—蜗杆 2—涡轮

分度机构中，传动比可达 1000。

（2）工作平稳，噪声低。

（3）结构紧凑，可根据要求实现自锁。

（4）传动效率低，一般为 70％～80％，自锁时为 40％左右。

（5）涡轮需要贵重的非铁金属的材料制造，使其成本较高。

由于蜗杆传动具有以上的特点，因此，只适用于中、小功率的传动。

2. 蜗杆传动的类型

根据蜗杆螺旋线的旋向不同，蜗杆可分为右旋蜗杆和左旋蜗杆两种。旋向确定方法如图 7－14 所示，将蜗杆竖直面对观察者，如螺纹自左向右升高，为右旋；反之为左旋。

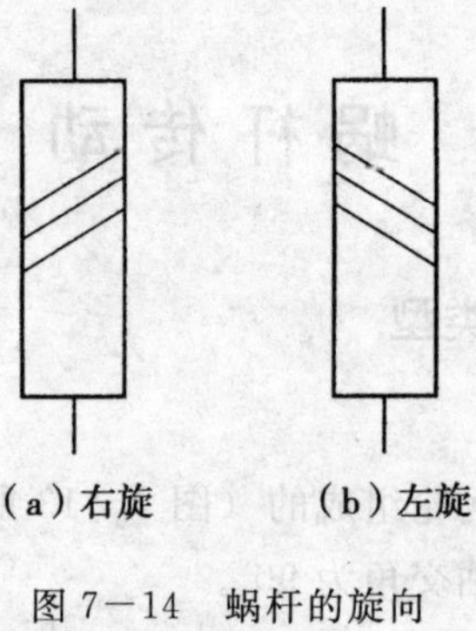

（a）右旋　（b）左旋

图 7－14 蜗杆的旋向

按蜗杆的形状不同，蜗杆传动可分为圆柱蜗杆传动和环面蜗杆传动，如图 7－15（a）、（b）所示。

圆柱蜗杆传动，按蜗杆的螺旋面形状不同又分为阿基米得蜗杆传动圆柱蜗杆传动、渐开线蜗杆传动等。由于阿基米得蜗杆传动制造简单，应用广泛，所以本节主要介绍这种蜗杆传动。

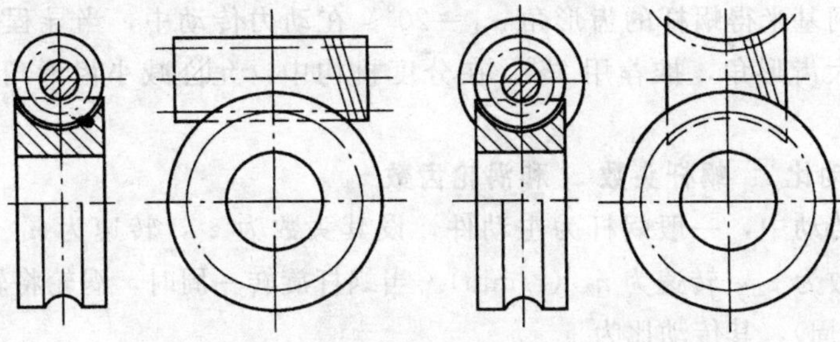

（a）圆柱蜗杆　　（b）环面蜗杆

图 7－15　蜗杆传动的类型

蜗杆传动的主要参数

1. 模数 m 和压力角 α

如图 7－16 所示，通常我们把通过蜗杆轴线并与涡轮轴线垂直的平面称为中间平面。在中间平面上，蜗杆和涡轮的啮合相当于齿条和渐开线齿轮的啮合。因此，蜗杆传动的参数和几何尺寸计算与齿轮传动相似，在设计和加工时以中间平面上的参数和尺寸为基准。

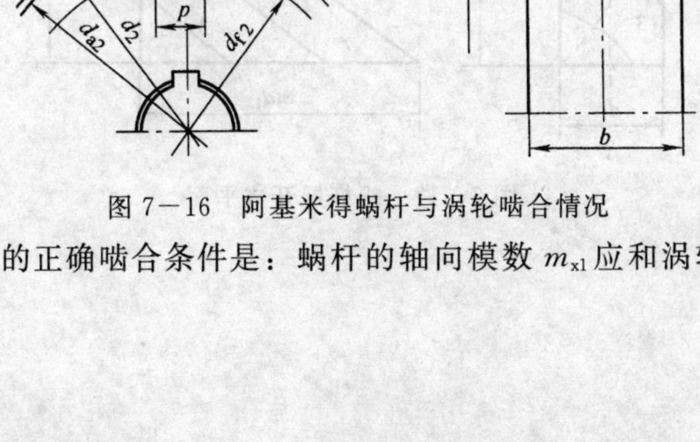

图 7－16　阿基米得蜗杆与涡轮啮合情况

蜗杆传动的正确啮合条件是：蜗杆的轴向模数 m_{x1} 应和涡轮端面模数 m_{t2}

相等；蜗杆的轴向齿距 p_{x1} 和轴向压力角 α_{x1} 应分别与涡轮的端面齿距 p_{t2} 和端面压力角 α_{t2} 相等，蜗杆导程角 γ 等于涡轮螺旋角 β_2，即正确啮合条件为

$$m_{x1}=m_{t2}=m$$

$$\alpha_{x1}=\alpha_{t2}=\alpha$$

$$\gamma_1=\beta_2$$

规定阿基米得蜗杆的齿形角 $\alpha_{x1}=20°$。在动力传动中，当导程角 $\gamma>30°$ 时，可增大齿形角，推荐用 25°。在分度机构中，允许减小齿形角，推荐用 15°或 12°。

2. 传动比 i、蜗杆头数 z_1 和涡轮齿数 z_2

蜗杆传动中，一般蜗杆为主动件，设其头数为 z_1，转速为 n_1（r/min）；涡轮的齿数为 z_2，转速为 n_2（r/min）。当蜗杆旋转一周时，涡轮将转过 z_1 个齿（z_1/z_2 周），其传动比为

$$i=\frac{n_1}{n_2}=\frac{z_2}{z_1}$$

蜗杆头数通常为 $z_1=1\sim6$，而 z_2 较大，因此，蜗杆传动的传动比大且结构紧凑。在动力传动中，传动比一般为 $i=10\sim80$。要得到大传动比时，可取 $z_1=1$，但传动效率较低。当传递功率较大时，一般取 $z_1=2$、3 或更多。

涡轮的齿数由选定的蜗杆头数及传动比，根据 $z_2=iz_1$ 来计算。一般 z_2 不应小于 26，但也不宜大于 60～80。

3. 蜗杆的中圆直径 d_1、导程角 γ 与直径系数 q

蜗杆的中圆直径相当于蜗杆的中径。如图 7－17 所示，将蜗杆的分度圆柱面展开成平面。由图可得

$$\tan\gamma=\frac{z_1 p_x}{\pi d_1}=\frac{z_1 m}{d_1}$$

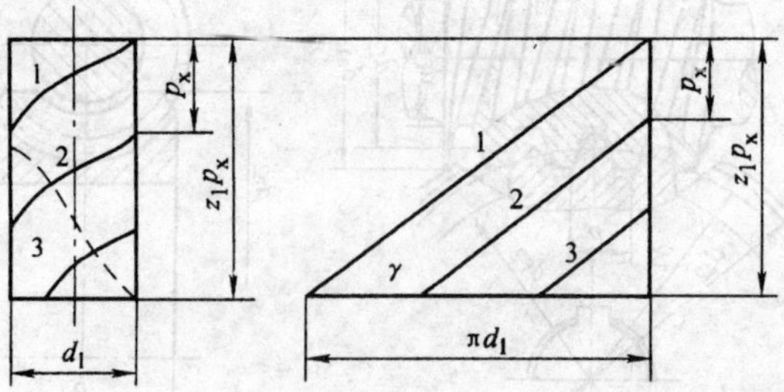

图 7－17　蜗杆展开成平面

为加工方便，实现刀具的标准化、系列化，将蜗杆直径 d_1 定为标准值，蜗杆中圆直径与模数的比值称为蜗杆直径系数，用 q 表示，即 $q=z_1/\tan\gamma$。由此可得蜗杆的直径为

$$d_1=mq$$

蜗杆传动的结构、材料和失效形式

1. 蜗杆传动的失效形式

蜗杆传动的失效形式与齿轮传动类似，也有齿面点蚀、胶合、磨损和轮齿折断等形式，但由于蜗杆传动的齿面滑动速度较大、发热量大、磨损严重，因此，一般开式传动的失效形式主要是因润滑不良及润滑油不洁造成的磨损；润滑良好的闭式传动主要失效形式是胶合。

2. 涡轮、蜗杆的材料

蜗杆常用的材料是碳素钢和合金钢，要求齿面光洁且有较高的硬度。蜗杆在低、中速时多采用 45 调质钢，高速时采用 40Cr、40MnB、40MnVB，调质后表面淬火，或采用 20 钢、20CrMnTi、20MnVB 渗碳淬火。

涡轮常用材料为青铜和铸铁。铸造锡青铜，抗胶合，耐磨性能好，易切削加工，但价格贵，一般用于高速（$v<25\text{m/s}$）的重要场合。铝铁青铜，具有足够的强度，并且耐冲击，价格也低，但切削性能和抗胶合性能较差，故不适于高速，常用于相对滑动速度小于 6m/s 的场合。灰铸铁主要用于低速、轻载的场合。

3. 涡轮、蜗杆的结构

蜗杆绝大多数情况下是和轴作成一体，称为蜗杆轴，如图 7－18 所示。

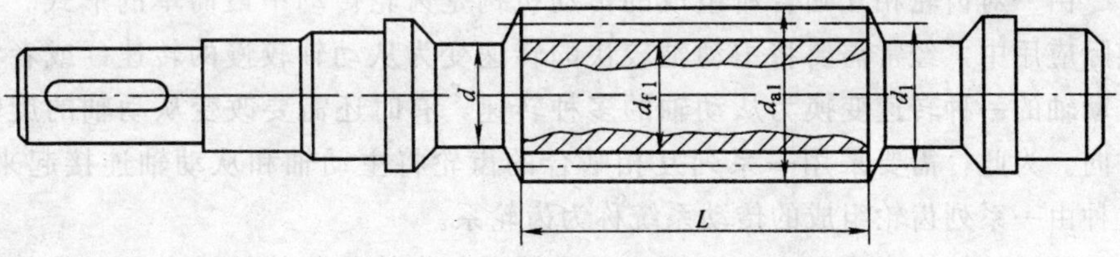

图 7－18　蜗杆轴

涡轮可以制成整体的，适用于铸铁涡轮或直径小的青铜涡轮（图 7－19(a)）。

直径大的涡轮，为了节约贵重的非铁金属，常用组合式结构，即齿圈用非铁金属制造，而轮心用钢或铸铁制成。组合形式有以下三种。

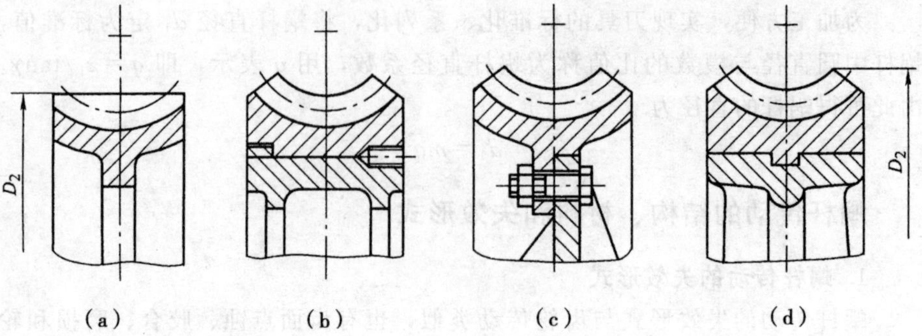

图 7—19 涡轮的结构形式

(1) 齿圈压配式 其齿圈和轮心用过盈配合连接（图 7—19（b））。此结构用于尺寸不大而工作温度变化小的场合。

(2) 螺栓连接式 其齿圈和轮心用铰制孔用螺栓连接（图 7—19（c）），常用于尺寸较大或磨损后需要更换涡轮齿圈的场合。

(3) 浇铸式 在铸铁轮心上浇铸出青铜齿圈（图 7—19（d）），这种形式的涡轮多用于成批生产。

轮 系

轮系的分类及应用

1. 轮系的概念及分类

由一对齿轮相互啮合所组成的传动机构是齿轮传动中最简单的形式。在实际应用中，经常需要将主动轴较快的转速变为从动轴较慢的转速，或者将主动轴的一种转速变换为从动轴的多种转速，有时还需要改变从动轴的旋转方向。为此，需要采用一系列互相啮合的齿轮将主动轴和从动轴连接起来。这种由一系列齿轮组成的传动系统称为齿轮系。

轮系的结构形式很多。根据轮系运转时各齿轮的几何轴线在空间的相对位置是否固定，轮系可分为定轴轮系和行星轮系两类。

(1) 定轴轮系 又称为普通轮系，轮系中的齿轮（包括涡轮、蜗杆）在运转中轴线位置都是固定不动的。图 7—20 所示的汽车变速箱中的齿轮传动即为定轴轮系，图中Ⅰ为输入轴，Ⅱ为输出轴，4，6 为滑移齿轮，A、B 为齿轮离合器，齿轮 1、2 始终处于啮合状态。这种变速箱可使输出轴得到四种转速，并可改变输出轴Ⅱ的转向。

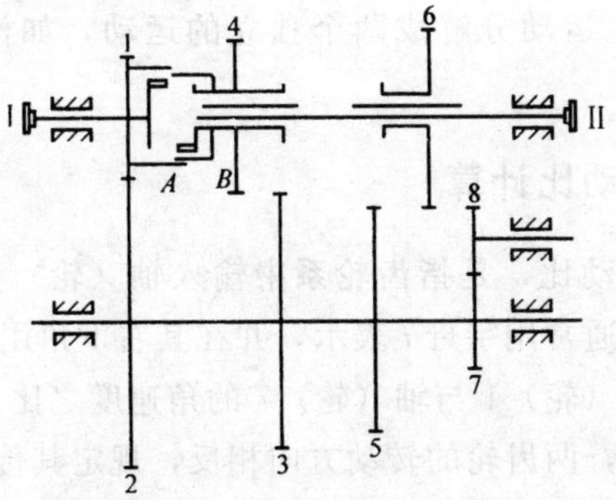

图 7－20　汽车变速箱的传动图

(2) 行星轮系　轮系在传动过程中，至少有一个齿轮的几何轴线绕另一个齿轮的固定几何轴线转动。图 7－21 所示的轮系即为行星轮系，其中齿轮 1 和 2 绕固定轴线 O_1 转动，齿轮 3 除了绕其本身的几何轴线 O_3 转动（自转）外，同时还随 4（行星架）绕固定的几何轴线 O_1 转动（公转），齿轮 3 称为行星轮，齿轮 1 称为太阳轮，齿轮 2 称为内齿轮。

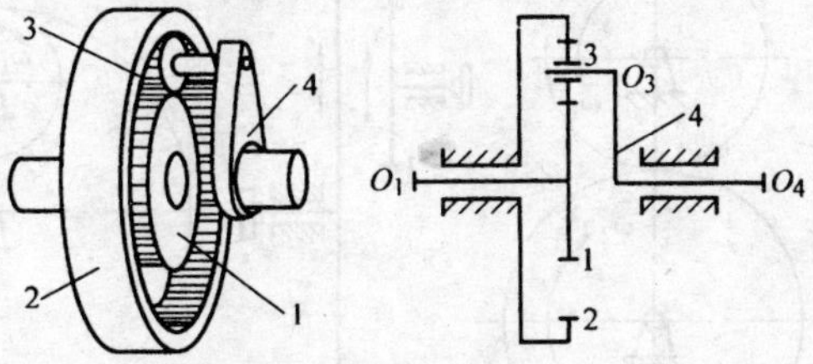

图 7－21　行星轮系

2. **轮系的应用**

轮系具有许多优点，应用十分广泛。

(1) 可获得较大的传动比　很多机械要求有大的传动比，若使用一对齿轮传动，因受齿轮的结构限制，传动比不能太大，而用轮系则可以获得大的传动比，如航空发动机的减速器。

(2) 轮系可作远距离的传动　当两轴的中心距较远时，只用一对齿轮传动则两齿轮的尺寸将会很大，不适宜远距离传动。若用轮系传动，可使其结构紧凑，实现远距离传动。

(3) 可实现变速和换向要求　采用轮系组成的各种机构，可将运转速度分为若干等级进行变换，实现多级变速要求，并能变换运转方向。

(4) 可合成或分解运动　采用行星轮系可将两个独立运动合成一个运动，也可将一个独立运动分解成两个独立的运动，如汽车的传动轴和差速器。

定轴轮系的传动比计算

所谓齿轮系的传动比，是指齿轮系中输入轴（轮）和输出轴（轮）角速度（或转速）之比。通常用字母 i 表示，并在其右下角用下标表明其对应的两轴。例如，i_{17} 表示轴（轮）1 与轴（轮）7 的角速度之比。如图 7－22（a）所示的一对外啮合齿轮，两齿轮的转动方向相反，规定其传动比为负值，即

$$i_{12}=\frac{\omega_1}{\omega_2}=\frac{n_1}{n_2}=-\frac{z_2}{z_1}$$

图 7－22（b）所示的一对内啮合齿轮，两齿轮的转动方向相同，规定其传动比为正值，即

$$i_{12}=\frac{\omega_1}{\omega_2}=\frac{n_1}{n_2}=\frac{z_2}{z_1}$$

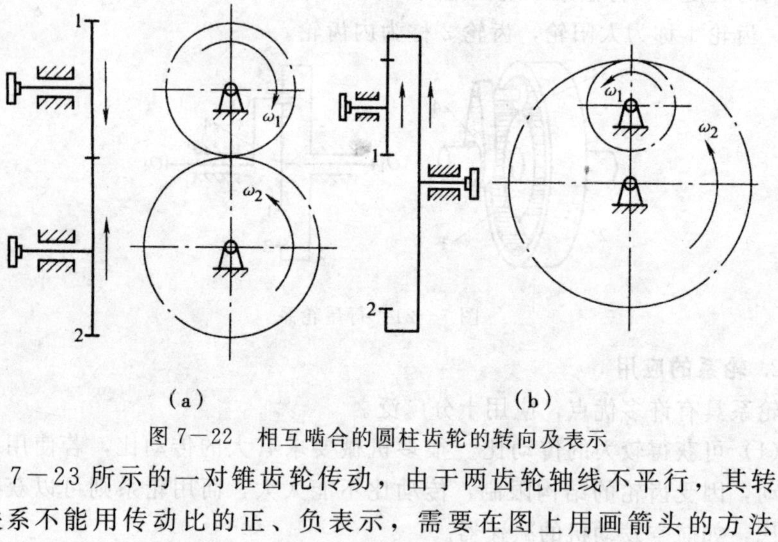

图 7－22　相互啮合的圆柱齿轮的转向及表示

图 7－23 所示的一对锥齿轮传动，由于两齿轮轴线不平行，其转动方向的关系不能用传动比的正、负表示，需要在图上用画箭头的方法来确定。

确定齿轮系的传动比包含两方面的内容，一是计算传动比 i 的数值大小，二是确定输出轴（轮）的转动方向。

在图 7－24 所示的齿轮系中，各齿轮的轴线相互平行，为一定轴轮系。设 ω_1、ω_2、$\omega_{2'}$、ω_3、$\omega_{3'}$、ω_4、ω_5 为各轮的角速度。根据一对平行轴间的圆柱

齿轮传动的传动比推导得出

$$i_{12}=\frac{\omega_1}{\omega_2}=-\frac{z_2}{z_1} \qquad i_{2'3}=\frac{\omega_{2'}}{\omega_3}=\frac{z_3}{z_{2'}}$$

$$i_{3'4}=\frac{\omega_{3'}}{\omega_4}=-\frac{z_4}{z_{3'}} \qquad i_{45}=\frac{\omega_4}{\omega_5}=-\frac{z_5}{z_4}$$

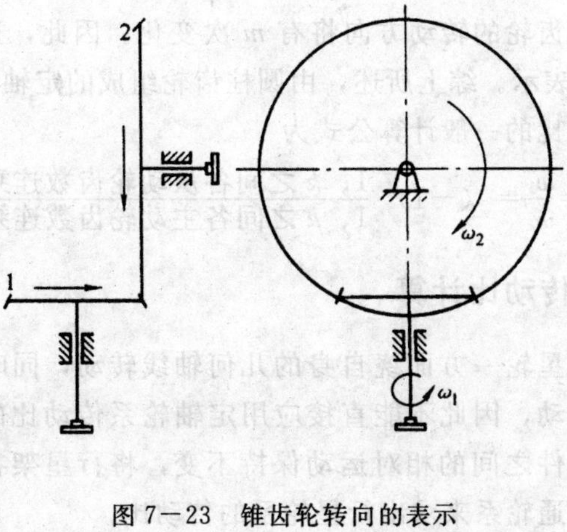

图 7－23 锥齿轮转向的表示

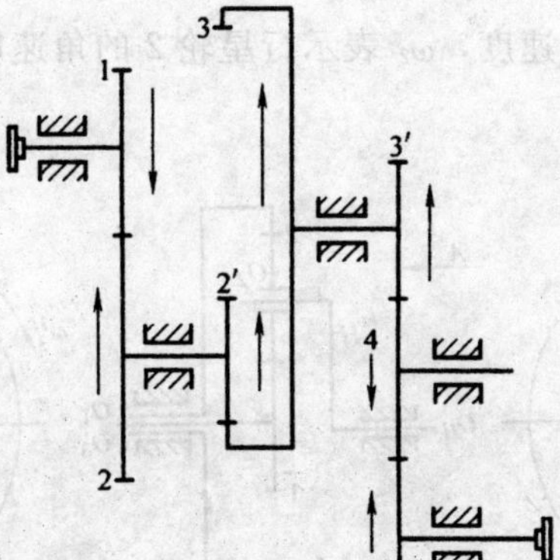

图 7－24 定轴轮系的传动比计算

将上述各式连乘，可得

$$i_{12}i_{2'3}i_{3'4}i_{45}=\frac{\omega_1\omega_{2'}\omega_{3'}\omega_4}{\omega_2\omega_3\omega_4\omega_5}=(-1)^3\frac{z_2z_3z_4z_5}{z_1z_{2'}z_{3'}z_4}$$

因 $\omega_2=\omega_{2'}$，$\omega_3=\omega_{3'}$，所以可得

$$i_{15}=\frac{\omega_1}{\omega_5}=-\frac{z_2 z_3 z_5}{z_1 z_{2'} z_{3'}}$$

由以上计算过程可知，该齿轮系的传动比等于组成轮系的各对齿轮传动比的连乘积，其大小等于所有从动轮齿数的连乘积与所有主动轮齿数的连乘积之比，传动比的正负号取决于外啮合的次数，若轮系中有 m 次外啮合，则由输入轴到输出轴齿轮的转动方向将有 m 次变化。因此，这种轮系传动比的符号可用 $(-1)^m$ 表示。综上所述，由圆柱齿轮组成的定轴轮系，其输入轴与输出轴之间的传动比的一般计算公式为

$$i_{1k}=\frac{\omega_1}{\omega_k}=(-1)^m\frac{1、k\text{之间各从动轮齿数连乘积}}{1、k\text{之间各主动轮齿数连乘积}} \qquad (7-11)$$

行星轮系的传动比计算

行星轮系中行星轮一方面绕自身的几何轴线转动，同时又随行星架绕太阳轮的几何轴线转动，因此不能直接应用定轴轮系传动比的方法来计算，可使行星轮系中各构件之间的相对运动保持不变，将行星架视为固定不动，将行星轮系转化成普通轮系来求出行星轮系的传动比。

如图 7－25 所示，在行星轮系中，以 ω_1、ω_3、ω_H 分别表示太阳轮 1、内齿轮 3、行星架 H 的角速度，ω_2 表示行星轮 2 的角速度。经过转化，齿轮 1、3 之间的传动比为

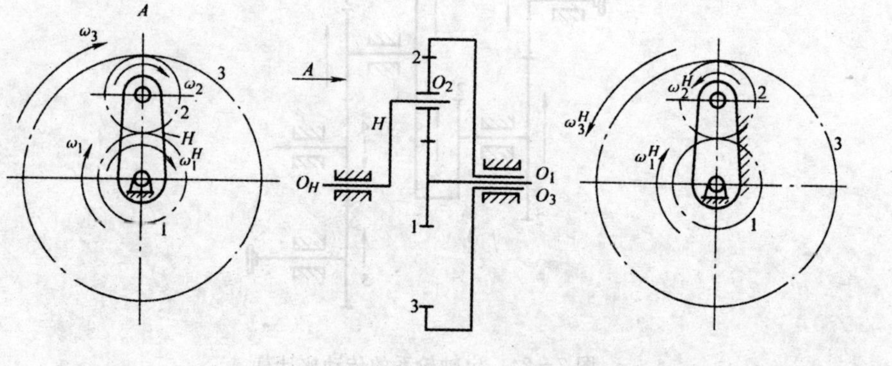

图 7－25　行星轮系及其转化机构

$$i_{13}^{H}=\frac{\omega_1-\omega_H}{\omega_3-\omega_H}=-\frac{z_3}{z_1}$$

上述结论可以推广到一般情形，可以求得行星齿轮系传动比的普遍计算公式。设 n_1 和 n_k 为行星齿轮系中任意两个齿轮 1 和 k 的转速，则两齿轮与行

星架 H 的转速间的关系为

$$i_{1k}^{H}=\frac{\omega_1-\omega_H}{\omega_k-\omega_H}=(-1)^m\frac{\text{转化轮系在 1、}k\text{ 间各从动轮齿数连乘积}}{\text{转化轮系在 1、}k\text{ 间各主动轮齿数连乘积}} \quad (7-12)$$

式中：m——转化轮系在齿轮 1 至齿轮 k 间的外啮合次数。

第八章　汽车零件测绘

测绘连杆衬套

测绘连杆衬套

连杆衬套如图 8－1 所示，其测量及绘草图过程如下：

(1) 绘制连杆衬套中心基准线，如图 8－2 所示。

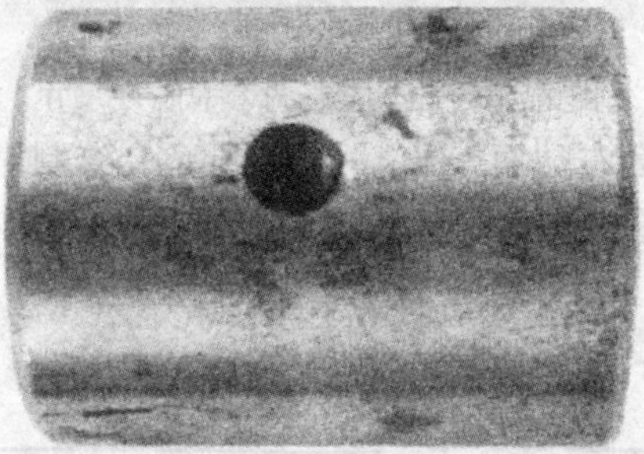

图 8－1　连杆衬套

图 8－2　绘制连杆衬套中心基准线

(2) 绘制连杆衬套左端面，如图 8－3 所示。

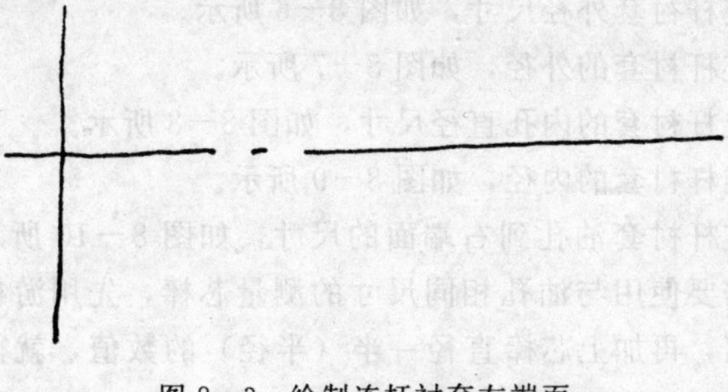

图 8－3　绘制连杆衬套左端面

（3）量出连杆衬套总长度尺寸，如图 8－4 所示。

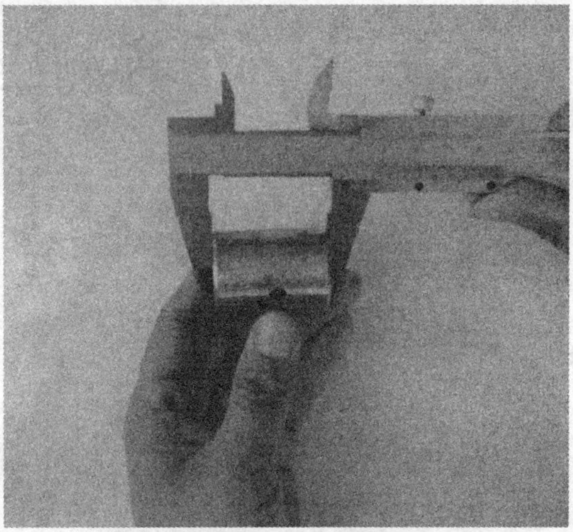

图 8－4　测量连杆衬套总长度尺寸

（4）绘制连杆衬套右端面，如图 8－5 所示。绘制时，左右端面的距离应大致等于所测连杆衬套总长度的尺寸值。

图 8－5　绘制连杆衬套右端面

（5）量出连杆衬套外径尺寸，如图 8－6 所示。

（6）绘制连杆衬套的外径，如图 8－7 所示。

（7）量出连杆衬套的内孔直径尺寸，如图 8－8 所示。

（8）绘制连杆衬套的内径，如图 8－9 所示。

（9）量出连杆衬套油孔到右端面的尺寸，如图 8－10 所示。测量油孔到右端面的距离需要使用与油孔相同尺寸的测量芯棒，先用游标卡尺量出芯棒到右端面的距离，再加上芯棒直径一半（半径）的数值，就得到油孔中心到右端面的距离。

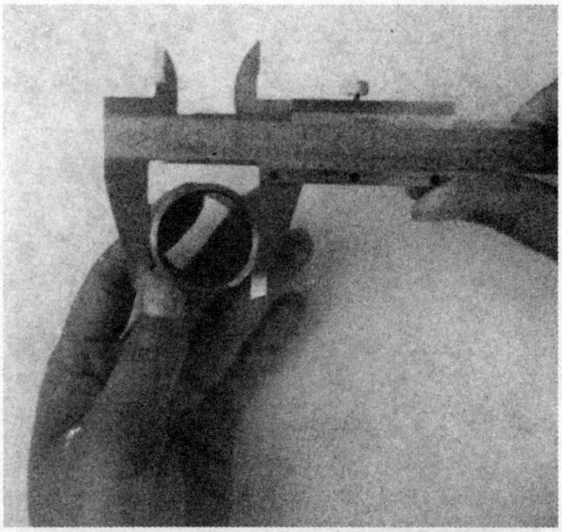

图 8－6　测量连杆衬套外径尺寸

图 8－7　绘制连杆衬套的外径

(10) 绘制连杆衬套的油孔中心线，如图 8－11 所示。

(11) 量出连杆衬套的油孔直径尺寸，如图 8－12 所示。

(12) 绘制连杆衬套的油孔，如图 8－13 所示，并画出剖面线。

(13) 标注尺寸，如图 8－14 所示，此即为连杆衬套的平面草图。

分析连杆衬套的尺寸

1. 连杆衬套图形的尺寸类型分析

平面图形是由一个或几个由一些线段连接而成的封闭线框构成的，在画图时要根据绘制对象尺寸，确定画图步骤。在标注尺寸时，要根据线段的关系，分析需要标注哪些尺寸，注出的尺寸要齐全，且不允许有自相矛盾的现象。因此，必须掌握如何对平面图形进行尺寸分析，连杆衬套平面图形如图 8－15所示，其中包含以下一些尺寸类型。

图 8—8 测量连杆衬套内孔直径尺寸

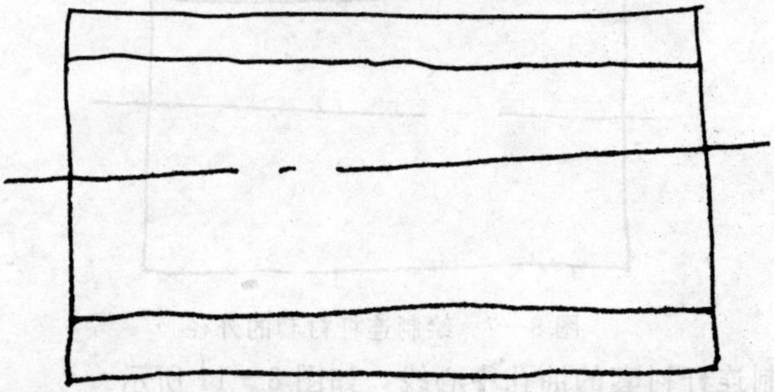

图 8—9 绘制连杆衬套的内径

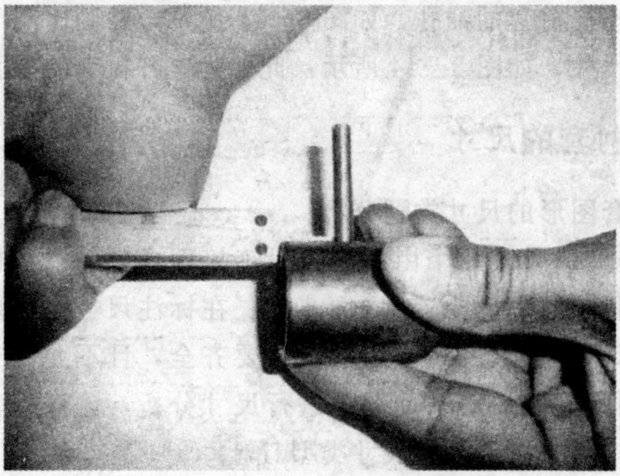

图 8—10 测量连杆衬套油孔到右端面的尺寸

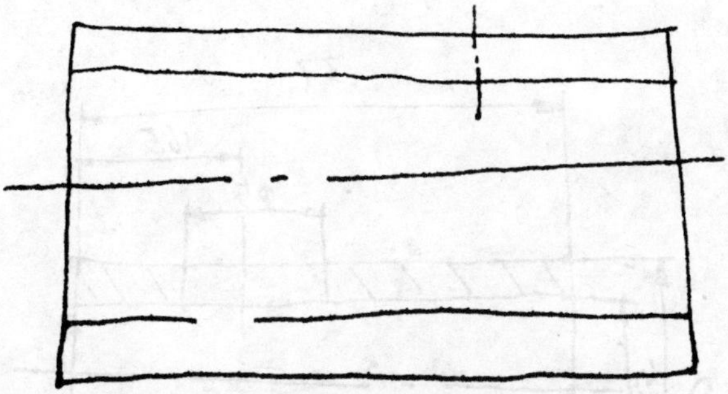

图 8－11　绘制连杆衬套的油孔中心线

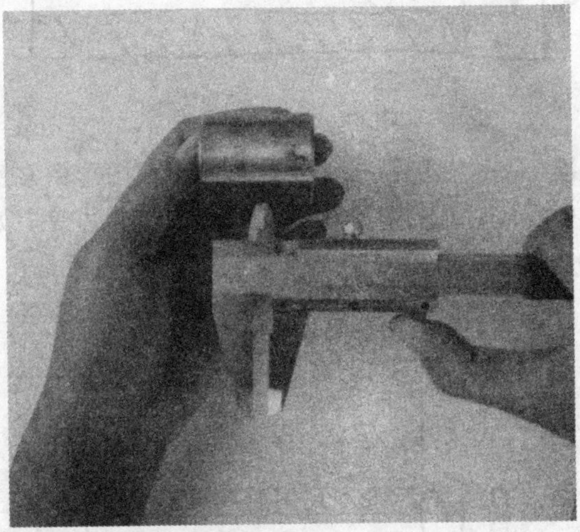

图 8－12　测量连杆衬套的油孔直径尺寸

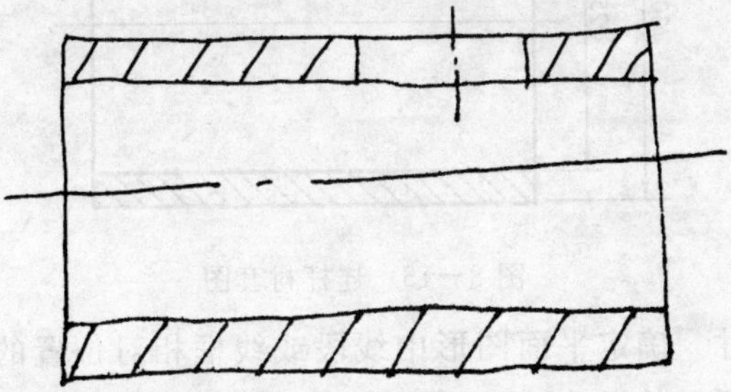

图 8－13　绘制连杆衬套的油孔

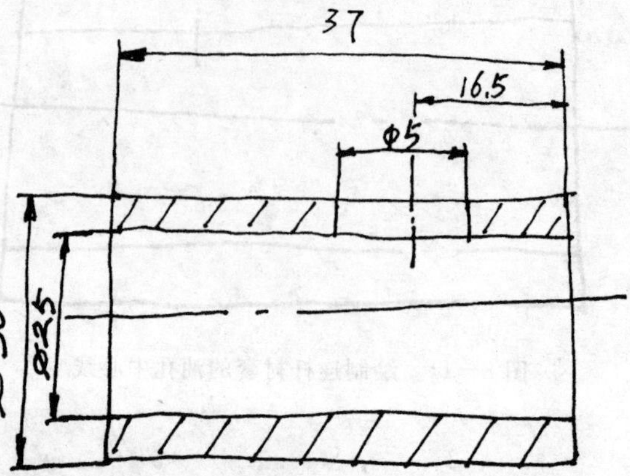

图 8－14　标注尺寸

(1) 尺寸基准　基准是标注尺寸的起点。平面图形中常用的尺寸基准有：对称图形的对称中心线；圆的对称中心线；底边、侧边等。如图 8－15 所示，衬套的水平轴线是衬套径向尺寸的基准，衬套的右端面是长度方向尺寸的基准。

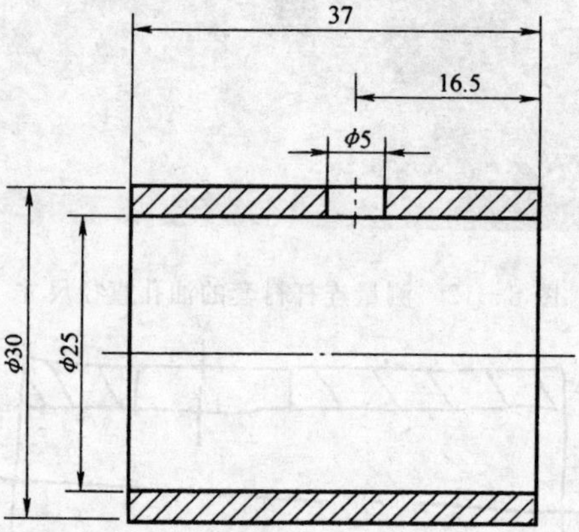

图 8－15　连杆衬套图

(2) 定位尺寸　确定平面图形中线段或线框相对位置的尺寸称为定位尺寸，如图 8－16 所示的尺寸“16.5”，就是确定油孔位置的尺寸。

(3) 定形尺寸　确定平面图形上各基本体形状和大小的尺寸称为定形尺寸，如图 8－17 所示的“37”“ϕ30”“ϕ25”“ϕ”等尺寸。

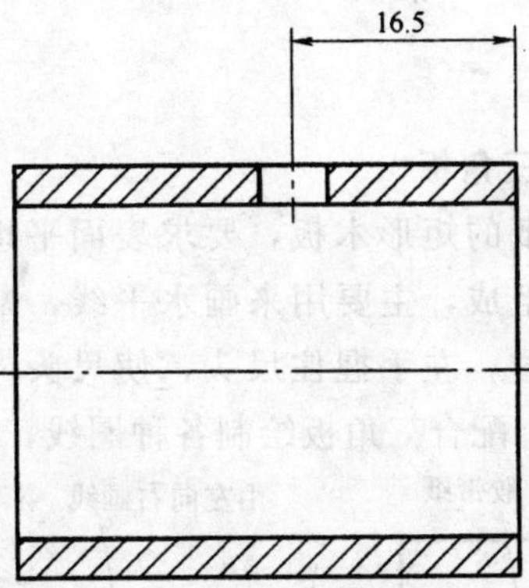

图 8－16　油孔位置尺寸

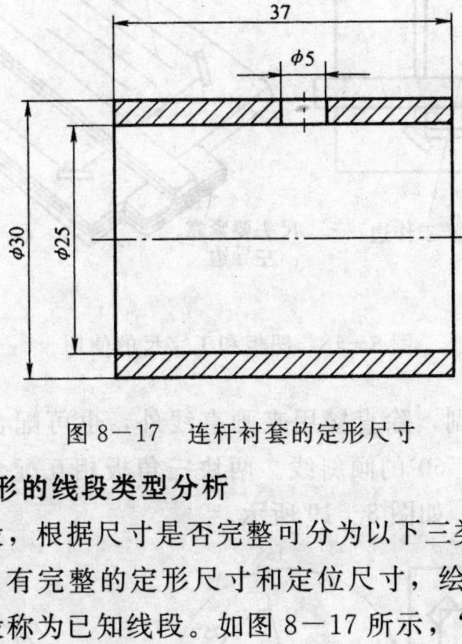

图 8－17　连杆衬套的定形尺寸

2. 连杆衬套图形的线段类型分析

平面图形的线段，根据尺寸是否完整可分为以下三类。

(1) 已知线段　有完整的定形尺寸和定位尺寸，绘图时根据给出的尺寸可以直接画出的线段称为已知线段。如图 8－17 所示，“37”“φ30” 的线段为已知线段。

(2) 中间线段　缺少一个定位尺寸，需要依靠与其一端相切或相接的线段作出后，才能由已知的尺寸和几何条件画出的线段，称为中间线段。如图 8－17所示的“φ5” 油孔的深度线段为中间线段。

(3) 连接线段　缺少两个定位尺寸，需依靠与其两端相切或相接线段的连接关系，待两端相邻线段作出后，才能画出的线段，称为连接线段（也称为连接弧）。其两个方向的定位尺寸均未给出，而需要用与两侧相邻线段的连接条件来确定其位置。

认识绘图工具

1. 图板、丁字尺、三角板

图板是用来固定图纸的矩形木板，要求表面平坦光洁，导边平直。丁字尺由尺头和尺身两部分组成，主要用来画水平线，配合三角板画垂直线和常用角度的倾斜线。使用时，左手握住尺头，使尺头内侧边紧靠图板导边，上下移动到绘图所需位置，配合三角板绘制各种图线，如图 8－18 所示。

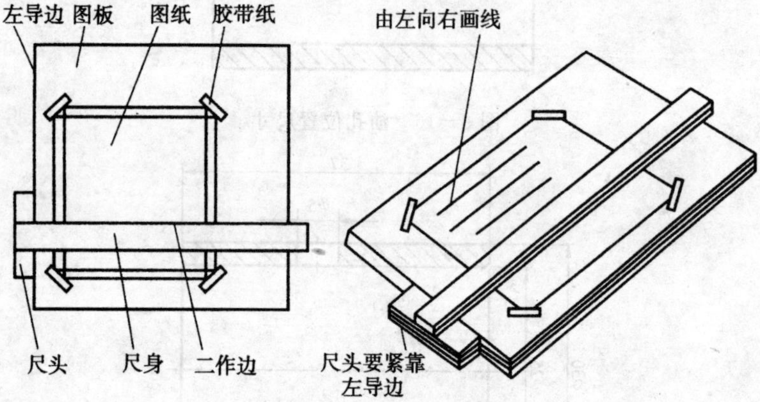

图 8－18　图板和丁字尺的使用

三角板两块为一副，除直接用来画直线外，也可配合丁字尺画铅垂线和与水平线成 30°、45°、60°的倾斜线。两块三角板相互配合还可画出与水平线成 15°、75°的倾斜线，如图 8－19 所示。

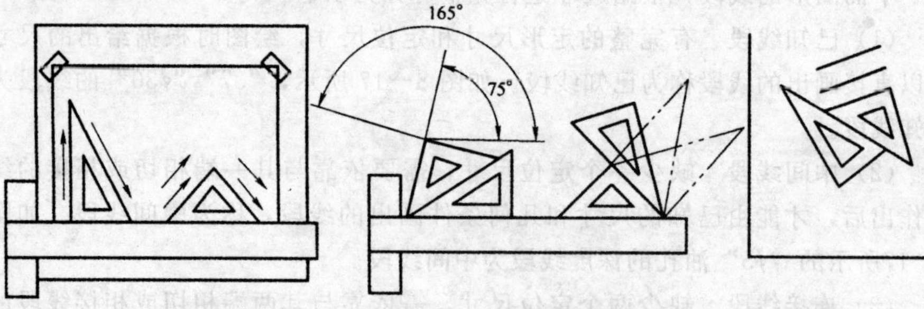

图 8－19　丁字尺和三角板的使用

2. **圆规**

圆规用来画圆和圆弧。画图时应尽量使钢针和铅芯都垂直于纸面，钢针的台阶与铅芯尖应平齐，使用方法如图 8－20 所示。

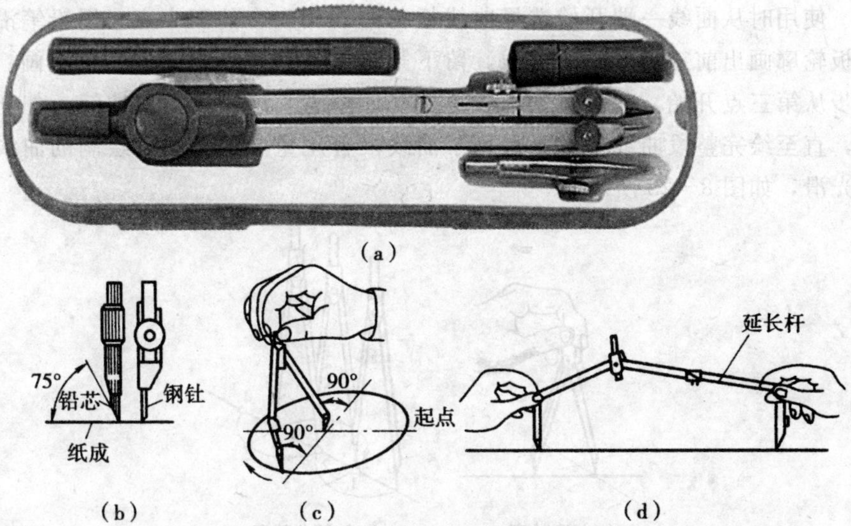

图 8－20　圆规用法

3. **分规**

分规主要用来量取线段长度或等分已知线段。分规的两个针尖应调整平齐，从比例尺上量取长度时，针尖不要正对尺面，应使针尖与尺面保持倾斜。用分规等分线段时，通常要用试分法，如图 8－21、图 8－22 所示。

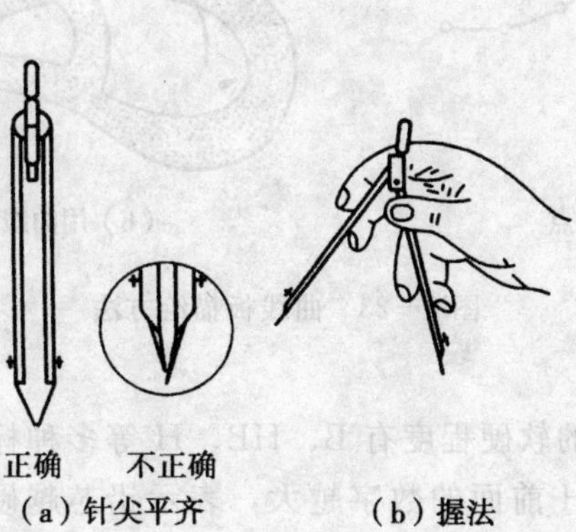

图 8－21　分规调整图

4. **曲线板**

曲线板用于绘制非圆曲线，作图时应该先求出非圆曲线上的一系列点，然后用曲线板光滑连接。

使用时从曲线一端开始选择曲线板与曲线相吻合的四个点，用铅笔沿曲线板轮廓画出前三点之间的曲线，留下第三点与第四点之间的曲线不画。下一步从第三点开始，包括第四点，再选择四个点，绘制第二段曲线，如此重复，直至绘完整段曲线。由于采用了曲线段首尾重叠的方法，绘制的曲线比较光滑，如图 8－23 所示。

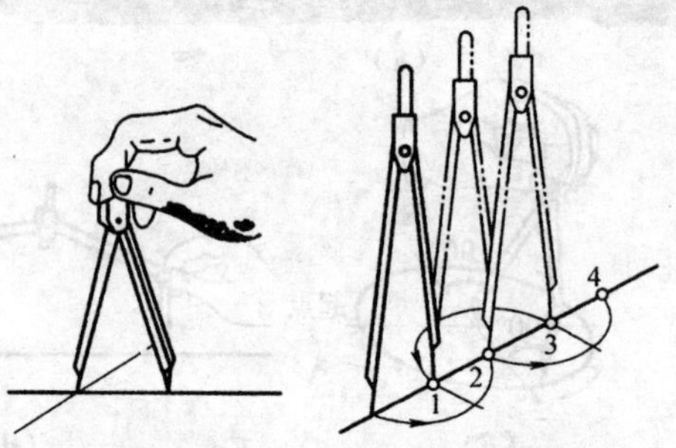

(a) 取长度　　(b) 等分线段

图 8－22　分规用法

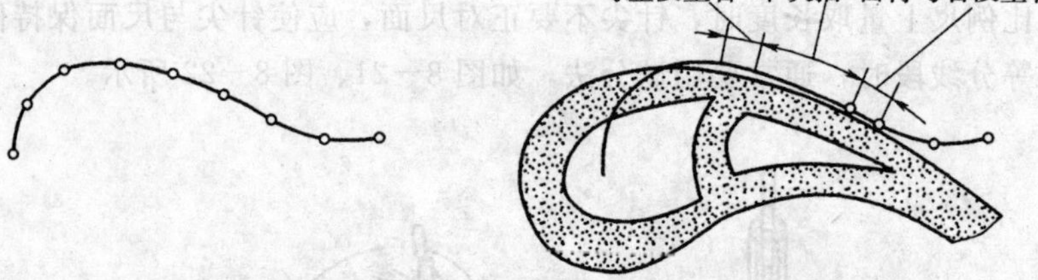

(a) 求出各点　　(b) 用曲线板绘制

图 8－23　曲线板描绘方法

5. **铅笔**

绘图铅笔依笔芯的软硬程度有 B、HB、H 等多种标志。B 前面的数字越大，表示铅芯越软；H 前面的数字越大，表示铅芯越硬；HB 标号的铅芯软硬适中。

铅芯的磨削形状有圆锥形（针状）和矩形（鸭嘴形）两种，图 8－24 (a)

所示为锥形铅芯，用于打底稿、写字；图 8－24（b）所示为矩形铅芯，用于加深；图 8－24（c）所示为修磨铅笔的方法。

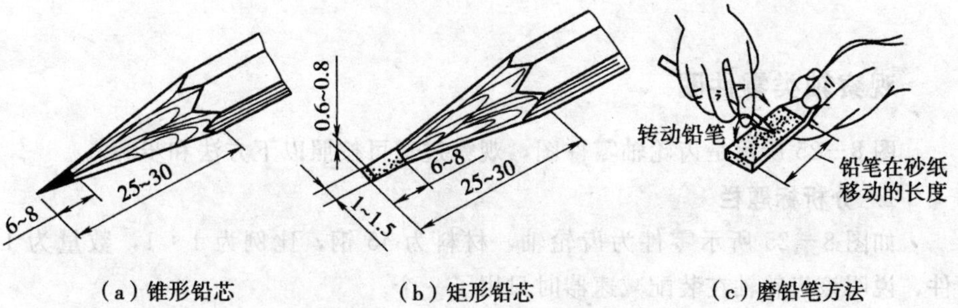

图 8－24　修磨铅笔的方法

初步绘制连杆衬套零件图

1. **平面图形的画法分析**

（1）对平面图形进行尺寸分析和线段分析，找出尺寸基准和圆弧连接的线段，拟定作图顺序。

（2）选定比例，画底稿。先用细实线画平面图形的对称线、中心线或基线，再顺次画出已知线段、中间线段、连接线段。

（3）校核修正底稿，清理图面，按规定将线型加深。

（4）画尺寸线和尺寸界线，写尺寸数字，再次校核修正，完成全图。

2. **画衬套零件图**

（1）完成绘图前的准备工作。准备好图板、丁字尺、三角板、绘图仪器及其他工具，用刀把铅笔按线型削好，圆规中的铅笔芯准备好。

（2）估计图形大小，选择比例、确定图幅、固定图纸。

（3）画图框及标题栏。用细线画出，先不描深。

（4）布置图形位置，画作图基准线。

（5）绘制底稿（细线）。宜用削尖的 H 或 2H 铅笔轻而淡地画出，并经常磨削铅笔。

（6）铅笔描深。加深粗实线用 B 铅笔，加深虚线、细点画线及各类细图线，都用削尖的 H 或者 HB 铅笔，写字用 HB 铅笔。

（7）检查。

识读简单轴类零件图

观察轴类零件图

图 8－25 所示是齿轮轴零件图，观察过程可按照以下方法和步骤。

1. 分析标题栏

如图 8－25 所示零件为齿轮轴，材料为 45 钢，比例为 1∶1，数量为 1 件，说明该齿轮轴在装配减速器时只用了一个。

2. 分析视图

该零件选用了两个视图，主视图（结合尺寸）已将齿轮轴的主要结构表达清楚了，根据观察可知该零件由几段不同直径的回转体组成，最大圆柱上制有轮齿，最右端圆柱上有一键槽，零件两端及轮齿两端有倒角，最大直径处两端面有砂轮越程槽。移出断面图用于表达键槽深度和进行有关标注。

3. 分析尺寸标注

该零件的径向基准为圆柱的中心轴线；长度基准为左端面，尺寸 17mm、145mm 均从该端面注出；图中的定位尺寸有 6mm、25mm，其余均为定形尺寸；倒角 C1.5 有两处；半径为 1.5mm 的倒圆角一处；退刀槽宽为 2mm，深度为 0.5mm。

4. 分析技术要求

表面粗糙度的最高要求是 0.8μm，最低要求是 12.5μm。右上角标注了该齿轮轴的基本参数（模数、齿数、压力角）。

5. 归纳与总结

通过以上分析，把零件的结构形状、尺寸、技术要求等综合起来考虑，就能形成对齿轮轴的较全面的认识。

零件图的内容及表示方法

表示零件结构、大小及技术要求的图样称为零件图，它是直接指导制造和检验零件的重要技术文件。

零件图必须包括以下四方面的内容。

1. 一组视图及表示方法

用一组视图（包括基本视图、剖视图、断面图、局部放大图和简化画法

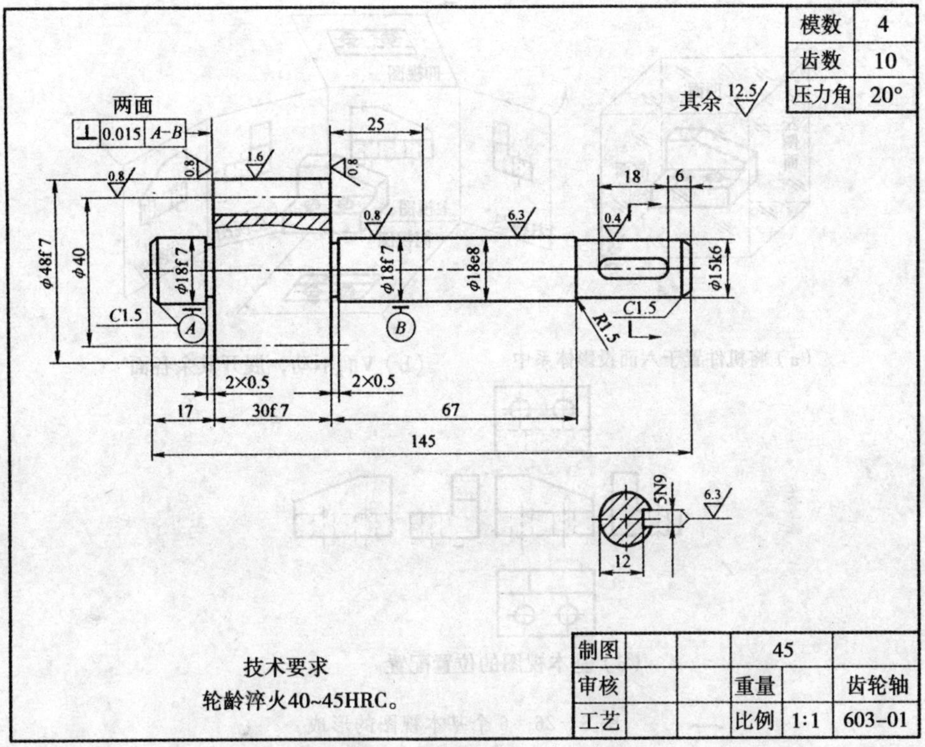

图 8—25　齿轮轴零件图

等)，正确、完整、清晰和简便地表达出零件的结构形状。

(1) 认识基本视图　将一个零件置于正六面体中，以六面体的 6 个相互垂直的面做投影面，分别向各投影面进行正投影，再按规定展开，就可得到 6 个基本视图。一般情况下，6 个基本视图可以较全面地反映物体的结构形状，如图 8—26 和图 8—27 所示。

基本视图中除了主、左、俯视图是前面已学过的外，其余 3 个视图和主、俯、左视图一一对应，并分别称为后视图、仰视图、右视图。6 个基本视图同三面视图投影过程大致相同，投影图要连同投影面一起展开到与主视图同一平面才能获得，其方法如图 8—26 (b) 所示。在表达零件时，应优先使用基本视图，基本视图的位置配置如图 8—26 (c) 所示。

基本视图的投影规律为：主视图、俯视图和后视图、仰视图长相等；主视图、左视图和后视图、右视图高平齐；俯视图、左视图和仰视图、右视图宽相等，如图 8—27 所示。

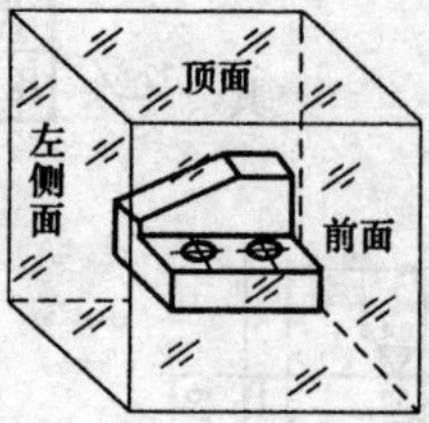

（a）将机件置于六面投影体系中

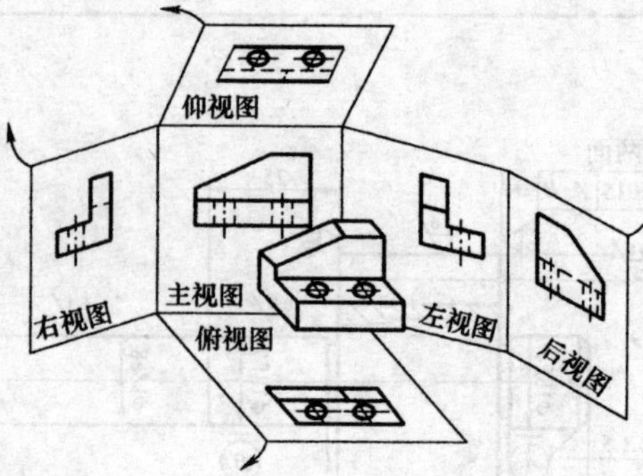

（b）V面不动，展开其余各面

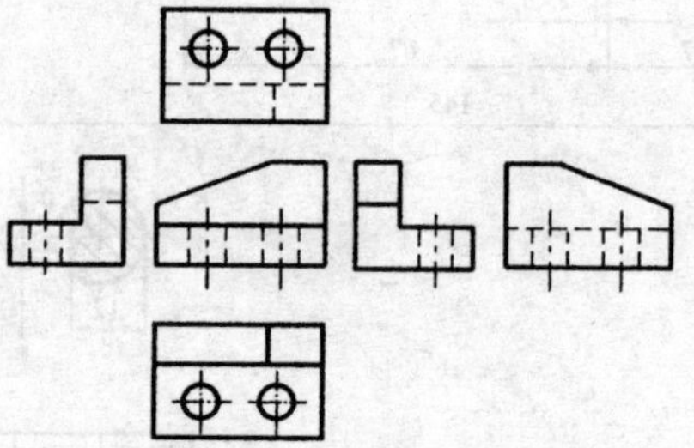

（c）基本视图的位置配置

图 8－26　6 个基本视图的形成

在实际绘图时，应根据零件结构的复杂程度选用合适的基本视图，不是任何零件都需要 6 个基本视图，而是以利用最少的视图把零件结构表达清楚为原则。例如图 8－25 所示的零件图，只要一个主视图和一个剖面图就可以表达清楚了，其他的视图可以不画。

（2）认识剖切与剖视

①剖视图的概念：假想用剖切面（平面或柱面）剖开机件，移去剖切面和观察者之间的部分，将其余部分向投影面投射所得的图形，称为剖视图（简称剖视），如图 8－28 所示。

②剖视图的绘制及标注如图 8－29 所示。

绘制剖视图时，零件上被剖结构原来不可见的部分变为可见，即原来视图中的虚线变为粗实线，与剖切面接触的被切实心部分应画上剖面符号。画剖面符号时，应根据零件材料的不同而选择相应的标准符号，如表 8－1 所示。金属断面的剖面符号是与水平方向成 45°的细实线。同一个零件的各个视图剖面符号的间隔、方向应一致，特殊情况的零件只允许一个视图剖面线变换角度，其余剖视图一律按 45°绘制。没有被剖的方向仍按完整视图绘制。

表 8—1　常见剖面符号的类型

金属材料（已有规定剖面符号者除外）	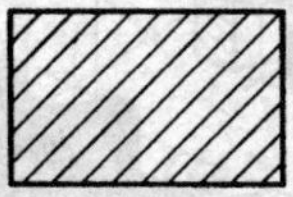	型砂、填砂、粉末冶金、砂轮、陶瓷刀片、硬质合金刀片等	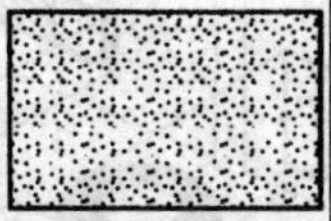	木材纵剖面	
非金属材料（已有规定剖面符号者除外）	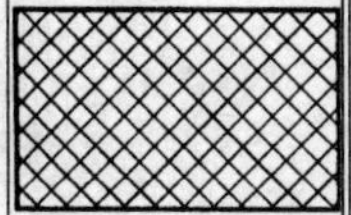	钢筋混凝土	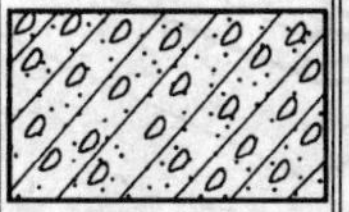	木材横剖面	

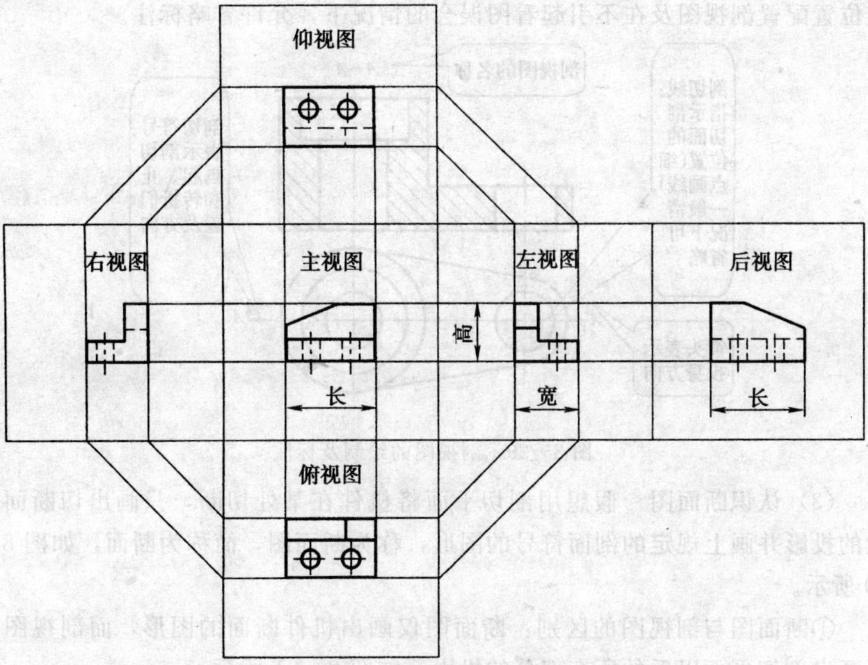

图 8—27　基本视图的投影规律

剖视图的标注一般应包括剖切线、剖切符号、剖视图的名称（用字母表

图 8－28　剖切的概念

示）和表示投射方向的箭头，各自的含义如图 8－29 所示。在按基本视图规定位置配置剖视图及在不引起看图误会的情况下，允许省略标注。

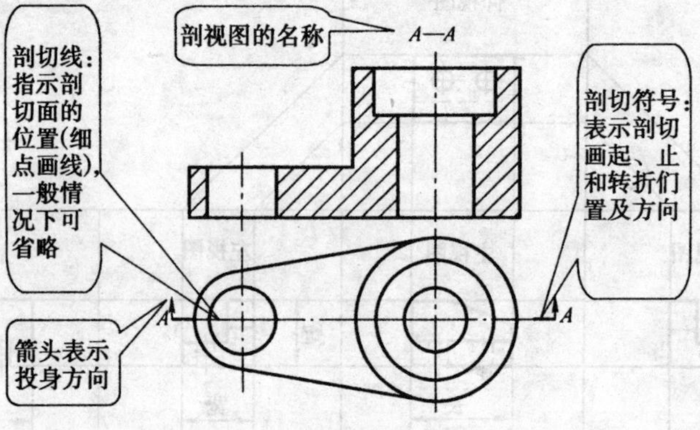

图 8－29　剖视图的绘制及标注

（3）认识断面图　假想用剖切平面将机件在某处切断，只画出切断面形状的投影并画上规定的剖面符号的图形，称为断面图，简称为断面，如图 8－30 所示。

①断面图与剖视图的区别：断面图仅画出机件断面的图形，而剖视图则要画出剖切平面以后的所有部分的投影，如图 8－31 所示。

②断面图的分类：断面图分为移出断面图和重合断面图两种。

画在视图轮廓之外的断面图称为移出断面图，如图 8－32 所示即为齿轮

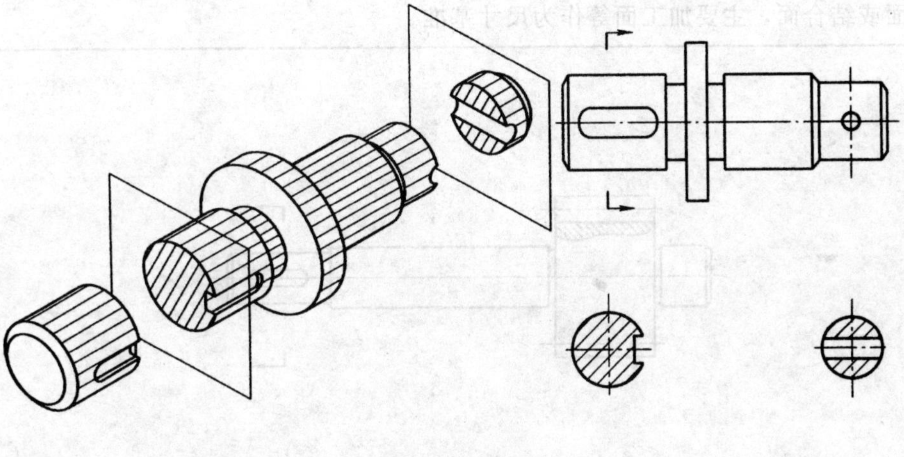

图 8－30　断面图

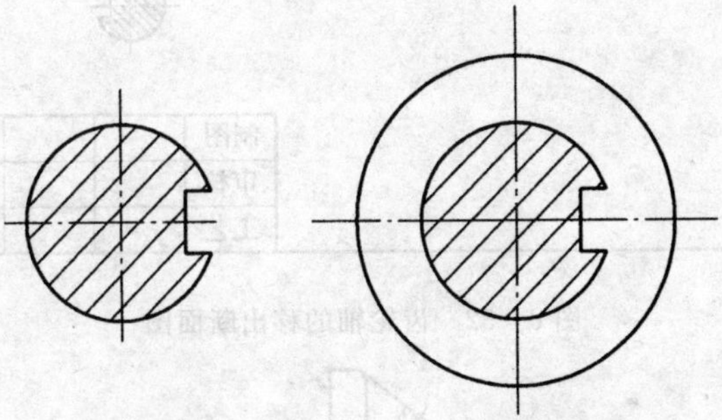

（a）断面图　　（b）剖视图

图 8－31　断面图与剖视图

轴的移出断面图。

画在视图轮廓之内的断面图称为重合断面图，如图 8－33 所示。

2. **一组尺寸及标注方法**

通过标注一组尺寸，正确、完整、清晰、合理地反映出零件的结构形状及相对位置。

零件图上的尺寸是零件加工、检验的重要依据，因此，零件图的尺寸标注除了应正确、完整、清晰外，还应尽量标注得合理，符合生产实际。合理标注尺寸是指基准选择正确，符合设计和工艺要求。下面介绍合理标注尺寸的一些基本内容。

（1）尺寸基准　任何零件都有长、宽、高三个方向的尺寸，每个方向至少要选择一个尺寸基准。一般取零件的对称面、回转面的轴线，重要的支承面或结合面，主要加工面等作为尺寸基准。

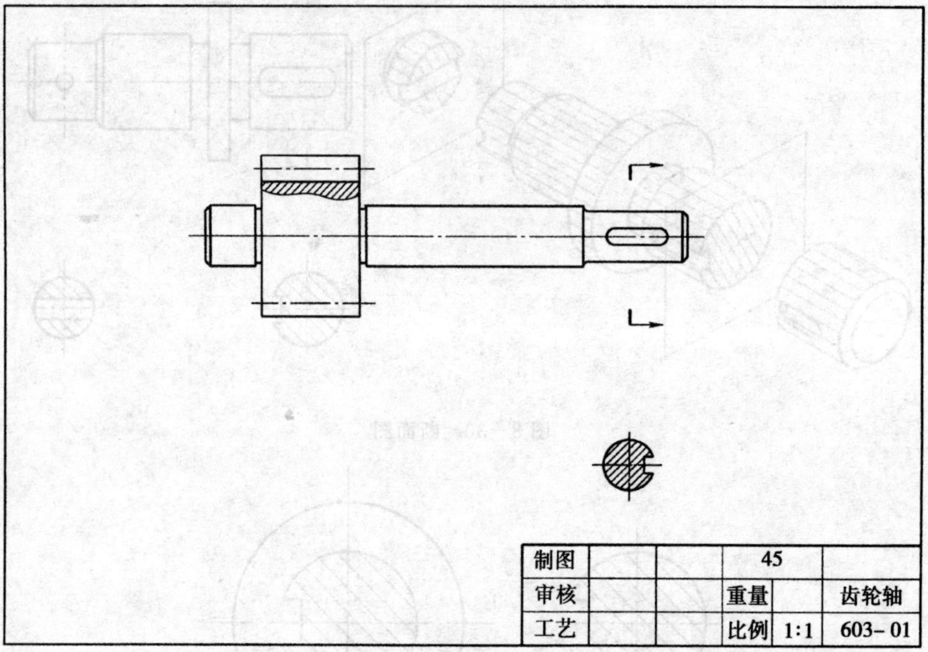

图 8－32　齿轮轴的移出断面图

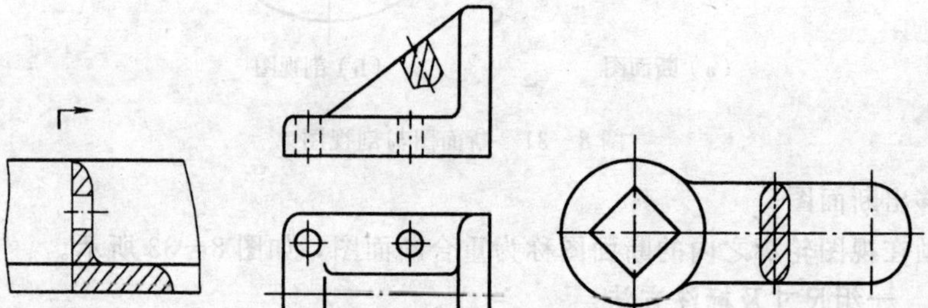

图 8－33　重合断面图

零件图上的尺寸基准根据零件在生产过程中所起的作用，可分为设计基准和工艺基准两种。

①设计基准：根据零件的结构和设计要求而选定的基准称为设计基准。如图 8－34 所示的齿轮轴，齿轮左端面用来确定该零件在机器上的轴向位置，是长度方向的设计基准；齿轮轴工作时要求与相啮合的齿轮满足啮合要求，

因此，轴线为径向设计基准。

②工艺基准：是零件在加工和测量时所使用的基准。根据加工、测量要求，有时在一个方向选择了设计基准，还需选择一个或几个工艺基准。如图8－34所示，加工键槽时，以轴的右端面作为起点测量尺寸，因此，把轴的右端面作为工艺基准。但在设计基准和工艺基准之间应有尺寸联系，如图 8－34所示的尺寸“145”。

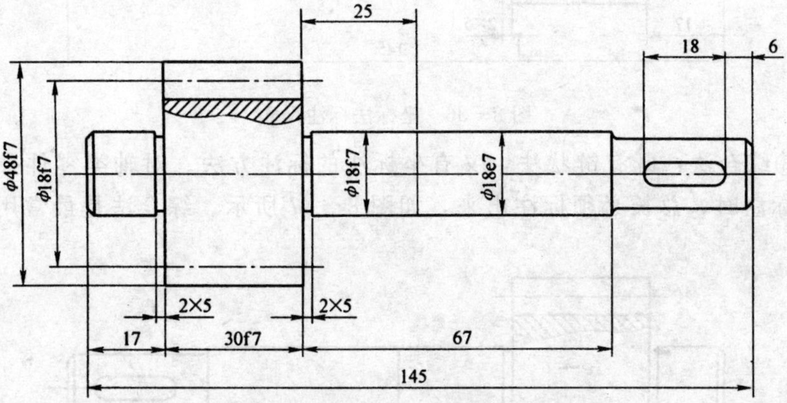

图 8－34　齿轮轴的设计基准和工艺基准

(2) 尺寸标注的形式　根据尺寸在图中的布置特点，标注尺寸的形式有三种。

①链状法：把尺寸按顺序头尾相接注写成链状的方法，如图 8－35 所示的“17”“30”和“67”的尺寸。

图 8－35　链状法尺寸标注

②坐标法：把各尺寸从事先选定的一个基准注起的方法，如图8－35所示，“17”和“145”尺寸是以轴的左端面为基准标注尺寸的。

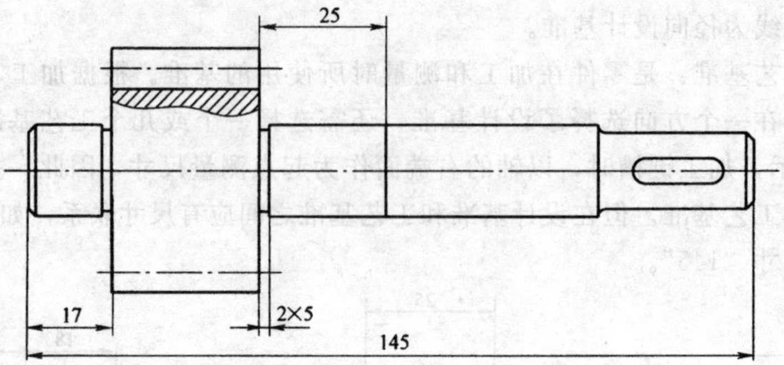

图 8—36　坐标法标注尺寸

③综合法：既有链状法，又有坐标法的标注方法。对轴类零件采用综合法标注时，总长必须标注出来，如图 8—37 所示。综合法是最常用的方法。

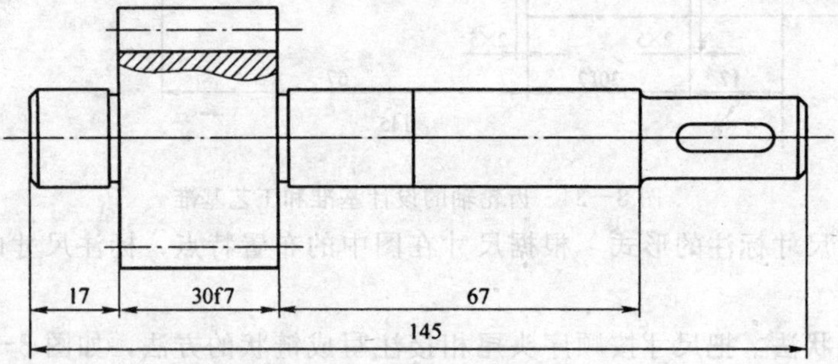

图 8—37　综合法标注尺寸

(3) 典型结构的尺寸标注法　零件图上常见的销孔、螺纹孔、沉孔、退刀槽、砂轮越程槽、倒角、锥度等结构，应按相关国家标准的规定标注。

①倒角的标注。为了便于装配，零件应除去加工形成的锐边，圆柱体端部应加工成倒角，在轴端、孔端、轮缘常做成 45°倒角，轴肩转角处及轴承外围端部常做成倒圆。倒角和倒圆在零件图中应画出，其标注方法如图 8—38 所示，其中 *C*1.5 表示倒角，轴向尺寸为 1.5mm，倒角角度为 45°。当倒角尺寸很小时，也可在图中不表示，但应在技术要求中用文字说明，如“全部倒角 *C*0.5”或“锐边倒钝”。

②退刀槽或砂轮越程槽的标注。零件在切削加工时，为了进给、退刀方便或使被加工表面完全加工，常在轴肩和孔的台阶部位做出退刀槽或砂轮越程槽。如图 8—38 所示，“2×5”表示槽宽×槽深。

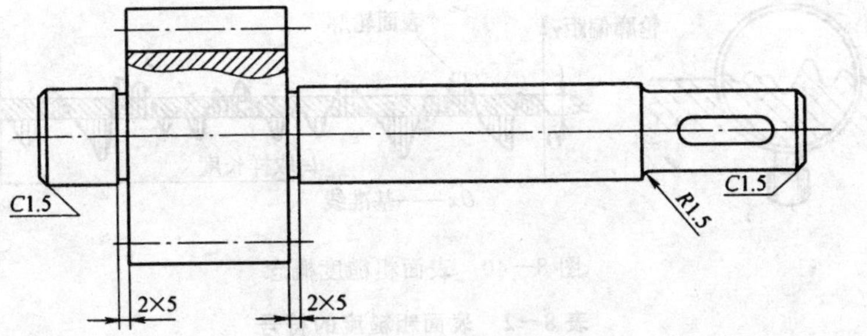

图 8－38　倒角与退刀槽的标注

3. **技术要求及表示方法**

零件图中，常用一些规定的数字、字母、符号和文字注解，简明、标准地给出零件在使用、制造和检验时应达到的一些技术要求（包括表面粗糙度、尺寸公差、形状和位置公差、齿轮基本参数、表面处理、材料热处理和检验等方面的要求等），如图 8－39 所示。

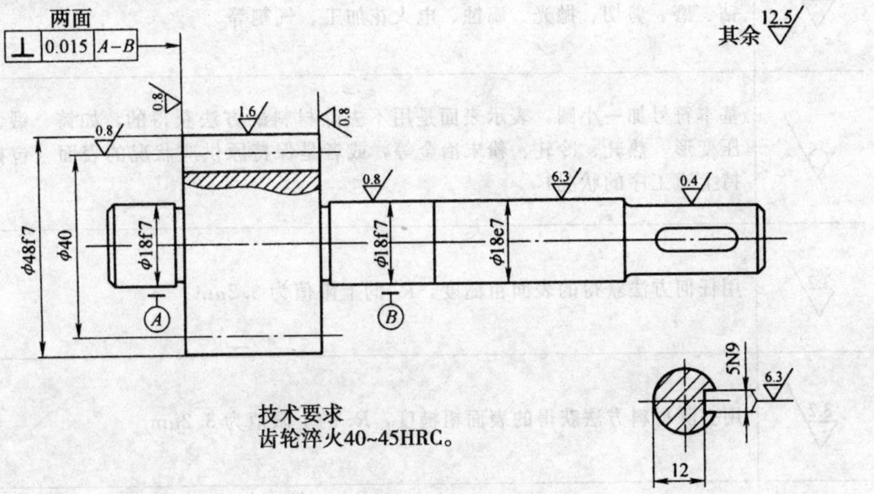

图 8－39　技术要求

（1）认识表面粗糙度　表面粗糙度即加工表面上具有的较小间距和峰谷所组成的微观几何特征，如图 8－40 所示。

表面粗糙度是衡量零件质量的标志之一，它对零件的配合，耐蚀性、耐磨性、接触刚度、疲劳强度、密封性和外观都有影响。表面粗糙度的符号如表 8－2 所示，表面粗糙度代号的标注方法如表 8－3 所示。

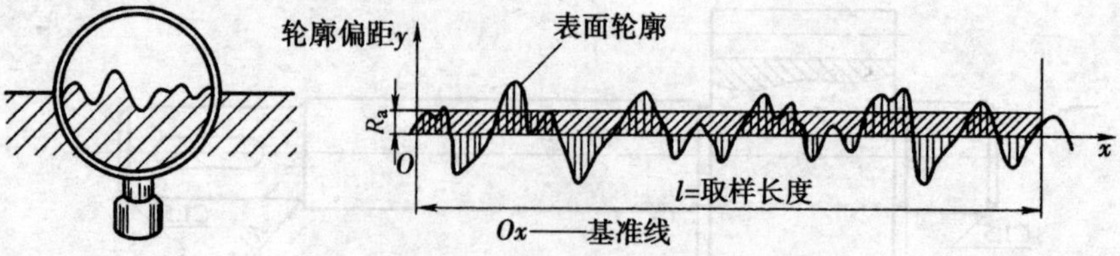

图 8－40　表面粗糙度概念

表 8－2　表面粗糙度的符号

符　号	意义及说明
	基本符号，表示表面可用任何方法获得。当不加注表面粗糙度参数值或有关说明（如表面处理、局部热处理方法等）时，仅用于简化代号标注
	基本符号加一短画线，表示表面是用去除材料的方法获得的，如车、铣、钻、磨、剪切、抛光、腐蚀、电火花加工、气割等
	基本符号加一小圆，表示表面是用不去除材料的方法获得的，如铸、锻、冲压变形、热轧、冷轧、粉末冶金等，或者是保持原供应状况的表面（包括保持上道工序的状况）
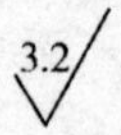	用任何方法获得的表面粗糙度，R_a 的上限值为 3.2μm
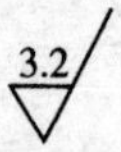	用去除材料方法获得的表面粗糙度，R_a 的上限值为 3.2μm
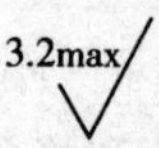	用任何方法获得的表面粗糙度，R_a 的最大值为 3.2μm
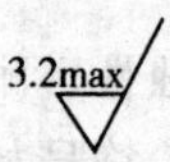	用去除材料方法获得的表面粗糙度，Ra 的最大值为 3.2μm

表 8－3　表面粗糙度代号的标注方法

标注示例	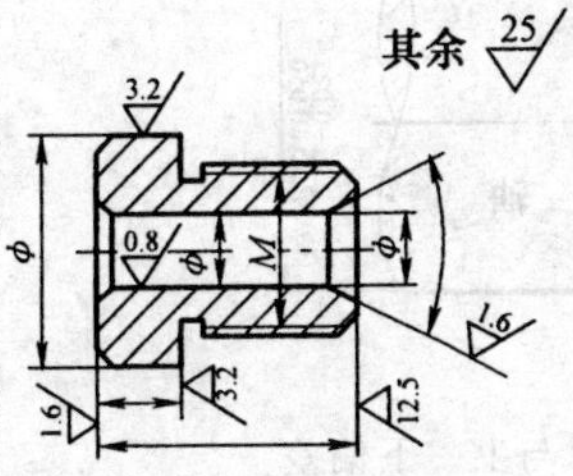	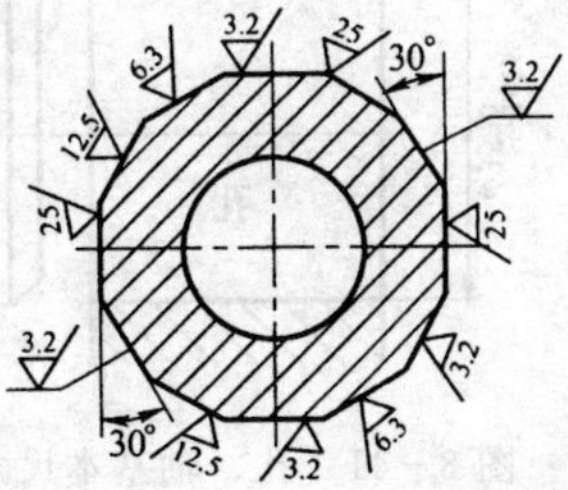	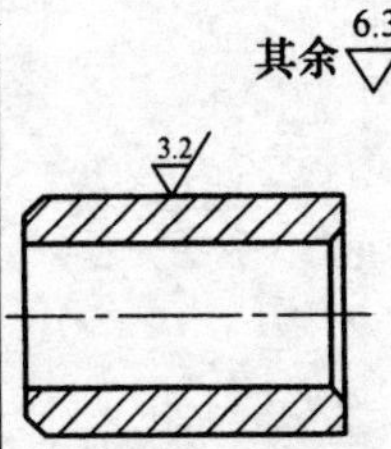
说明	1. 符号尖端必须指在可见轮廓线、尺寸界线或其延长线上 2. 零件的所有表面都应有明确的表面粗糙度要求	R_a 数值书写方向与尺寸数字书写规则相同	应用较多的一种代号统一注在图样右上角，并加注“其余”二字，其代号和数字大小应为图中代号和文字的 1.4 倍

(2) 认识公差与配合　任何复杂的机械产品，都是由标准的零部件和非标准件组成的，这些标准零部件可以由不同的专业化厂家来制造，产品生产厂家只生产非标准件，这样，产品生产厂家不仅可以大大减少生产费用还可以缩短生产周期，及时满足用户的需要。

在一批相同规格的零件或部件中，任取一件，不经修配或其他加工，就能顺利装配，并能够达到预期的使用要求，零件或部件所具有的这种性质称为互换性。

公差与配合的基本术语包括以下一些：

①基本尺寸：指设计时给定的尺寸，如图 8－39 所示的“$\phi18$”。

②极限尺寸：孔或轴允许的尺寸的两个极端，分为最大极限尺寸和最小极限尺寸。如图 8－41 所示，图中“$\phi35.025$”为孔的最大极限尺寸，“$\phi35.0$”为孔的最小极限尺寸。

③尺寸偏差：极限尺寸与基本尺寸的代数差称为尺寸偏差。上偏差是最大极限尺寸与基本尺寸之差，下偏差是最小极限尺寸与基本尺寸之差，实际偏差是实际尺寸与基本尺寸之差。如图 8－41 所示孔的上偏差为“＋0.025”，下偏差为“0”。

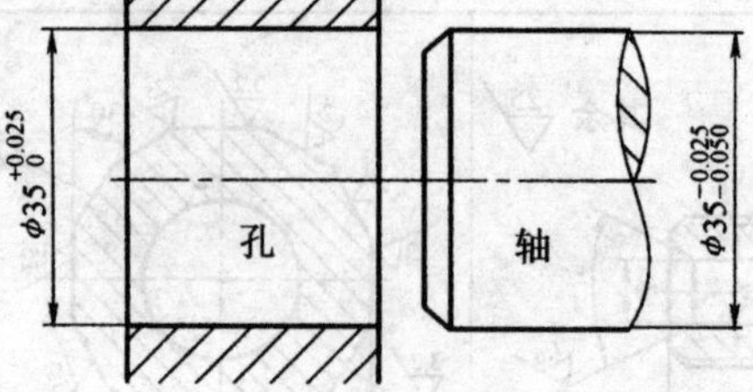

图 8—41　孔、轴基本尺寸与上、下偏差

④尺寸公差（公差）：实际尺寸允许的变动量称为尺寸公差，即最大与最小极限尺寸之差。如图 8—42 所示孔的尺寸公差为“0.025”。

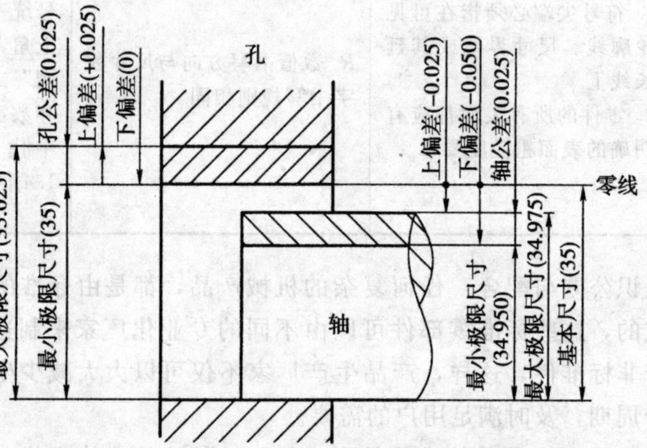

图 8—42　尺寸公差的名词解释

⑤尺寸公差带（公差带）：在公差的图解中，由代表上、下偏差的两直线所限定的一个区域为尺寸公差带。图 8—43 所示为孔、轴公差带图。

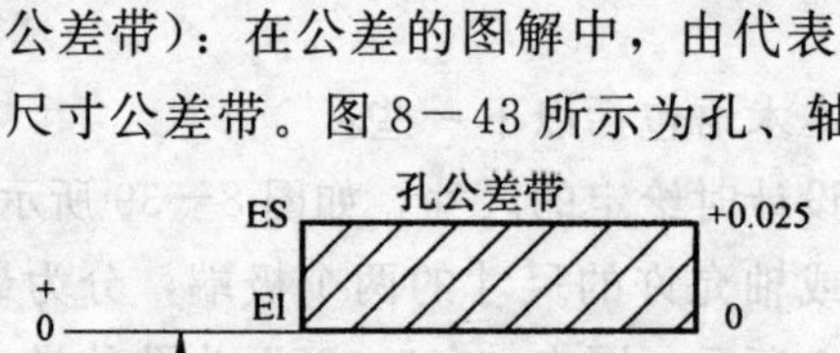

图 8—43　孔、轴公差带图

⑥零线：在公差带图中，确定偏差的一条基准线为零偏差线（简称零

线），通常表示零件的基本尺寸。零线以上的偏差为正，零线以下的偏差为负，如图 8－43 所示。

⑦基本偏差：是标准所列的，用以确定公差带相对零线位置的上偏差或下偏差（一般为靠近零线的那个偏差），如图 8－44 所示孔的基本偏差为下偏差。

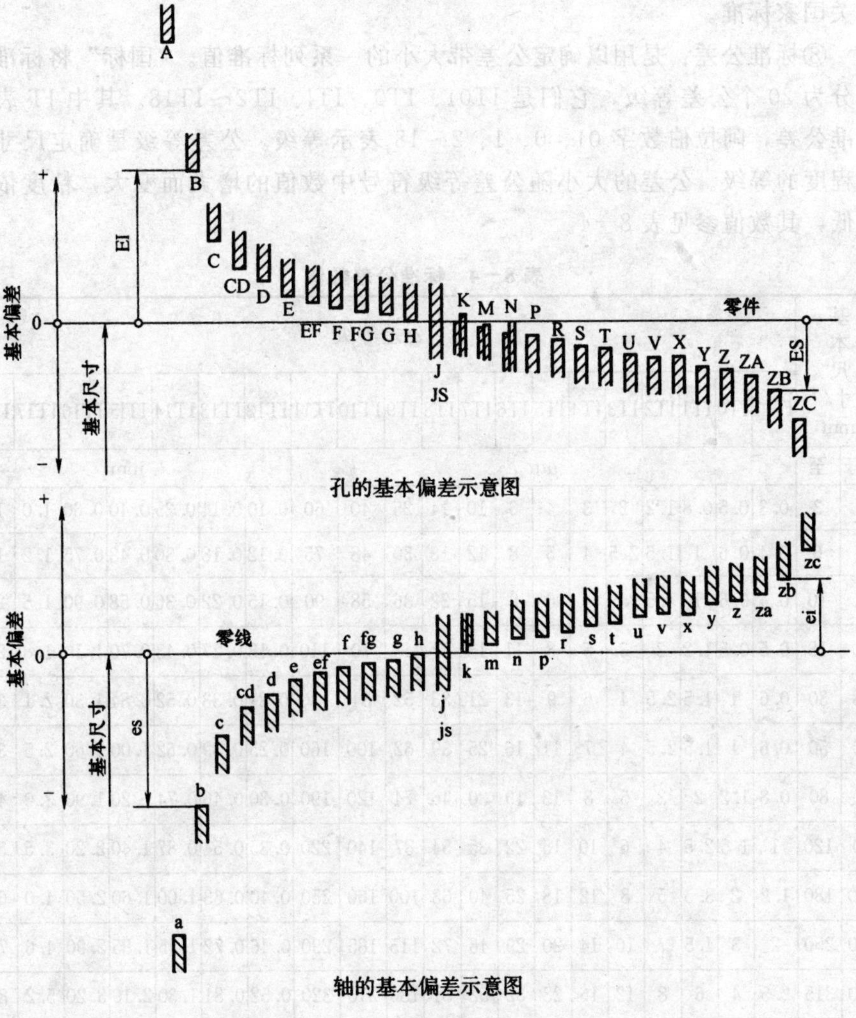

图 8－44 孔、轴基本偏差示意图

位于零线之上的公差带，其基本偏差为下偏差，位于零线之下的公差带，其基本偏差为上偏差。

“国标”对孔和轴分别规定了 28 个基本偏差，用拉丁字母表示（孔的基本偏差用大写字母表示，轴的基本偏差用小写字母表示）。在 26 个字母中，除去 5 个容易混淆的字母 I（i）、L（l）、0（o）、Q（q）、W（w），加上 7 个双写字母 CD（cd）、EF（ef）、FG（fg）、JS（js）、ZA（za）、ZB（zb）、ZC（zc），作为 28 种基本偏差的代号，如图 8－44 所示。基本偏差的大小可参见相关国家标准。

⑧标准公差：是用以确定公差带大小的一系列标准值。“国标”将标准公差分为 20 个公差等级，它们是 IT01、IT0、ITl、IT2～IT18。其中 IT 表示标准公差，阿拉伯数字 01、0、1、2～18 表示等级。公差等级是确定尺寸精确程度的等级。公差的大小随公差等级符号中数值的增大而变大，精度依次降低，其数值参见表 8－4。

表 8－4　标准公差数值

基本尺寸/mm		公差等级																			
		IT01	IT0	IT1	IT2	IT3	IT4	IT5	IT6	IT7	IT8	IT9	IT10	IT11	IT12	IT13	IT14	ITl5	IT16	IT17	IT18
大于	至	μm													mm						
—	3	0.3	0.5	0.8	1.2	2	3	4	6	10	14	25	40	60	0.10	0.14	0.25	0.40	0.60	1.0	1.4
3	6	0.4	0.6	1	1.5	2.5	4	5	8	12	18	30	48	75	0.12	0.18	0.30	0.48	0.75	1.2	1.8
6	10	0.4	0.6	1	1.5	2.5	4	6	9	15	22	36	58	90	0.15	0.22	0.36	0.58	0.90	1.5	2.2
10	18	0.5	0.8	1.2	2	3	5	8	11	18	27	43	70	110	0.18	0.27	0.43	0.70	1.10	1.8	2.7
18	30	0.6	1	1.5	2.5	4	6	9	13	21	33	52	84	130	0.21	0.33	0.52	0.84	1.30	2.1	3.3
30	50	0.6	1	1.5	2.5	4	7	11	16	25	39	62	100	160	0.25	0.39	0.62	1.00	1.60	2.5	3.9
50	80	0.8	1.2	2	3	5	8	13	19	30	46	74	120	190	0.30	0.46	0.74	1.20	1.90	3.0	4.6
80	120	1	1.5	2.5	4	6	10	15	22	35	54	87	140	220	0.35	0.54	0.87	1.40	2.20	3.5	5.4
120	180	1.2	2	3.5	5	8	12	18	25	40	63	100	160	250	0.40	0.63	1.00	1.60	2.50	4.0	6.3
180	250	2	3	4.5	7	10	14	20	29	46	72	115	185	290	0.46	0.72	1.15	1.85	2.90	4.6	7.2
250	315	2.5	4	6	8	12	16	23	32	52	81	130	210	320	0.52	0.81	1.30	2.10	3.20	5.2	8.1
315	400	3	5	7	9	13	18	25	36	57	89	140	230	360	0.57	0.89	1.40	2.30	3.60	5.7	8.9
400	500	4	6	8	10	15	20	27	40	63	97	155	250	400	0.63	0.97	1.55	2.50	4.00	6.3	9.7

⑨尺寸公差带代号：孔、轴的公差带代号由基本偏差代号与公差等级代号组成，并且要用相同大小的字母和数字书写，如图 8－39 所示的“e7”“f7”等。

（3）认识形状公差与位置公差　零件的实际形状和位置相对于理想形状和位置所允许的变动量称为形状和位置公差，简称形位公差，如图 8－45 所示。

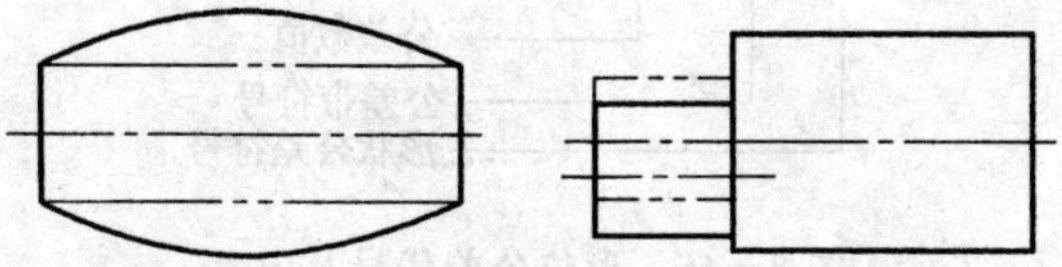

图 8－45　形状公差与位置公差示意图

①形位公差种类、符号。“国标”规定形位公差共有 14 项，其中形状公差 6 项，位置公差 8 项。形位公差的项目及符号如表 8－5 所示。

表 8－5　形位公差项目及符号

公差		特征项目	符号	有或无基准要求
形状		直线度	—	无
		平面度	▱	无
		圆度	○	无
		圆柱度	⌭	无
形状或位置	轮廓	线轮廓度	⌒	有或无
		面轮廓度	⌓	有或无

公差		特征项目	符号	有或无基准要求
位置	定向	平行度	//	有
		垂直度	⊥	有
		倾斜度	∠	有
	定位	位置度	⌖	有或无
		同轴度（同心度）	◎	有
		对称度	⌯	有
	跳动	圆跳动	↗	有
		全跳动	⌰	有

②形位公差代号。形位公差代号由框格、带箭头的指引线和基准符号（形状公差无基准符号）组成，如图 8—46 所示。

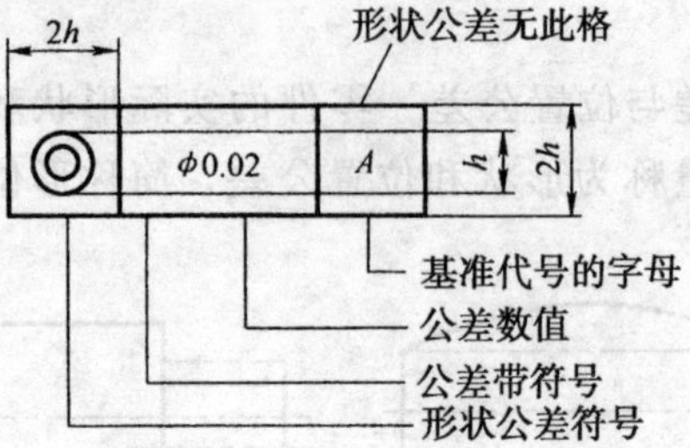

图 8—46　形位公差代号及内容

③基准代号。如图 8—47 所示，基准代号由基准符号、圆圈、连线和字母组成。

如图 8—48 所示的标注，形位公差符号是垂直度，公差数值为 0.015mm，A 和 B 是基准代号。

4. **标题栏及有关内容**

标题栏是由名称、代号区、签字区、更改区和其他区域组成的栏目，用于填写零件的名称、材料、数量、图样的编写，采用的比例及与本图样有关人员的姓名和签字日期。

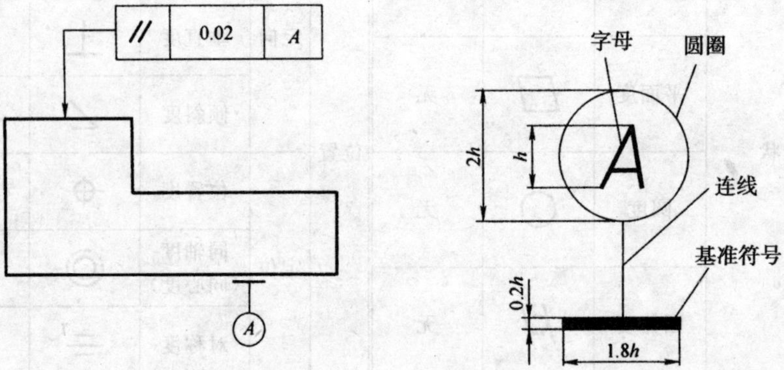

图 8—47　基准代号的标注

标题栏位于图样右下角，底边与下图框线重合，右边与右图框线重合。标题栏的位置一经确定，看图的方向也就确定了。图 8—49 所示为国家标准标题栏的格式及尺寸，图 8—50 所示为简化标题栏的格式及尺寸。

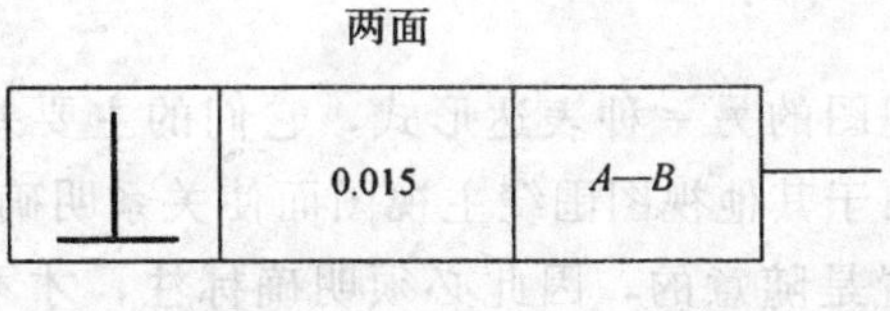

图 8—48　形位公差标注

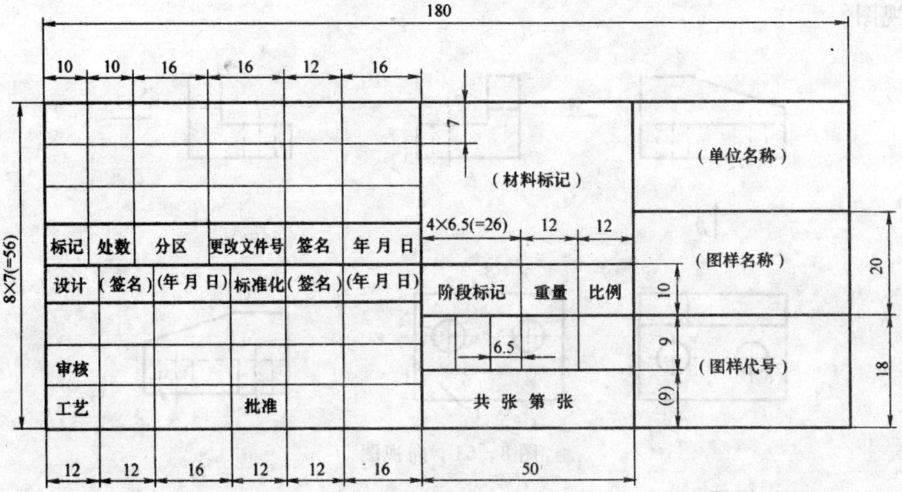

图 8—49　国家标准标题栏的格式及尺寸

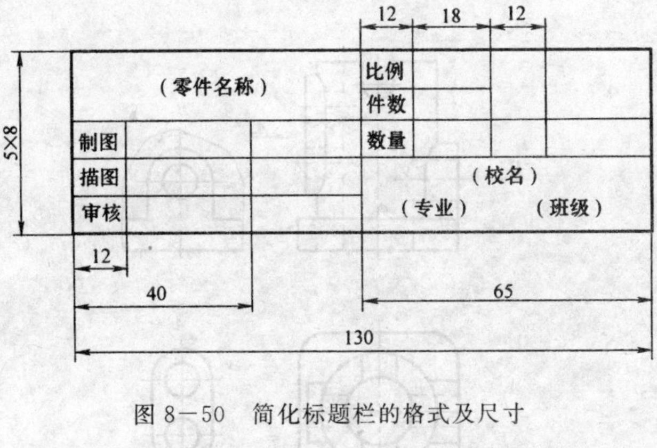

图 8—50　简化标题栏的格式及尺寸

向视图、局部视图、斜视图和旋转视图

除基本视图外，视图还有向视图、局部视图、斜视图、旋转视图等类型。

1. **向视图**

向视图是基本视图的另一种表达形式，它们的主要差别在于视图的配置位置，基本视图中由于其他视图围绕主视图而使关系明确，所以简化了标注，而向视图的配置位置是随意的，因此必须明确标注，才不至于产生误解。如图 8—51 所示，三个向视图 A 图、B 图、C 图，分别是右视图、仰视图和后视图。

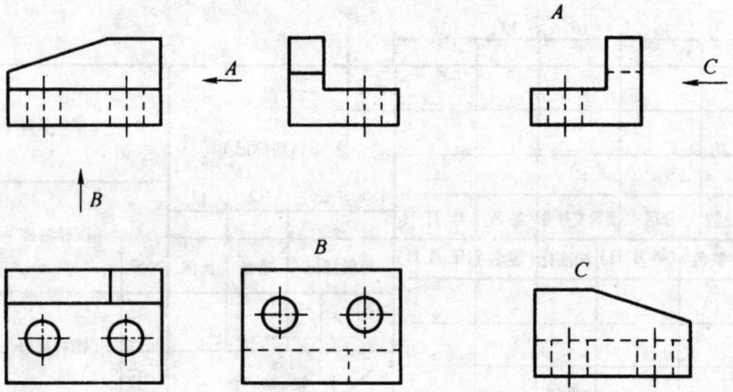

图 8—51　向视图

2. **局部视图**

将零件的某一部分向基本投影面投影所得到的视图称为局部视图，如图 8—52所示。

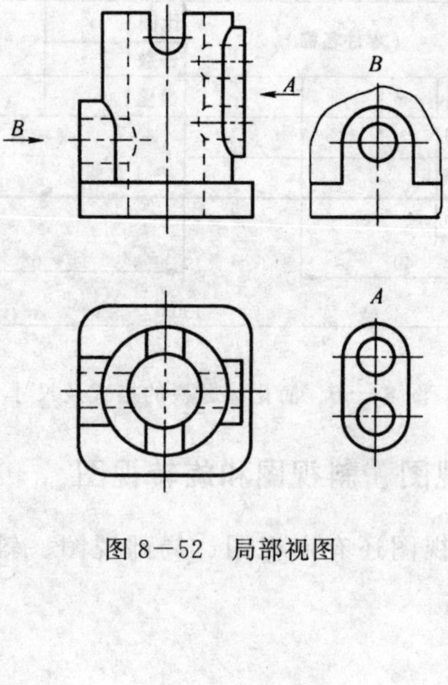

图 8—52　局部视图

3. **斜视图**

机件向不平行于任何基本投影面的平面投影所得到的视图称为斜视图，如图 8－53 所示。

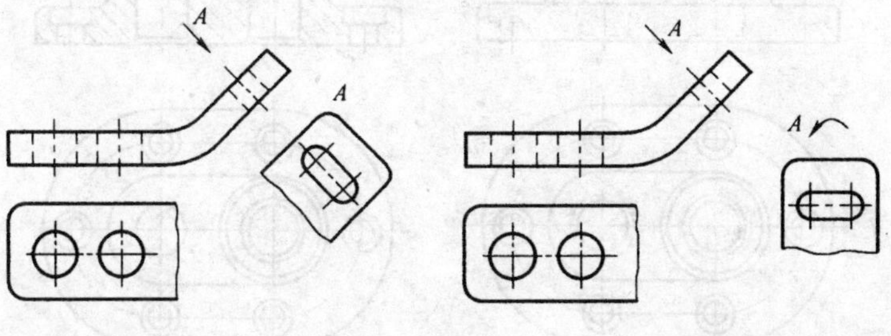

(a) 不旋转　　　(b) 旋转

图 8－53　斜视图

4. **旋转视图**

当零件的倾斜部分具有明显的旋转轴时，可假想将零件的倾斜部分旋转到与某一选定的基本投影面平行后，再向该投影面投影所得到的视图，称为旋转视图，如图 8－54 所示。

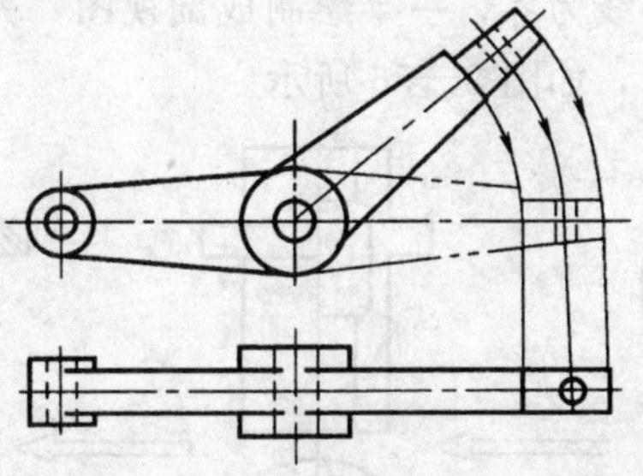

图 8－54　旋转视图

认识剖视图

剖视图分为全剖视图、半剖视图和局部剖视图，又以剖切面的不同而得到不同的剖视图。

1. **全剖视图**

用剖切面完全地剖开零件所得的剖视图为全剖视图。全剖视图主要用于表达内部形状复杂且不对称的零件或外形较简单的对称零件，如图 8－55 所示。

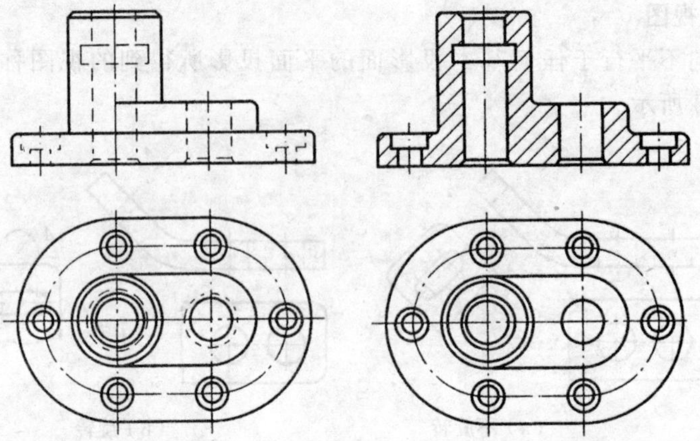
（a）普通视图　　（b）全剖视图

图 8－55　泵盖的全剖视图

2. **半剖视图**

当零件具有对称平面或基本对称平面时，向垂直于对称平面的投影面投射图形，并以对称中心线为界，一半绘制成剖视图，另一半绘制成普通视图，这种视图称为半剖视图，如图 8－56 所示。

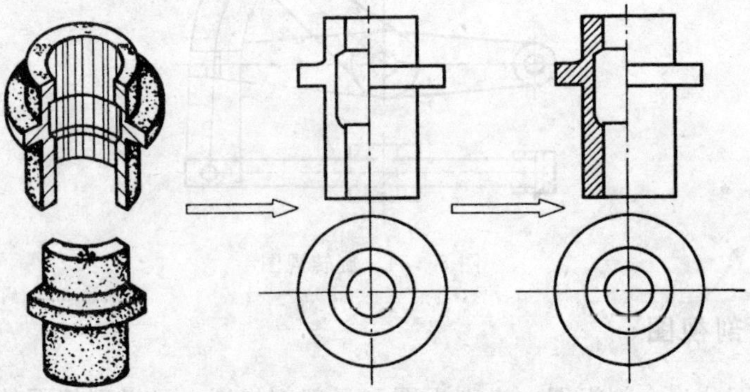
图 8－56　汽车牵引钩弹簧衬套的半剖视图

3. **局部剖视图**

局部剖视图是用剖切平面局部地剖开零件某个局部结构所得到的视图，如图 8－57 所示为汽车配气机构中气门用局部剖视图表达。

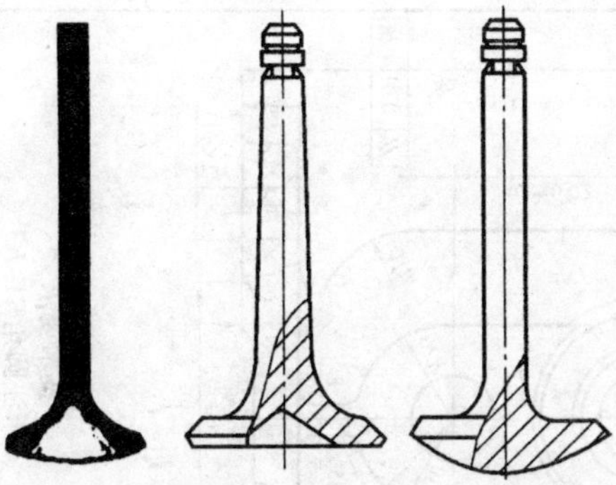

(a)　(b)　(c)

图 8—57　汽车配气机构中气门的局部剖视图

(a) 气门实物　(b) 凹形顶局部剖视图　(c) 球面顶局部剖视图

识读箱体类零件图

分析标题栏

如图 8—58 所示零件为油泵泵体，材料为 HT200，比例为 1∶1，数量为 1 件，它是用来支承一对相互啮合的齿轮轴的箱体。

分析视图

主视图按工作位置投影，并采用全剖视图，表达了箱体空腔和齿轮轴孔的内部形状结构。

左视图采用局部剖视，表达了箱体的外形结构及泵体左端面的四个螺纹孔和两个定位销孔的分布情况及泵体底部安排孔的内部结构，进一步表达了泵体两进出油口的形状结构及尺寸的大小。

A 向局部视图补充表达输入、输出轴孔外部的形状及两定位销的位置和尺寸。

俯视图采用了局部剖视图，表达了底面两安装孔的位置和四个 M8 螺纹孔的内部结构。

对照视图分析可知，该箱体主要由壳体和底座两大部分构成。壳体内部的空腔是用来容纳齿轮和齿轮轴的。为了支承并保证齿轮轴与齿轮的平稳啮合，壳体的右面轴孔处材料特别厚。为保证底座和壳体的连接牢固，在连接处设有加强肋。底座为一长方形板块，主要用于支承和安装泵体。底座下方开有长方形凹槽，以保证安装基面的平稳接触。

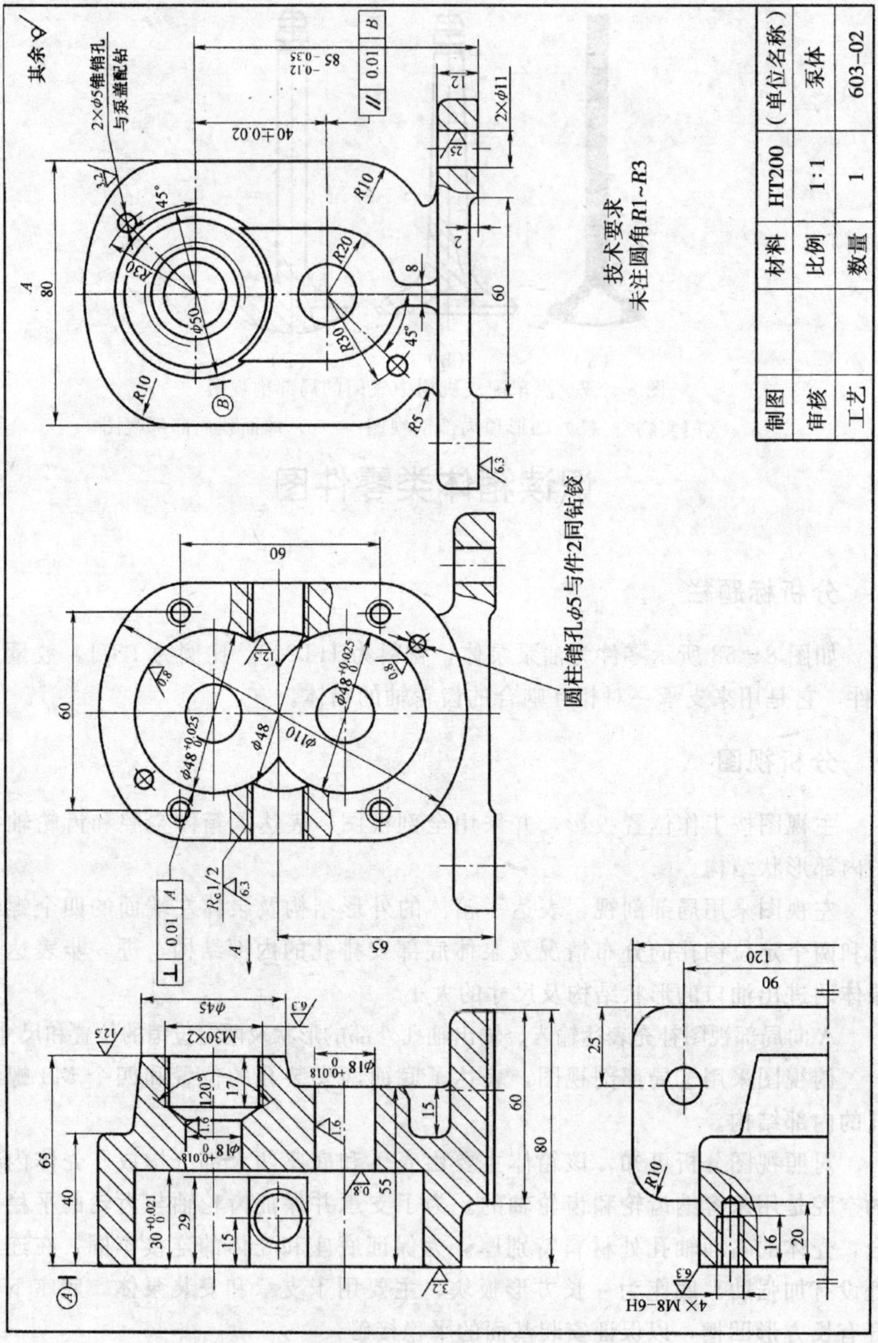
其余
2×φ5锥销孔
与泵盖配钻
技术要求
未注圆角R1~R3
圆柱销孔φ5与件2同钻铰
制图
审核
工艺
材料
比例
数量
HT200
1:1
1
（单位名称）
泵体
603-02

图 8—58　泵体零件图

分析尺寸标注

由于泵体的结构复杂，尺寸数量繁多，通常运用形体分析的方法逐个分析尺寸。一般泵体的对称平面、主要孔的轴线、较大的加工平面或安装基面常作为长、宽、高三个方向尺寸的主要基准。

该泵体由于前、后结构对称，故选用前后对称中心平面作为宽度方向尺寸的主要基准。由此标出泵体的总宽度 120mm，四个 M8－6H 螺纹孔、底面两个安装孔等结构的定位尺寸。

泵体的左端面是与泵盖接合的面，是精度要求比较高的加工表面，因此作为长度方向的尺寸基准面，由此标注出泵体的总长度为 80mm，底面安装面长度为 60mm 等尺寸。

泵体的底面为安装基面，各轴孔、螺纹孔及其他高度方向的结构均以底面为高度方向的主要尺寸基准。由此标出进出油口的高度为 65mm，底座长方形凹槽高度为 2mm，底座厚度为 12mm，齿轮轴孔高度为 85mm 及两轴孔的距离为（40±0.02）mm 等尺寸。

分析技术要求

为确保油泵的装配质量和工作精度，各轴孔的定形、定位尺寸均注有极限偏差，如（40±0.02）mm，ϕ18mm、ϕ48mm 都属于配合尺寸。箱体的重要工作部位主要集中在齿轮轴孔和内腔孔壁上，这些部位的尺寸公差、表面粗糙度和形位公差将直接影响减速器的装配质量和使用性能，所以图中各轴孔内表面的表面粗糙度值为 $R_a1.6\mu m$，内腔孔壁表面粗糙度值为 $R_a0.8\mu m$，另几个有接触要求的表面粗糙度值分别为 $R_a3.2\mu m$、$R_a2.5\mu m$、$R_a6.3\mu m$ 等，其余表面为不加工表面。未注铸造圆角为 R1mm～R3mm。

归纳与总结

通过以上分析，把零件的结构形状、尺寸、技术要求等作综合考虑，就能形成对泵体较全面的认识。

第九章　汽车部件装配与机构

识读齿轮油泵装配图

观察齿轮油泵装配图

如图 9－1 所示，分析齿轮油泵装配图的方法和步骤如下。

1. **通览装配图**

从标题栏知道该装配体名为齿轮油泵，是汽车中用来输送润滑油的重要部件。从零件明细表中可以看出：该装配体共由 2 种标准零件、13 种一般零件组成，并分别说明了每一种零件的材料。

2. **分析视图**

如图 9－1 所示，该图样采用了主、左、俯三个基本视图。主视图采用单一的局部剖视图，它表达了齿轮油泵的主要装配关系。俯视图中为了表达螺钉连接的情况和调节螺钉、弹簧、钢球等零件的装配情况，采用了局部剖的表达方法，还表达了油泵的外形。左视图也采用了局部剖视图，它主要表达了油泵一个方向的外形和底座安装孔的形状和尺寸。

3. **分析装配关系、传动关系和工作原理**

由如图 9－2 所示结构和容积式液压泵的有关知识可知其装配关系和工作原理为：泵内装有齿轮轴 1 和从动齿轮 8，从而形成一对外啮合齿轮传动；齿轮两侧靠泵盖和泵体密封，泵体、泵盖和齿轮的各齿间组成密封容积，当齿轮旋转时，泵的吸油腔一侧由于齿轮脱离啮合，使齿槽中空间增大，形成局部真空，油液在大气压力的作用下，进入吸油腔并且充满齿槽；随着齿轮转动，两齿轮的轮齿逐渐进入啮合，齿槽容积逐渐减小，齿槽中的一部分油液被挤出泵外。齿轮泵工作时，连续不断地重复上述吸油和压油的过程，从而不断地向系统供油。打开防护螺母，调整调节螺钉 13，可以调节系统供油的压力。

4. **分析零件的结构形状**

根据装配图分析零件在部件中的作用，并确定零件各部分的形状，先分

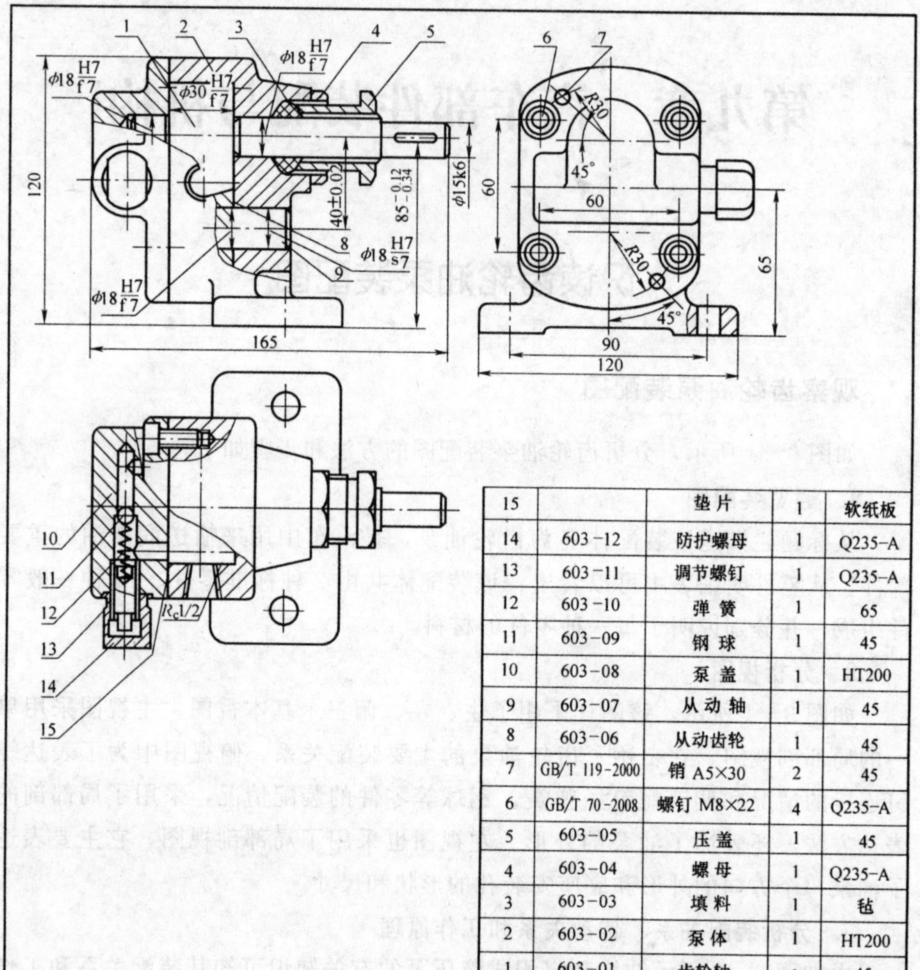

序号	代号	名称	数量	材料
15		垫片	1	软纸板
14	603-12	防护螺母	1	Q235-A
13	603-11	调节螺钉	1	Q235-A
12	603-10	弹簧	1	65
11	603-09	钢球	1	45
10	603-08	泵盖	1	HT200
9	603-07	从动轴	1	45
8	603-06	从动齿轮	1	45
7	GB/T 119-2000	销 A5×30	2	45
6	GB/T 70-2008	螺钉 M8×22	4	Q235-A
5	603-05	压盖	1	45
4	603-04	螺母	1	Q235-A
3	603-03	填料	1	毡
2	603-02	泵体	1	HT200
1	603-01	齿轮轴	1	45

重量	比例	1:1	
制图			齿轮油泵
审核			603-00

图 9—1　齿轮油泵装配图

析泵体 2、泵盖 10、齿轮轴 1 和螺母 4 等主要零件。

（1）根据明细栏中的零件序号，从装配图中找到该零件的所在位置。

（2）利用投影关系，根据零件的剖面线倾斜方向和间隔，确定零件在各视图中的轮廓范围，并可大致了解各零件的简单形状。

(3) 综合分析，确定零件的实际结构形状，如图 9－2 所示。

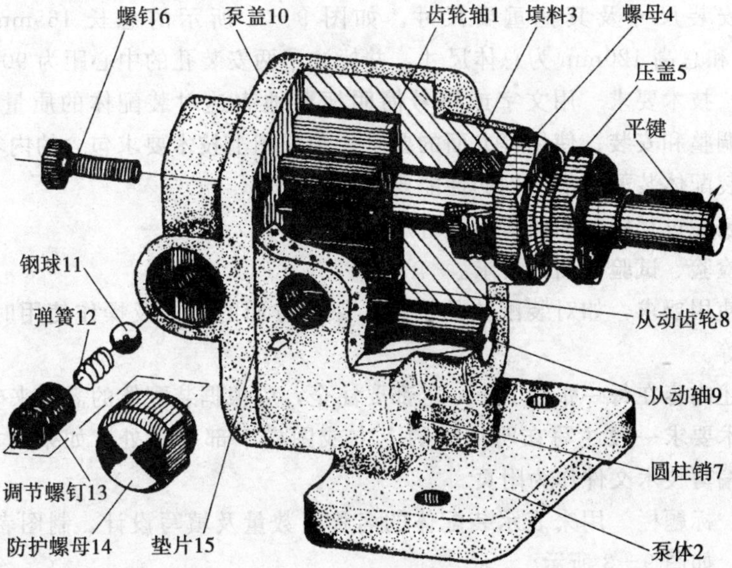

图 9－2　齿轮油泵

5. **归纳与总结**

在对齿轮油泵的工作原理、装配关系和各零件的结构形状进行分析之后，还应读懂所注尺寸和技术要求，并弄清各零件的拆装顺序。经归纳总结，加深对泵体的全面认识。

装配图概述

1. **装配图的作用**

表达装配体（机器或部件）及其组成部分的连接、装配关系的图样称为装配图。

装配图是表达机器结构、工作原理和功能的技术性文件，是制定装配工艺规程，进行机器装配、检查、调试和维修的技术依据。

2. **装配图的内容**

如图 9－2 所示的是汽车上的齿轮油泵，要将其按照装配图装配成一个整体，首先要看懂其装配图。如图 9－1 所示，装配图一般应包括如下内容。

(1) 一组视图　表达组成装配体的零件的形状及它们之间的装配、连接关系，机器或部件的工作原理的若干视图，如图 9－1 所示，齿轮油泵装配图由局部剖的主视图、局部剖的俯视图、左视图组成。

(2) 必要的尺寸　装配图中应标出装配体的总体尺寸、性能尺寸、装配尺寸、安装尺寸及其他重要尺寸。如图 9－1 所示的总长 165mm，总宽 120mm 和总高 120mm 为总体尺寸，并标注了两安装孔的中心距为 90mm。

(3) 技术要求　用文字或符号简明扼要地表达对装配体的质量、装配、检测、调整和安装、使用等方面的要求。装配图上技术要求包含的内容有：

①装配体装配后应达到的性能要求。

②装配过程中的注意事项和特殊加工要求。

③检验、试验方面的要求。

④使用要求，如对装配体的维护、保养方面的要求及操作使用时应注意的事项等。

上述内容在每一张图上不一定都要注全，应根据装配体的需要来确定。

技术要求一般注写在明细栏的上方或图样下部空白处。如果内容很多，可另外编写技术文件作为附页。

(4) 标题栏　用来表示装配体的名称、数量及填写设计、制图者的姓名等内容，如图 9－3 所示。

15		垫片	1	软纸板
14	603－12	防护螺母	1	Q235－A
13	603－11	调节螺钉	1	Q235－A
12	603－10	弹簧	1	65
11	603－09	钢球	1	45
10	603－08	泵盖	1	HT200
9	603－07	从动轴	1	45
8	603－06	从动齿轮	1	45
7	GB/T 119—2000	销 A5×30	2	45
6	GB/T 70—2008	螺钉 M8×22	4	Q235－A
5	603－05	压盖	1	45
4	603－04	螺母	1	Q235－A
3	603－03	填料	1	毡
2	603－02	泵体	1	HT200
1	603－01	齿轮轴	1	45
序号	代号	名称	数量	材料
重量	比例	1∶1		
制图			齿轮油泵	
审核			603－00	

图 9－3　标题栏和明细栏

(5) 零件的序号和明细栏　装配图中的零件和部件都必须编写序号，并在标题栏上方编制出相应的明细栏，按序号把各个零件的名称、材料、数量、规格等项注写下来。

①序号的标注形式。零、部件序号一般应由三部分组成，分别为指引线、水平线或圆圈、序号数字，其标注的基本形式如图 9－4 所示。

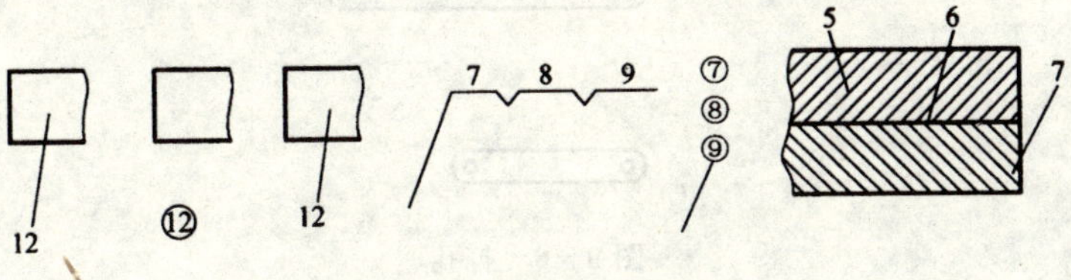

图 9－4　序号的标注形式

②明细栏。明细栏一般应紧接在标题栏上方绘制，如图 9－3 所示。若标题栏上方空间不够，剩余部分可画在标题栏的左侧。

认识铰链四杆机构

制作铰链四杆机构

图 9－5　落料

1. 落料（如图 9－5 所示）

(1) 制作材料一般用宽度为 20～30mm 的竹片。

(2) 用锯条锯下长度不等的四根竹条，操作过程中注意安全。

2. 打孔（如图 9－6 所示）

(1) 可用电钻和钻床打孔，但操作前须经教师指导。

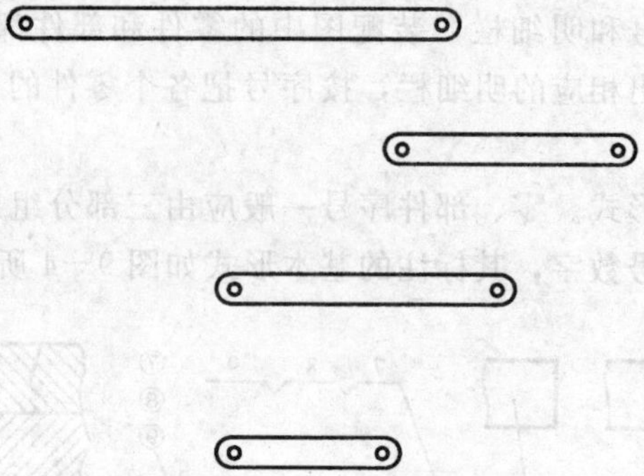

图 9—6　打孔

(2) 孔与端边应留有一定距离以免打孔过程中竹条开裂。

3. **去毛刺（如图 9—7 所示）**

利用锉刀或其他刀具去除竹条各边及孔周围的毛刺。

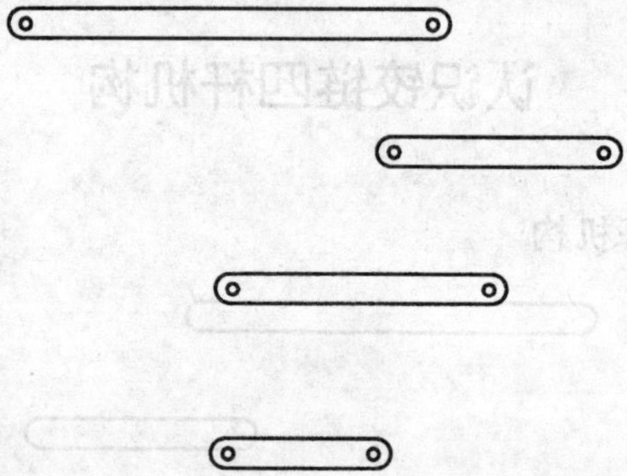

图 9—7　去毛刺

4. **连接（如图 9—8 所示）**

(1) 利用螺栓、螺母或铁（铜）丝连接各竹条，注意固定不可过于紧密，各连接处应能自由转动。

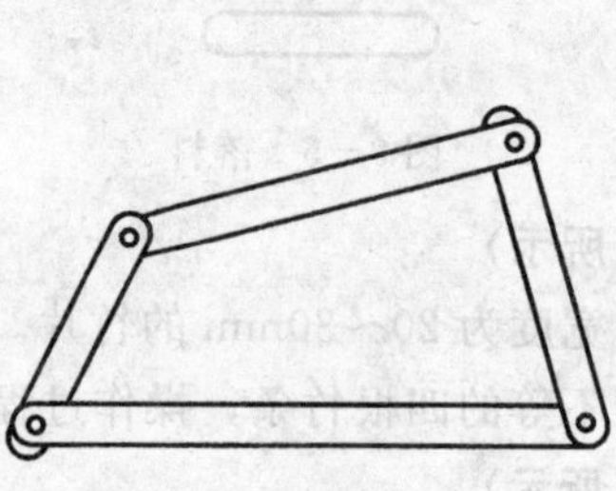

图 9—8　连接

(2) 如遇最长杆长度大于等于其余三杆长度之和的情况，则应适当缩短最长杆长度。

分析铰链四杆机构的原理

1. 铰链四杆机构的组成

(1) 铰链四杆机构中，固定不动的构件称为机架（如图 9－9 所示的 *a* 杆）。机构中不与机架相连的构件称为连杆（如图 9－9 所示的 *c* 杆）。机构中与机架用低副相连的构件称为连架杆（如图 9－9 所示的 *b* 杆、*d* 杆，低副为两构件以面接触的运动副）。

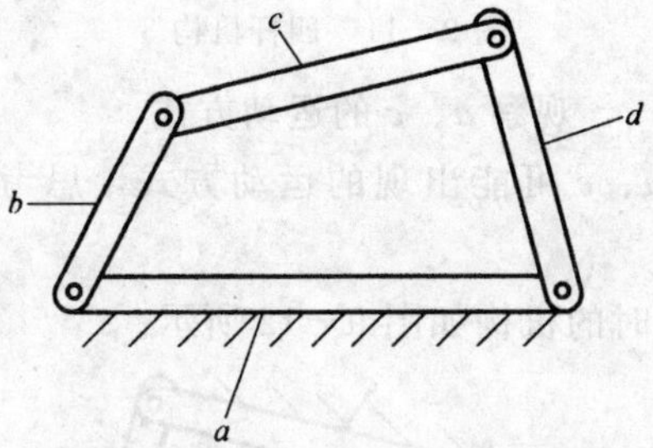

图 9－9　四杆机构 1

(2) 与机架用转动副相连且能绕该转动副轴线整圈旋转的构件称为曲柄。与机架相连但只能绕该转动副轴线摆动的构件称为摇杆。

2. 观察铰链四杆机构的工作特性

(1) *a* 为机架　此时的机构如图 9－10 所示。

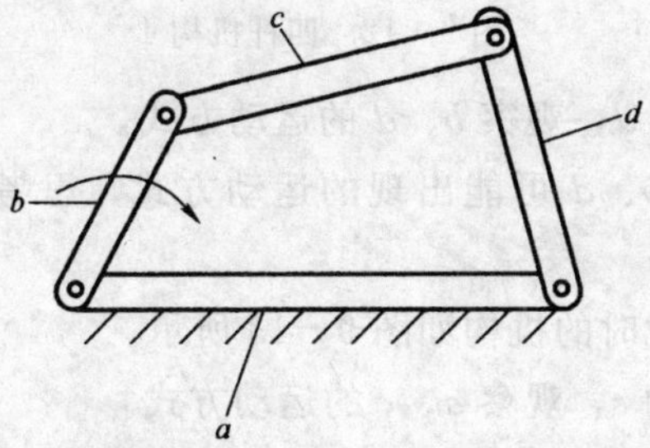

图 9－10　四杆机构 2

①*a* 为机架，转动 *b*，观察 *b*、*d* 的运动方式。

②通过交流得出 *b*、*d* 可能出现的运动方式，思考为什么会出现不同的运动方式。

③图示四杆长度关系为 $b<d<c<a$。

（2）b 为机架 此时的机构如图 9－11 所示。

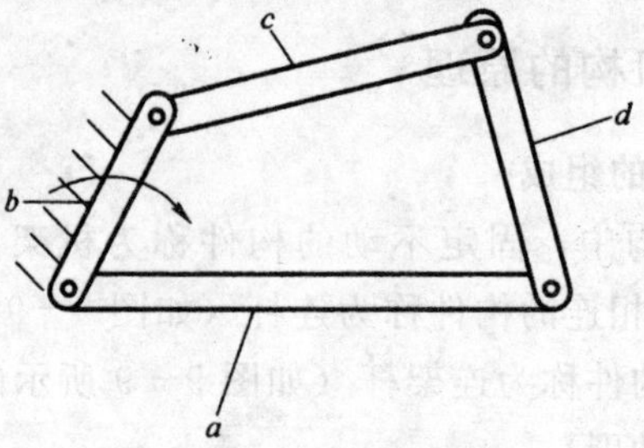

图 9－11 四杆机构 3

①b 为机架，转动 c，观察 a、c 的运动方式。

②通过交流得出 a、c 可能出现的运动方式，思考为什么会出现这一情况。

（3）c 为机架 此时的机构如图 9－12 所示。

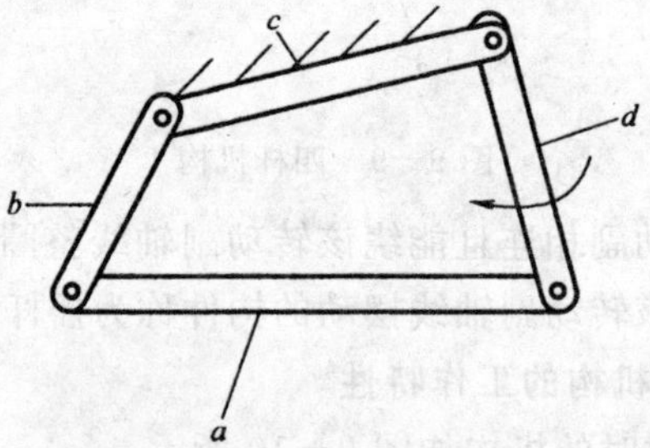

图 9－12 四杆机构 4

①c 为机架，转动 d，观察 b、d 的运动方式。

②通过交流得出 b、d 可能出现的运动方式，思考为什么会出现这一情况。

（4）d 为机架 此时的机构如图 9－13 所示。

①d 为机架，转动 c，观察 a、c 的运动方式。

②通过交流得出 a、c 可能出现的运动方式，思考为什么会出现这一情况。

3．铰链四杆机构中曲柄存在的条件

通过上文的观察与分析可知是否存在曲柄是铰链四杆机构的重要特征，而连杆成为曲柄必须满足以下两个条件。

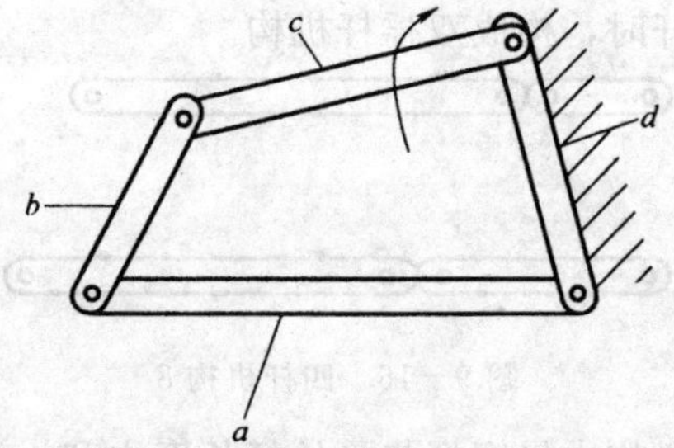

图 9－13　四杆机构 5

（1）最短杆与最长杆长度之和小于或等于其余两杆长度之和（如图 9－14 所示）。

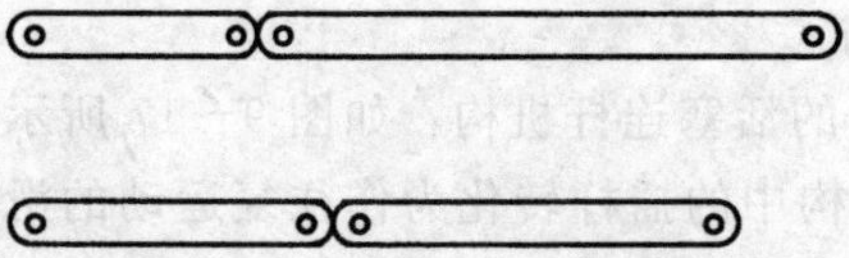

图 9－14　四杆机构 6

（2）连架杆与机架中必有一个是最短杆，如图 9－15 所示铰链四杆长度关系为 $b<d<c<a$（必须 a、b 或 c 作为机架）。

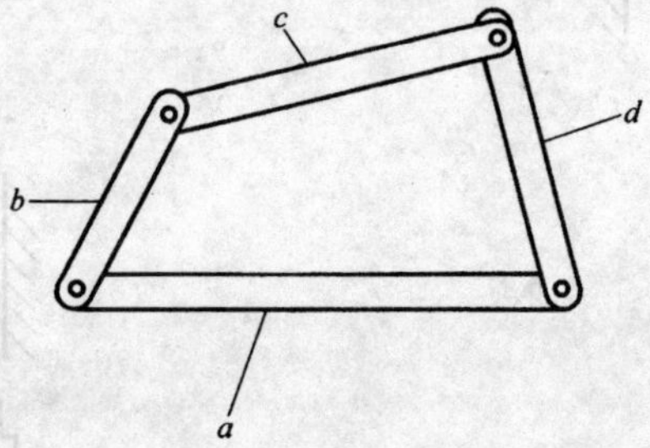

图 9－15　四杆机构 7

4．**铰链四杆机构三种基本类型的判别方法**

根据曲柄存在的条件，可以推导出铰链四杆机构的三种基本类型及其判别方法。

（1）最短杆与最长杆长度之和小于或等于其余两杆长度之和（如图 9－16 所示），则

①取最短杆为连架杆时，构成曲柄摇杆机构。

②取最短杆为机架时，构成双曲柄机构。

③取最短杆为连杆时，构成双摇杆机构。

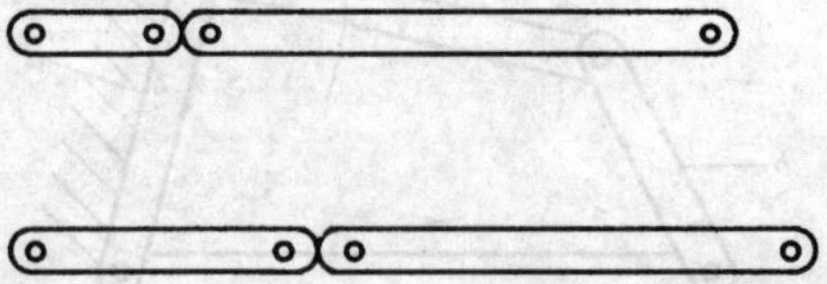

图 9—16　四杆机构 8

(2) 若铰链四杆机构中最短杆与最长杆长度之和大于其余两杆长度之和，则无曲柄存在，只能构成双摇杆机构。

铰链四杆机构的演化

1. 曲柄滑块机构

应用于内燃机中的活塞连杆机构，如图 9—17 所示，如图 9—18 所示的压力机等均将四杆机构中的摇杆转化为作往复运动的滑块，因而称为曲柄滑块机构。

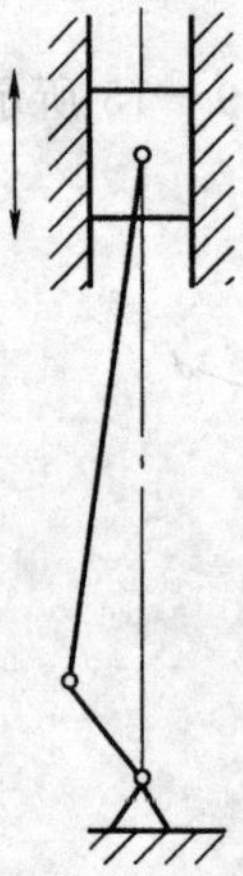

图 9—17　内燃机活塞连杆机构

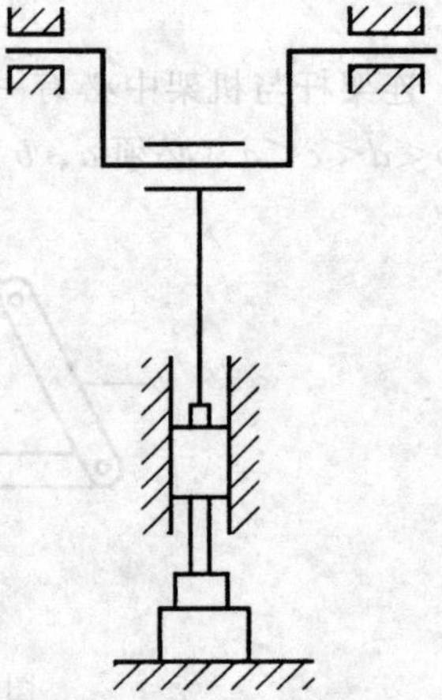

图 9—18　压力机

2. 移动导杆机构

如图 9—19 所示的抽水机等机构称为移动导杆机构。

3. 曲柄摇块机构

如图 9—20 所示的自翻卸料装置等机构将四杆机构中的连架杆转化为摆动的摇块，因而称为曲柄摇块机构。

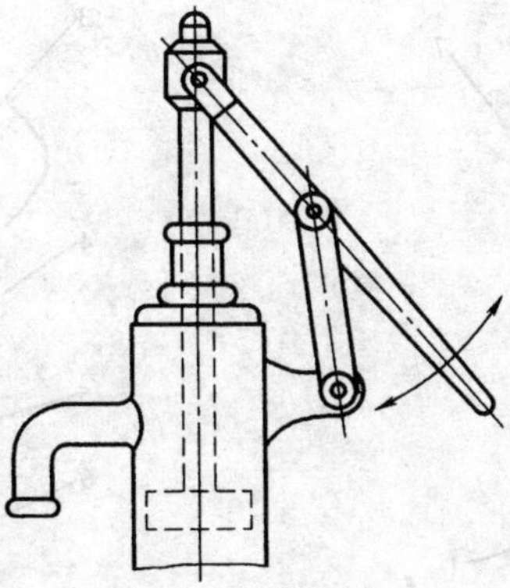

图 9－19　抽水机

图 9－20　自卸车

认识凸轮机构

认识发动机配气机构

1. 观察配气机构模型

配气机构模型如图 9－21 所示，找出配气机构中各传动零部件的所在位置。

2. 分析工作过程

（1）凸轮轴转动时，当凸轮的圆柱面（基圆）部分与液压挺杆接触时，挺杆不升高，挺杆以上的传动件不动作，气门是关闭的，如图 9－22 所示。

（2）当凸轮的凸起部分与液压挺杆接触时，便开始将挺杆顶起，于是气门被打开，如图 9－23 所示。

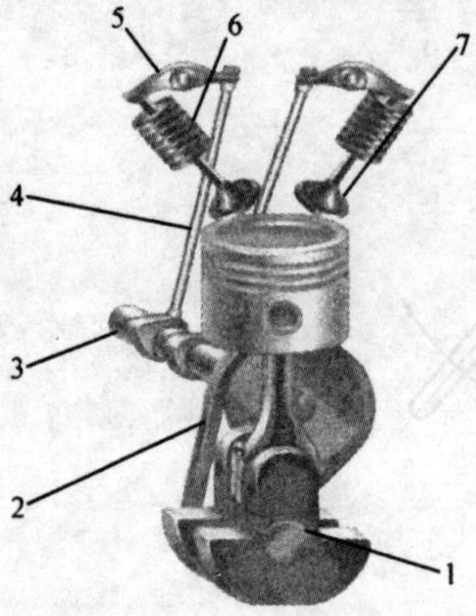

图 9－21　配气机构模型

1—曲轴　2—正时带　3—凸轮轴

4—推杆　5—摇臂　6—气门弹簧　7—气门

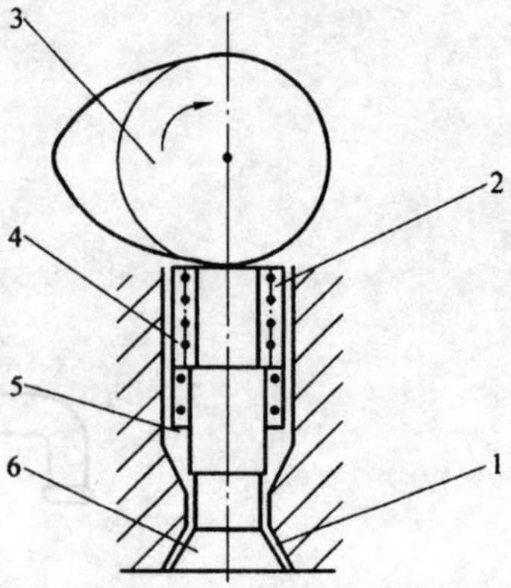

图 9－22　配气机构工作过程 1

1—气门座　2—液压挺杆　3—凸轮

4—气门弹簧　5—气门导管　6—气门

（3）当凸轮的最大凸起处与液压挺杆接触时，气门达到最大开度（升程），如图 9－24 所示。

（4）随后，凸轮与液压挺杆接触表面的凸起半径开始逐渐变小，气门在气门弹簧的作用下开始上升直至关闭，并反向推动摇臂等传动杆件，使挺杆下压，以保持与凸轮的接触，如图 9－25 所示。

（5）当凸轮凸起部分离开液压挺杆时，气门完全关闭，如图 9－26 所示。

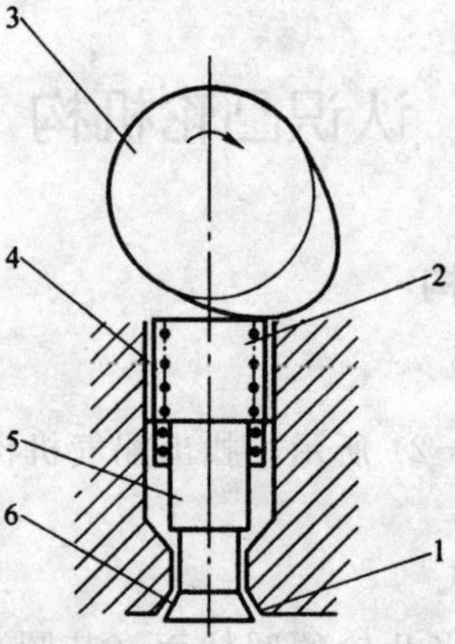

图 9－23　配气机构工作过程 2

1—气门座　2—液压挺杆　3—凸轮　4—气门弹簧　5—气门导管　6—气门

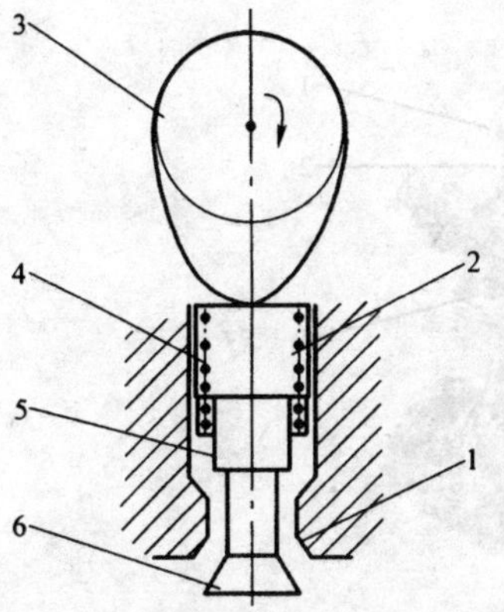

图 9－24 配气机构工作过程 3

1—气门座 2—液压挺杆 3—凸轮

4—气门弹簧 5—气门导管 6—气门

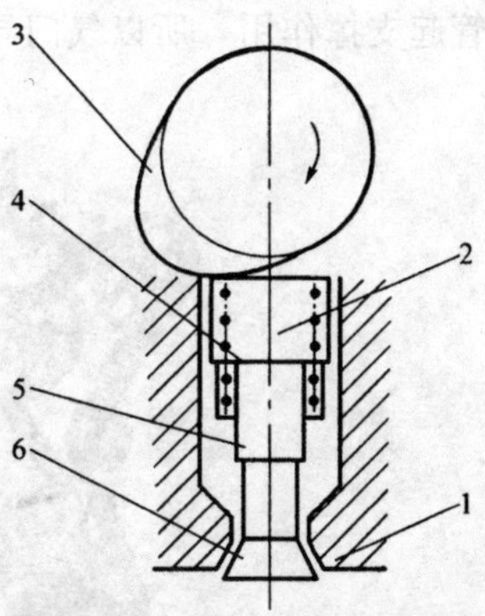

图 9－25 配气机构工作过程 4

1—气门座 2—液压挺杆 3—凸轮

4—气门弹簧 5—气门导管 6—气门

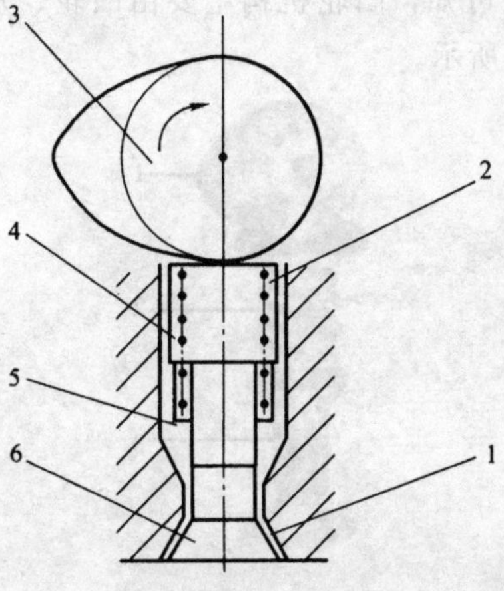

图 9－26 配气机构工作过程 5

1—气门座 2—液压挺杆 3—凸轮 4—气门弹簧 5—气门导管 6—气门

分析凸轮机构的组成、特点和类型

1. 凸轮机构的组成

凸轮机构在汽车发动机中的应用主要是配气机构，如图 9－27 所示。汽车发动机的配气机构主要由凸轮、气门、气门导管等组成。凸轮是一个具有曲线轮廓的构件，是主动件。当凸轮运动时，借助它的曲线轮廓，可带动气门作预期的运动，所以气门是从动件。气门在气门导管中作往复直线运动，气门导管起支撑作用，所以气门导管是机架。

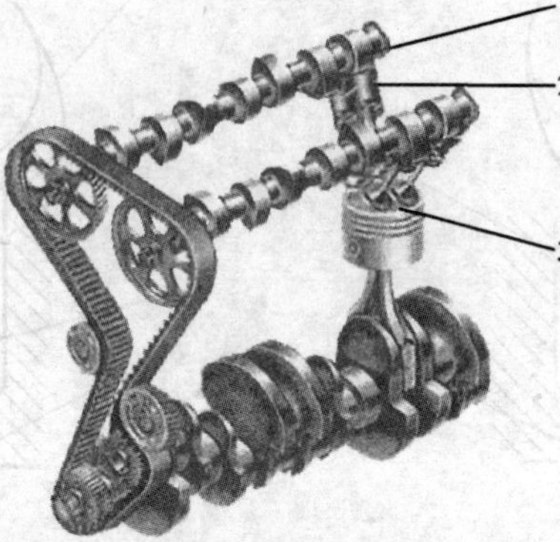

图 9－27　配气机构

1—凸轮　2—气门导管　3—气门

由配气机构的分析可知，凸轮机构主要由凸轮、从动件和机架三个基本构件组成，如图 9－28 所示。

图 9－28　凸轮机构

1—凸轮　2—从动件　3—机架

2. **凸轮机构的特点**

(1) 只要适当的设计凸轮轮廓的曲线形状，就可以使从动件获得任意预定的运动规律。凸轮机构简单紧凑，可用在对从动件运动规律要求严格的场合。

(2) 凸轮机构可以高速启动，动作准确可靠。

(3) 由于数控机床及电子计算机的广泛应用，凸轮的轮廓曲线加工较为方便。

(4) 凸轮机构在接触处，难以保持良好的润滑，故容易磨损，为了延长使用寿命，传递动力不宜过大。

（5）在高速凸轮机构中，运动特性很复杂，要精确分析和设计凸轮轮廓曲线比较困难。

3. **凸轮机构的分类**

凸轮机构的类型取决于凸轮和从动件的形式。

（1）按凸轮形状分类　可分为盘形凸轮、移动凸轮、圆柱凸轮等，如图9－29所示。

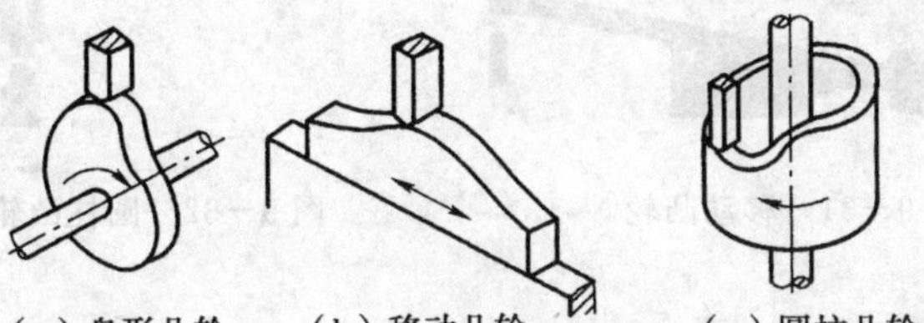

（a）盘形凸轮　（b）移动凸轮　（c）圆柱凸轮

图 9－29　凸轮

①盘形凸轮应用很广，例如补鞋机中的盘形凸轮如图 9－30 所示。

图 9－30　补鞋机中的盘形凸轮

②移动凸轮如图 9－31 所示。

③圆柱凸轮如图 9－32 所示。

（2）按从动件运动形式分类　可将其分为推杆和摆杆。

①从动件作往复直线移动时称为推杆，推杆结构如图 9－33 所示。

②从动件作摆动时称为摆杆，部分轿车发动机的配气机构由上置凸轮轴的凸轮直接驱动摇臂，这个摇臂就属于摆杆，如图 9－34 所示。

（3）按从动件端部形状分类　可将其分为尖底从动件、滚子从动件、平底从动件如图 9－35 所示。

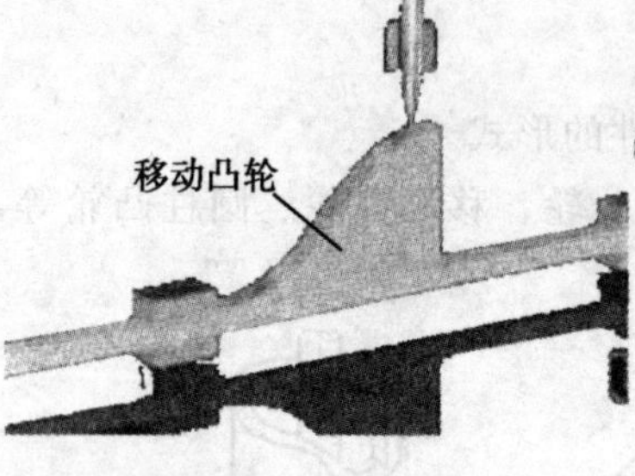

图 9—31　移动凸轮

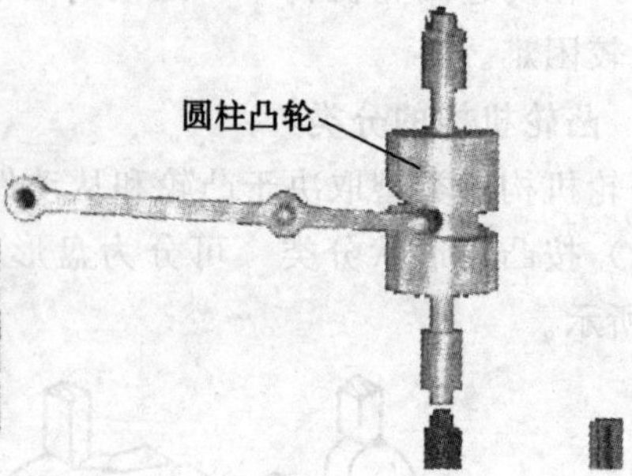

图 9—32　圆柱凸轮

图 9—33　推杆

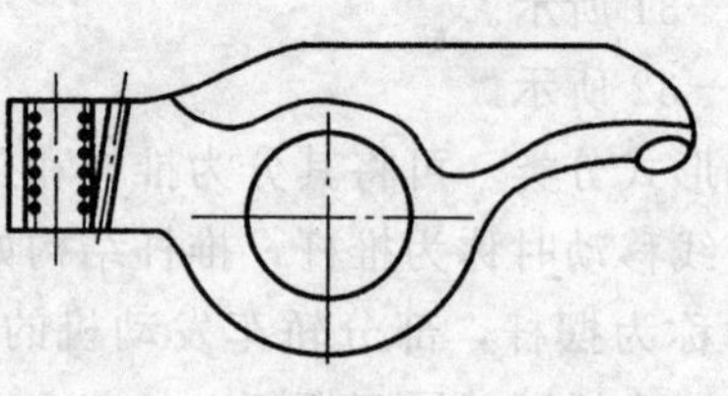

图 9—34　摇臂

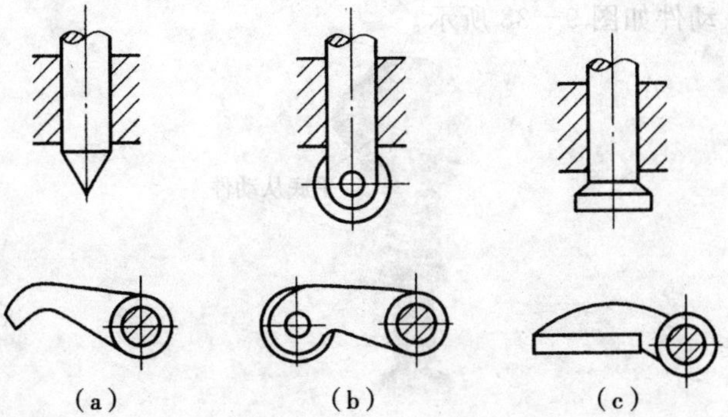

图 9—35 从动件

(a) 尖底从动件 (b) 滚子从动件 (c) 平底从动件

①尖底从动件如图 9—36 所示。

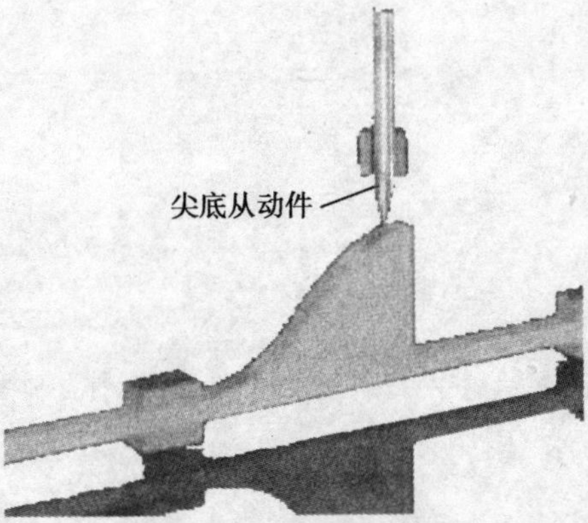

图 9—36 尖底从动件

②滚子从动件如图 9—37 所示。

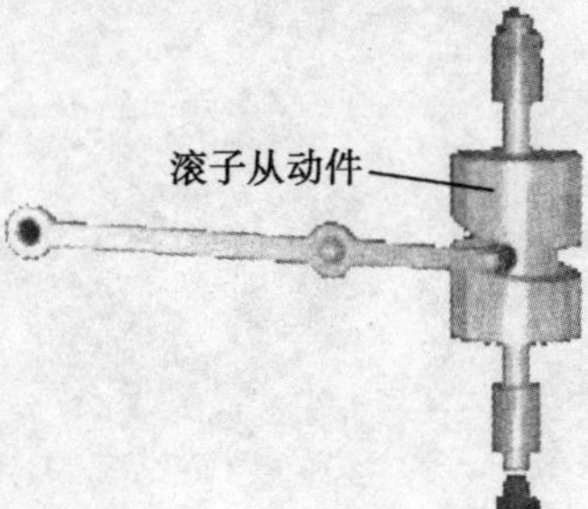

图 9—37 滚子从动件

③平底从动件如图 9－38 所示。

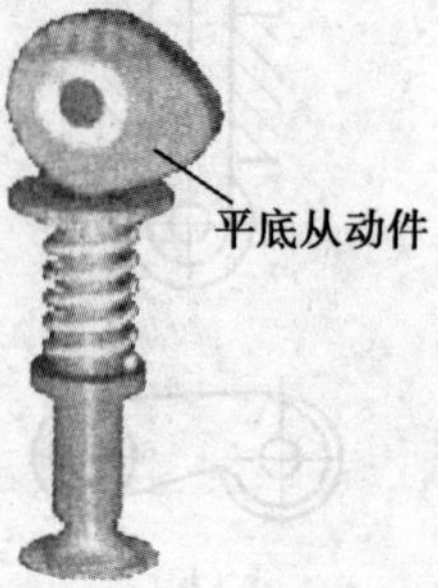

图 9－38　平底从动件

第十章 汽车液压泵

液压泵的工作原理及工作条件

1. 液压泵的工作原理

液压泵是液压系统中的动力元件，是将电动机（或其他动力装置）输出的机械能转换为压力能的能量转换装置。

图 10－1 所示为液压泵的工作原理图。图中柱塞 2 装在缸体 3 中形成一个密封容积 V，柱塞在弹簧 4 的作用下始终压紧在偏心轮 1 上。原动机驱动偏心轮 1 旋转，使柱塞 2 作往复运动，使密封容积 V 的大小发生周期性的变化。当 V 由小变大时，形成局部真空，油箱 7 中的油液在大气压的作用下，经过吸油管顶开单向阀 5 进入容积 V 中，实现吸油；反之，当 V 由大变小时，V 腔中吸满的油液将顶开单向阀 6 流入系统，从而实现压油。原动机驱动偏心轮不断旋转，液压泵就不断地吸油和压油，这样液压泵就将输入的机械能转换成了液体的压力能。由于液压泵是依靠密封容积变化的原理来实现吸油和压油的，因此，一般称之为容积式液压泵。

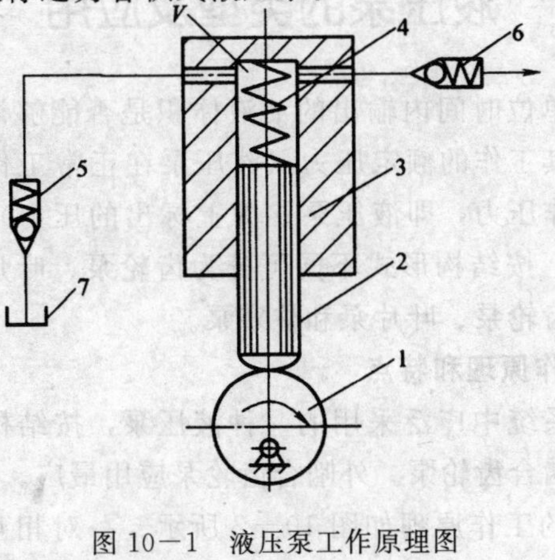

图 10－1 液压泵工作原理图

1—偏心轮 2—柱塞 3—缸体

4—弹簧 5、6—单向阀 7—油箱

液压泵的图形符号如表 10－1 所示。

表 10－1　液压泵的图形符号

特性	单向定量	双向定量	单向变量	双向变量	并联单向变量
图形符号					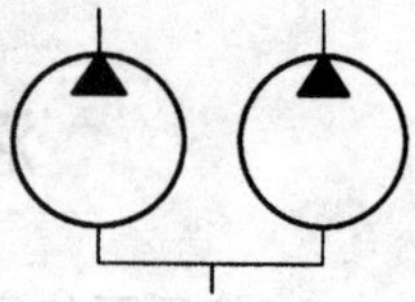

2. **液压泵的工作条件**

从液压泵的工作原理可知，液压泵能够正常工作必须满足下列条件：

(1) 具备密封容积。

(2) 密封容积能不断地交替变化。

(3) 具有相应的配油机构，可将吸油腔和压油腔隔开，保证液压泵有规律地、连续地吸油和压油。

(4) 吸油过程中，油箱必须和大气相通。压油过程中，实际油压取决于输出油路的阻力，即外界负载的大小，这是形成油压的条件。

液压泵的类型及应用

液压泵按其在单位时间内输出的油液体积是否能够调节，可分为定量泵和变量泵两类；按其工作的额定压力（液压泵在正常工作条件下，连续运转正常工作的最高工作压力，即液压泵铭牌上标出的压力）可分为低压泵、中压泵和高压泵三种；按结构形式不同可分为齿轮泵、叶片泵、柱塞泵和螺杆泵，其中常用的是齿轮泵、叶片泵和柱塞泵。

1. **齿轮泵的工作原理和特点**

齿轮泵是液压系统中广泛采用的一种液压泵，按结构不同，齿轮泵分为外啮合齿轮泵和内啮合齿轮泵。外啮合齿轮泵应用最广。

外啮合齿轮泵的工作原理如图 10－2 所示。一对相互啮合的齿轮安装于泵体内部，齿轮的两端面由端盖密封，这样两个齿轮就将泵体内部分成了左、右两个密封的油腔，并且每个齿间都形成了一个密封的工作容积。当齿轮按

图 10－2 所示方向旋转时，轮齿从右侧退出啮合，露出齿间，使右腔的容积增大，形成了局部真空。油箱中的油液在大气压力的作用下，经液压泵的吸油管进入右腔（吸油腔），完成吸油过程。随着齿轮的转动，每个轮齿的齿间把油液从右腔带入左腔。轮齿在左腔进入啮合，齿间被互相啮合的轮齿占据，于是容积减小，齿间里的油液逐渐被挤出，使左腔的油压升高，油液就从压油腔输出，完成压油过程。两齿轮不断地转动，泵的吸油口和压油口就会连续不断地吸油和压油，使泵不停地向系统供油。

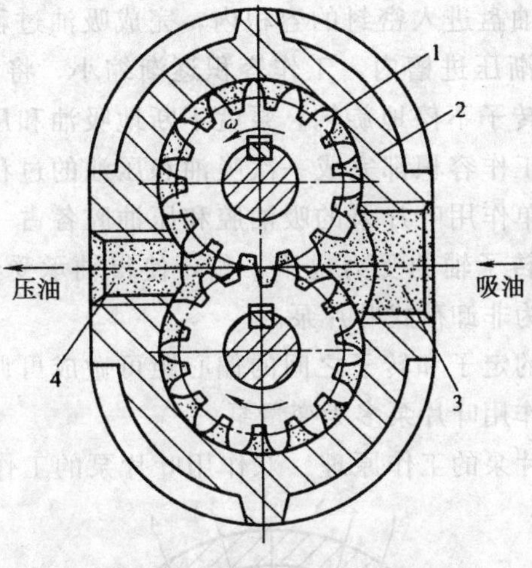

图 10－2　外啮合齿轮泵工作原理
1—外啮合齿轮（2 个）
2—泵体　3—吸油腔　4—压油腔

齿轮泵的吸油腔和压油腔是独立的，不需要专门的配油机构，故其结构简单，工作可靠，成本低，对液压油的污染不敏感，且便于维护。但是，齿轮泵在工作过程中，由于压油腔和吸油腔的压力不同，而为减小齿轮端面与端盖间的摩擦，齿轮端面与端盖间存在轴向间隙，齿轮顶圆与泵体内腔间也存在配合间隙，因此，油液会通过间隙泄漏，齿轮泵不容易建立起高压，只适用于低压系统。齿轮泵工作时的噪声较大，且流量的脉动较大，只能作定量泵。

2. **叶片泵工作原理和特点**

叶片泵分为两类，即单作用叶片泵和双作用叶片泵。

（1）单作用叶片泵的工作原理　单作用叶片泵的工作原理如图 10－3 所示，单作用叶片泵主要由配油盘 1、传动轴 2、转子 3、定子 4、叶片 5 和壳体等零件组成。定子内表面为圆柱形，转子 3 上有均匀分布的径向槽，叶片 5 安装在槽内，并可在槽内滑动，定子和转子间有偏心距 e。在定子和转子的两端面上装有配油盘，配油盘上开有吸油口和压油口，分别与泵壳体上的吸油口和压油口相通。当转子旋转时，由于离心力的作用，叶片紧靠在定子内壁上，这样在定子、转子、相邻的叶片和两侧配油盘间就形成若干个密封的容积。当转子按图 10－3 所示的方向旋转时，在图示的右部，叶片逐渐伸出，叶片间的工作容积逐渐增大，形成局部真空，油箱中的油液在大气压力作用下，从吸油口经配油盘进入密封的容积内，完成吸油过程。在图的左部，叶片被定子内表面逐渐压进槽内，工作容积逐渐缩小，将油液从压油口压出，完成了压油过程。转子不停地旋转，泵就不断地吸油和压油。这种叶片泵的转子转一周，每个工作容积都完成一次吸油和压油的过程，因此称其为单作用式叶片泵。由于单作用叶片泵的吸油腔和压油腔各占一侧，转子受到的作用力不平衡，从而转子轴的受力也不平衡，使得轴承受到较大的载荷作用，因此称这种液压泵为非卸荷式叶片泵。

单作用叶片泵的定子和转子之间的偏心距可做成可调的，从而可以改变泵的流量，因此单作用叶片泵多为变量泵。

(2) 双作用叶片泵的工作原理　双作用叶片泵的工作原理如图 10－4 所

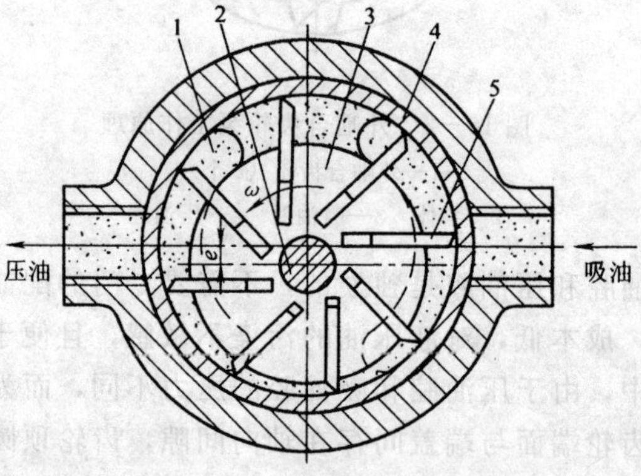

图 10－3　单作用叶片泵的工作原理

1—配油盘　2—传动轴

3—转子　4—定子　5—叶片

示，双作用叶片泵也是由定子、转子、叶片和配油盘等组成。转子和定子中心重合，定子内表面近似为椭圆形。当转子 4 按图 10－4 所示方向转动时，叶片 5 在离心力和叶片底部压力油的作用下，紧贴在定子 3 的内表面上，由定子3、转子4和配油盘8形成的密封容积被叶片分成若干个小的密封工作容积（与叶片数目相同）。当叶片处于Ⅰ、Ⅱ位置时，两叶片与定子和转子之间围成的密封容积最小。叶片转过一个角度，露出吸油口时，容积由小变大，开始吸油。当叶片转到Ⅲ、Ⅳ位置时，将吸油口封闭，停止吸油，此时密封的容积最大。叶片再继续转动，密封容积开始由大变小，在Ⅳ、Ⅴ位置开始压油，转到Ⅴ、Ⅵ位置时压油结束。转子连续旋转，每个密封容积将重复上述过程，连续输出液压油。这种叶片泵的转子旋转一周，每个油腔吸油和压油各两次，因此称其为双作用式叶片泵。由于这种液压泵有两个吸油腔和两个压油腔，且对称于转轴分布，压力油作用于轴承上的径向力是平衡的，所以又称为卸荷式叶片泵。

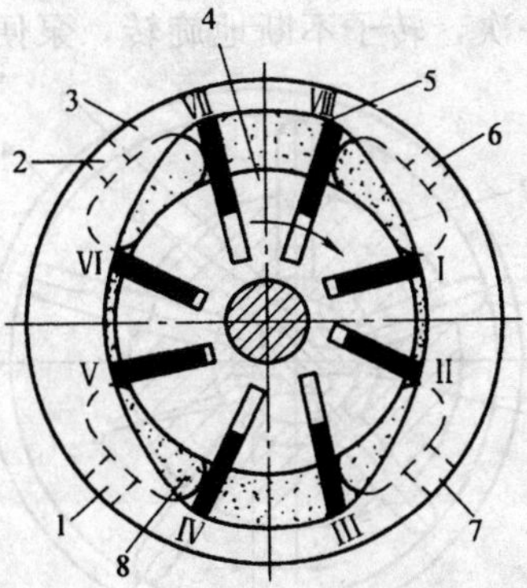

图10－4　双作用叶片泵的工作原理

1、6—压油口　2、7—吸油口

3—定子　4—转子

5—叶片　8—配油盘

叶片泵的结构较齿轮泵复杂，其工作压力较高，且流量脉动小，工作平稳，噪声较小，寿命较长。但其结构复杂，吸油特性不太好，对油液的污染也比较敏感。

3. **柱塞泵的工作原理**

柱塞泵是靠柱塞在缸体中作往复运动产生的密封容积的变化来实现吸油与压油的液压泵。根据柱塞的排列和运动方向不同，柱塞泵可分为径向柱塞泵和轴向柱塞泵两大类。

（1）径向柱塞泵的工作原理　径向柱塞泵的工作原理如图10－5所示，主要由定子4、转子（缸体）2、配油轴5、衬套3和柱塞1等零件组成。转子

2上均匀地分布着几个径向排列的孔，柱塞1可在孔内滑动，衬套3紧配合在转子孔中，随转子2一起旋转，配油轴5固定不动，配油轴把衬套3的内孔分隔为上下两个分油室 b 和 c，他们分别通过配油轴上的轴向孔 a 和 d 与泵的吸油口和压油口相通。柱塞1一方面随转子一起转动，另一方面又在离心力的作用下伸出柱塞孔，并压紧在定子内壁上。定子与转子偏心安装。当转子顺时针旋转时，柱塞在上半周运动时向外伸出，柱塞孔的容积增大，形成局部真空，密封腔内的压力低于大气压力，此时，油箱中的油液在大气压力的作用下，通过配油轴上的吸油口 a 和油室 b 进入柱塞孔，完成吸油过程。当柱塞运动到下半周时，定子迫使柱塞进入孔中，柱塞孔密封容积变小，孔内的油液通过油室 c 和压油口 d 进入系统中，完成压油过程。转子每转一周，每个柱塞吸油和压油各一次，转子不断地旋转，泵便不停地吸油和压油。

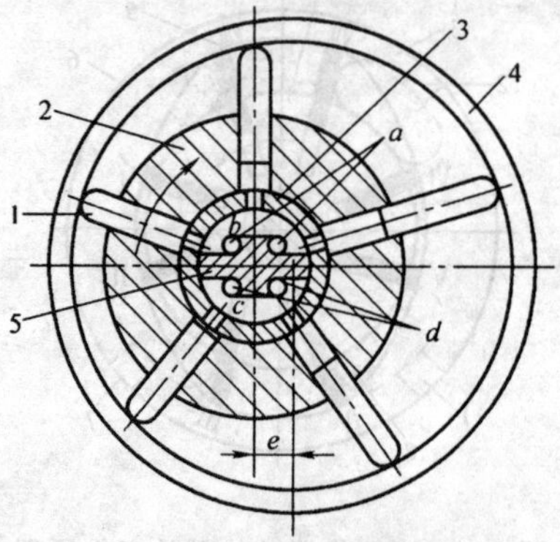

图10－5　径向柱塞泵的工作原理

1—柱塞　2—转子

3—衬套　4—定子　5—配油轴

径向柱塞泵性能稳定，耐冲击性能好，工作可靠；但其径向尺寸大，结构较复杂，自吸能力差，且配油轴会受到不平衡液压力的作用，容易磨损，使其应用受到了一定的限制。

(2) 轴向柱塞泵的工作原理　如图10－6所示，轴向柱塞泵由传动轴、缸体、配油盘、柱塞和斜盘等组成。

液压泵工作时，传动轴通过键带动缸体旋转，缸体上均匀地分布着奇数个（一般为7个）柱塞孔，孔中装有柱塞，柱塞在缸体的孔内轴向安装。缸体旋转时，柱塞随缸体旋转，同时在柱塞孔中滑动，并在油压和弹簧的作用下始终靠在斜盘上。配油盘上开有两个弧形配油窗口，一个是吸油口，一个是压油口。斜盘与缸体的轴线相对倾斜安装。配油盘和斜盘固定不动，当缸体转动时，由于斜盘的作用，柱塞将在柱塞孔中作往复运动，通过配油盘的配油窗口进行吸油和压油。当缸体带着柱塞从图 10－6 所示的最下方的位置向上方转动时，柱塞在弹簧的作用下，向外伸出，则柱塞孔的密封容积增大，形成局部真空，油箱中的油液在大气压的作用下，通过配油盘的吸油口进入柱塞孔内，完成吸油过程。当缸体带着柱塞从图示的最上方的位置向下方转

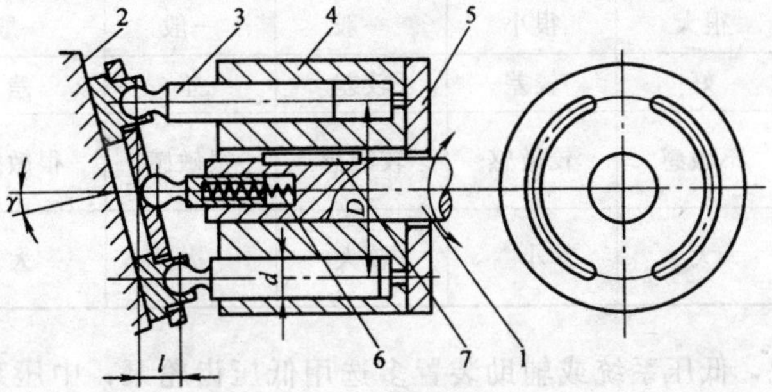

图 10－6　轴向柱塞泵的工作原理

1—缸体　2—配油盘　3—柱塞

4—斜盘　5—传动轴　6—弹簧　7—键

动时，柱塞在斜盘的作用下，被压入柱塞孔内，于是柱塞孔的密封容积减小，孔内油液受到挤压，通过配油盘的压油口进入系统中，完成压油过程。缸体每转一周，每个柱塞孔都完成一次吸油和压油过程，缸体不断地旋转，柱塞孔就不断地吸油和压油。

轴向柱塞泵结构紧凑，配合精度高，密封性能好，工作压力高，流量可调节，单位功率体积小、重量轻、容积效率高。但其结构复杂，价格高，对液压油的污染敏感，使用和维修要求严格。因此，轴向柱塞泵常用于大功率的液压传动系统。

液压泵的选用

合理地选择液压泵对于降低液压系统的能耗、提高系统的效率、降低噪声、改善工作性能和保证系统的可靠工作都十分重要。

选择液压泵的原则是满足系统的工况要求。首先应确定液压泵的类型，然后按系统所要求的压力、流量大小确定其规格型号。具体选择液压泵时，可参考表 10－2 所示的液压系统中常用液压泵的主要性能。

表 10－2　液压系统中常用液压泵的主要性能

类型 性能	外啮合齿轮泵	双作用叶片泵	限压式变量叶片泵	径向柱塞泵	轴向柱塞泵	螺杆泵
输出压力	低压	中压	中压	高压	高压	低压
流量调节	不能	不能	能	能	能	不能
效率	低	较高	较高	高	高	较高
输出流量脉动	很大	很小	一般	一般	一般	最小
自吸特性	好	较差	较差	差	差	好
对油的污染敏感性	不敏感	较敏感	较敏感	很敏感	很敏感	不敏感
噪声	大	小	较大	大	大	最小

一般来说，低压系统或辅助装置多选用低压齿轮泵；中压系统多选用叶片泵；负载大、功率大的高压系统多选用柱塞泵。

第十一章 汽车液压控制阀

方向控制阀

单向阀

单向阀的主要作用是控制油液的流动方向，使压力油或回油只能按单向阀限定的方向流动，构成特定的回路。液压系统中常见的单向阀有普通单向阀和液控单向阀两种。

1. 普通单向阀

普通单向阀只能使油液沿一个方向流动，不允许油液反向倒流，也称为止回阀，简称单向阀。普通单向阀的结构图如图 11－1 所示，其中图 11－1（a）为管式单向阀，图 11－1（b）为板式单向阀。普通单向阀主要由阀体 1、弹簧 2、阀芯 3 等零件组成。压力油从阀体左端的通口 P_1 流入时，克服弹簧 2 作用在阀芯 3 上的力，使阀芯向右移动，打开阀口，并通过阀芯 3 上的径向孔 a、轴向孔 b 从阀体右端的通口流出。当压力油从阀体右端的通口 P_2 流入时，将和弹簧力一起使阀芯锥面压紧在阀座上，使阀口关闭，油液便无法通过。图11－1（c)为单向阀的图形符号。

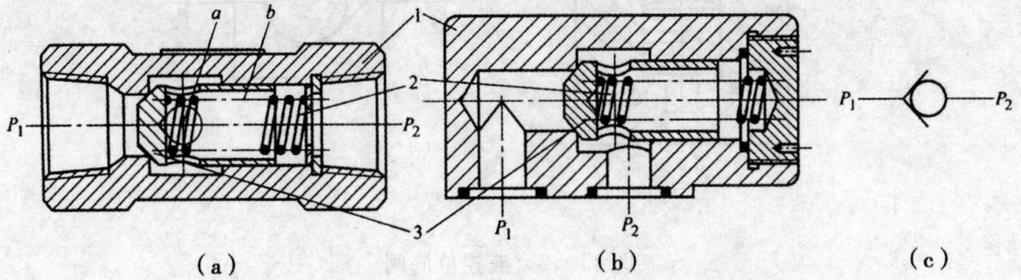

图 11－1　单向阀

1—阀体　2—弹簧　3—阀芯

单向阀能够区分高、低压力油，防止高压油进入低压系统。将单向阀安置在泵的出口处时，可以防止系统压力突然升高而反向传给液压泵，起到保护泵的作用。液压泵停止时，可以保持液压缸的位置，起到安全保护作用。如果把单向阀的弹簧换成硬一些的，可使回油压力增大，产生背压，起到背压阀作用，可提高执行元件运动的稳定性。

2. 液控单向阀

图 11－2（a）所示为液控单向阀的结构图。当控制油口 K 处无压力油通入时，其工作原理和普通单向阀相同，压力油只能从通口 P_1 流向通口 P_2，不能反向倒流。当控制油口 K 通入压力油时，控制活塞 2 顶开锥阀芯 1，使通油口 P_1 和 P_2 接通，从而实现反向通油。当 P_2 处油腔压力较高时，顶开锥阀所需要的控制压力可能很高，为了减少控制油口 K 的开启压力，在锥阀内可以增加一个卸荷阀芯 3。在控制活塞 2 顶开锥阀芯 1 之前，先顶起卸荷阀芯 3，使上下腔的油液经卸荷阀芯上的缺口连通，使 P_2 的压力油泄到下腔，压力降低。则控制活塞便可用较小的力将锥阀芯顶起，使 P_1 和 P_2 接通，这样液控单向阀就可以用较低的控制油压控制较高油压的主油路。图 11－2（b）所示为液控单向阀的图形符号。

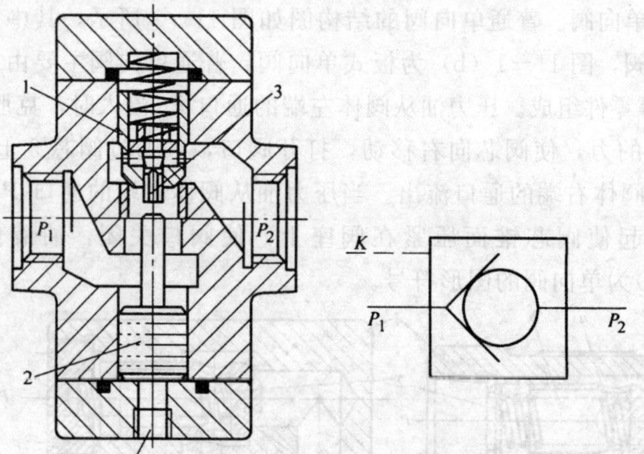

图 11－2　液控单向阀

1—锥阀芯　2—控制活塞　3—卸荷阀芯

液控单向阀具有良好的单向密封性，常用于执行元件需要长时间保压和锁紧的场合，也常用于防止立式液压缸停止运动时因自重下滑以及速度换接的回路中，称这种阀为液压锁。

换向阀

换向阀是利用阀芯相对于阀体的相对运动，使油路接通、关断或变换油液流动的方向，从而使液压执行元件启动、停止或变换运动方向的一种方向控制阀。

按照阀芯相对于阀体的运动方式不同，换向阀可分为转阀式和滑阀式两种；按照操纵方式不同可分为手动、机动、电动、液动型和电液动等形式；按照阀芯的工作位置数和主油路进、出油口数不同，可分为二位、三位、多位和二通、三通、多通等形式。在液压传动系统中广泛采用的是滑阀式换向阀，因此主要介绍这种换向阀的结构及换向原理。

1. 滑阀式换向阀的结构特点及换向原理

滑阀式换向阀也称为滑阀，是依靠阀芯的轴向位移改变阀芯与阀体的相对位置来改变油液的流动方向的。图 11－3 所示为滑阀的结构原理图及图形符号。滑阀主要由阀体、阀芯和控制机构组成。阀芯是一个具有多个环形槽的圆柱体，阀体孔内有几条环形槽（沉割槽）与油道连通，阀芯上的台肩与阀相配合起到间隙密封的作用。

图 11－3 所示的换向阀有两个工作位置，即阀芯移到左、右两端时的位置；四个通油口即压力油口 P 和回油口 O 以及通往执行元件的油口 A、B。图 11－3（a）中阀芯相对于阀体处于左端，P 与 B 连通，A 与 O 连通；图 11－3（b）中阀芯相对于阀体处于右端，P 与 A 连通，B 与 O 连通，从而实现换向。

2. 滑阀式换向阀的“位”与“通”

为了改变油液的方向，阀芯相对于阀体具有不同的工作位置，其工作位置称为“位”。在图形符号中，用方格表示工作位置，如图 11－3 所示，换向阀有几个工作位置相应的就有几个格数。三个格即表示三位，两个格即表示两位。

当阀芯相对于阀体运动时，可以改变各油口之间的连通情况，从而改变油液的流动方向。换向阀与液压系统主油路相连的油口数称为“通”。图 11－3所示的滑阀即为二位四通阀。在图形符号中，油口的连接情况用箭头来表示，箭头的方向表示油液的流动方向。⊥和⊤表示阀内通道堵塞。

3. 滑阀的操纵方式

常见的滑阀的操纵方式有手动、电磁动、液动、机动等。图 11－4 所示为手动换向阀（图 11－4（a））、电磁换向阀（图 11－4（b））、机动换向阀

（图 11－4（c））和液动换向阀（图 11－4（d））的图形符号。

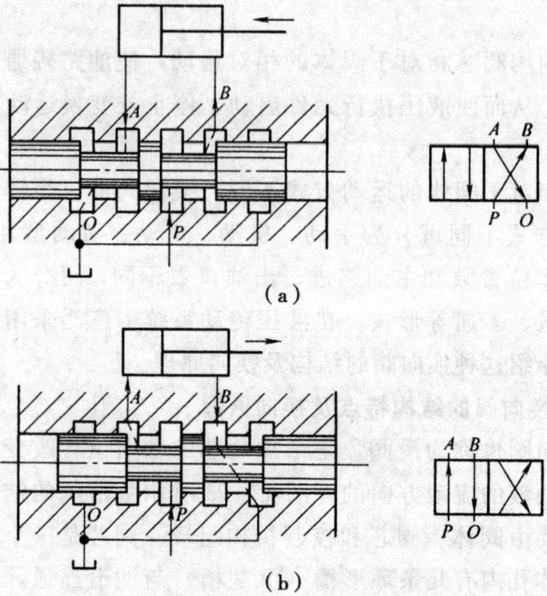

图 11－3　滑阀式换向阀的结构及图形符号

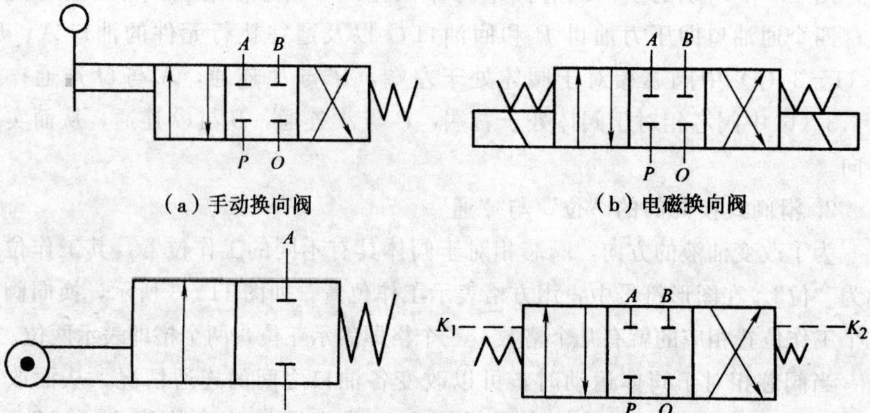

（a）手动换向阀　（b）电磁换向阀

（c）机动换向阀　（d）液动换向阀

图 11－4　不同操纵方式的滑阀的图形符号

手动换向阀适用于动作频繁、工作持续时间短、必须由人操作的场合。电磁换向阀操作方便，布置灵活，有利于提高设备的自动化程度，应用最广泛。机动换向阀（也称为行程阀）结构简单，换向平稳、可靠、位置精度高，常用于控制运动部件的行程或快、慢速度的转换。液动换向阀常与机动换向阀或电磁换向阀组合使用，以实现自动换向或大流量的主油路换向。

三位换向阀的中位机能

换向阀的换向功能主要是由阀的工作位置数和它控制的通路数决定的。多位阀的阀芯处于不同位置时能够实现的各种控制功能称为机能。阀芯处于中间位置时的机能称为滑阀的中位机能。滑阀的机能中最重要的是三位四通阀的中位机能。常见三位四通换向阀的中位机能如表 11－1 所示。

表 11－1　三位四通换向阀的中位机能

代号	名称	符号	中位机能及应用
O	中间封闭	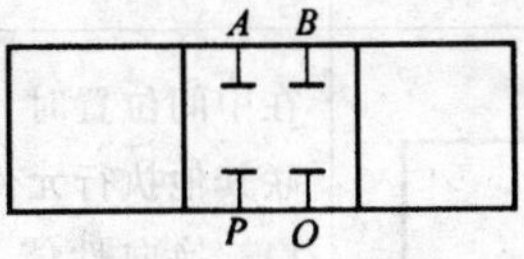	在中间位置时，油口全闭，油不流动。液压缸锁紧，液压泵不卸荷，可与其他执行元件并联使用。因液压缸充满油，从静止到启动较平稳
H	中间开启	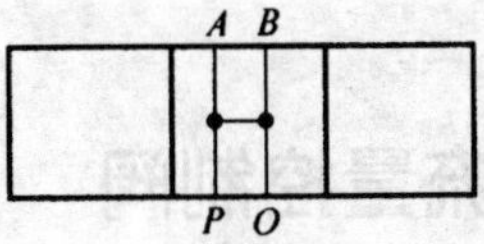	在中间位置时，油口全开，液压泵卸荷，液压缸成浮动式。其他执行元件不能并联使用。因液压缸的油液流回油箱，从静止到启动有冲击。换向较O形平稳
Y	*ABO* 连接	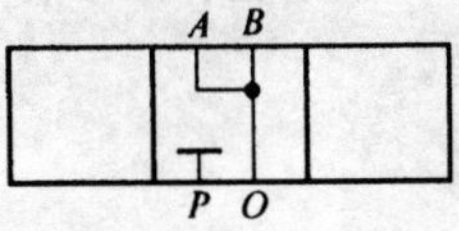	在中间位置时，泵口关闭，液压缸浮动，液压泵不卸荷，可与其他执行元件并联使用。因液压缸中油液流回油箱，从静止到启动有冲击。换向性能不如O形
P	*PAB* 连接	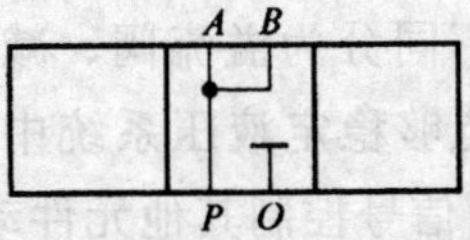	在中间位置时，回油口关闭，泵口和两液压缸连通，可形成差动回路。液压泵不卸荷，可与其他执行元件并联使用。从静止到启动平稳。换向性能最好，应用较广泛

续表

代号	名称	符号	中位机能及应用
K	*PAO* 连接	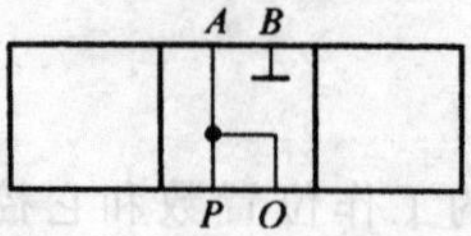	在中间位置时，关闭一个液压缸口，用于液压泵卸荷。从静止到启动平稳。换向过程有冲击，但比 O 形要好
J	*BO*	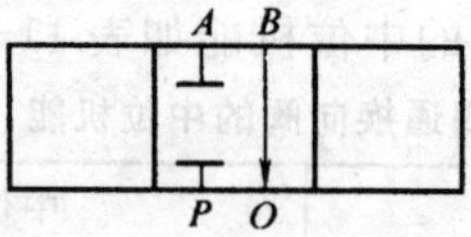	在中间位置时，泵口与液压缸相应接口不通，液压缸的一个接口与回油口相通。液压泵不卸荷，可与其他执行元件并联使用。从静止到启动有冲击，换向过程也有冲击
M	*PD*	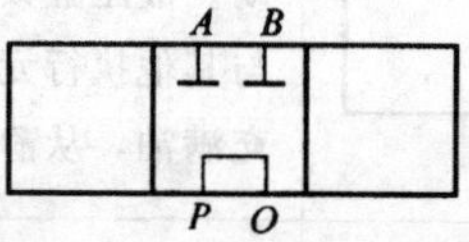	在中间位置时，液压泵卸荷，不能并联其他执行元件，从静止到启动较平稳。换向性能与 O 形相同。可用于力使液压缸或锁紧系统中

压力及流量控制阀

学习目标：

1. 掌握常用压力控制阀的结构、工作原理、图形符号及应用。
2. 了解节流阀和调速阀工作原理。

压力控制阀

压力控制阀是用来控制液压系统压力或利用压力作为信号来控制其他元件动作的阀类。这类阀的共同点是利用作用在阀芯上的液压力和弹簧力相平衡的原理工作的。按其功能和用途不同分为溢流阀、减压阀、顺序阀和压力继电器。溢流阀、减压阀等定压阀能够稳定液压系统中某处的压力值，顺序阀、压力继电器能够利用液压力作为信号控制其他元件动作。

1. 溢流阀

溢流阀是通过阀口的溢流，使被控制系统或回路的压力保持恒定，来实现稳压、调压或限压作用的。溢流阀一般安装在液压泵的出口处，并联在系统中使用。常用的溢流阀按其结构形式和基本动作方式分为直动型和先导型两种。

(1) 直动型溢流阀　直动型溢流阀是依靠系统中的压力油直接作用在阀芯上与弹簧力相平衡，来控制阀芯的启闭动作的。图 11－5 所示是一种低压直动型溢流阀（图 11－5（b）为它的图形符号），*P* 是进油口，*O* 是回油口，进口压力油经阀芯 3 中间的阻尼孔 *a* 作用在阀芯的底部端面上，当进油压力较小时，阀芯在弹簧 2 的作用下处于下端位置，将 *P* 和 *O* 两油口隔开。当油压升高时，阀芯下端所产生的作用力将超过弹簧的压紧力，此时阀芯上升，阀口被打开，多余的油液就会被排回油箱，阀芯上的阻尼孔 *a* 用来对阀芯的动作产生阻尼作用，可以提高阀的工作平衡性，调整调节螺母 1 可以改变弹簧的压紧力，即可调整溢流阀进口处的油液压力 *P*。

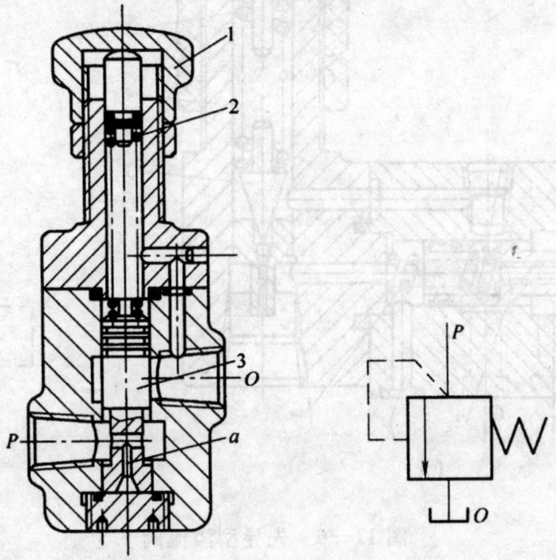

图 11－5　低压直动型溢流阀

1—调节螺母　2—弹簧　3—阀芯

直动型溢流阀结构简单，动作灵敏，工作时易产生振动和噪声，一般用于压力较低或流量较小的场合。

(2) 先导型溢流阀　图 11－6 所示为先导型溢流阀的工作原理图（图 11－6（a））和图形符号（图 11－6（b））。可以看出，压力油从 *P* 口进入，通过阻尼孔 3 后作用在先导阀 4 上。当进油口压力较低时，先导阀上的液压作用力不足以克服先导阀弹簧 5 的作用力，先导阀关闭，没有油液流过阻尼孔，则主阀芯 2 两端压力相等，在较软的主阀弹簧 1 作用下主阀芯 2 处于最下端位置，溢流阀阀口 P 和 O 隔断，不会溢流；当进油口压力升高时，作用在导阀上的液压力增大，当其大于先导阀弹簧作用力时，先导阀即打开，压力油就可通过阻尼孔、经先导阀流回油箱，由于阻尼孔的作用，主阀芯右端的液压力 P_2 将小于左端压力 P_1，当这个压力差作用在主阀芯上的力超过主阀弹簧力时，主阀芯开启，油液从 P 口流入，经主阀阀口由 O 流回油箱，实现溢流。

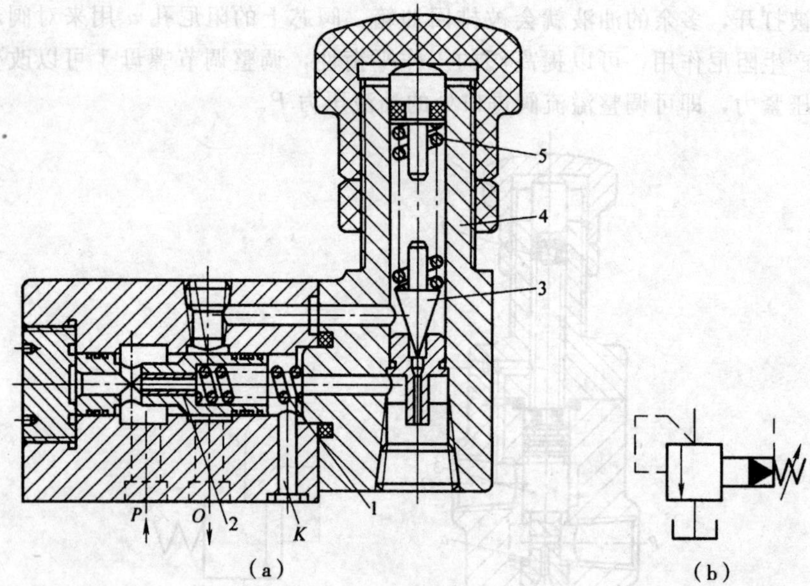

图 11—6　先导型溢流阀

1—主阀弹簧　2—主阀芯　3—先导阀阀芯　4—先导阀　5—先导阀弹簧

由于油液通过阻尼孔而产生的 p_1 与 p_2 之间的压差值不太大，所以主阀芯只需一个小刚度的软弹簧即可；而作用在先导阀 4 上的液压力 p_2 与其导阀阀芯面积的乘积即为先导阀弹簧 5 的调压弹簧力，由于导阀阀芯一般为锥阀，受压面积较小，所以用一个刚度系数不太大的弹簧即可调整较高的开启压力 p_2，用螺钉调节先导阀弹簧的预紧力，即可调节溢流阀的溢流压力。先导式溢流阀有一个远程控制口 K，如果将 K 口用油管接到另一个远程调压阀（远程调压阀的结构和溢流阀的先导控制部分一样），调节远程调压阀的弹簧力，即可调节溢流阀主阀芯上端的液压力，从而对溢流阀的溢流压力实现远程调压。

先导型溢流阀的压力波动比直动型溢流阀小，压力较稳定，噪声小，有外控油口，可用于远程调压和卸荷。先导型溢流阀一般用于压力较高或流量较大的场合。

2. **减压阀**

减压阀是利用油液流过缝隙产生压降的原理，使系统的某一回路的压力低于系统压力的一种压力控制阀。当油液压力不稳定时，也可在回路中串入减压阀，得到稳定的较低的压力。减压阀可分为直动型和先导型两种，其中先导型减压阀应用较广。

图 11－7 所示为先导型减压阀的工作原理图（图 11－7（a））和图形符号（图 11－7（b））。先导型减压阀由先导阀和主阀两部分组成。油压为 P_1 的压

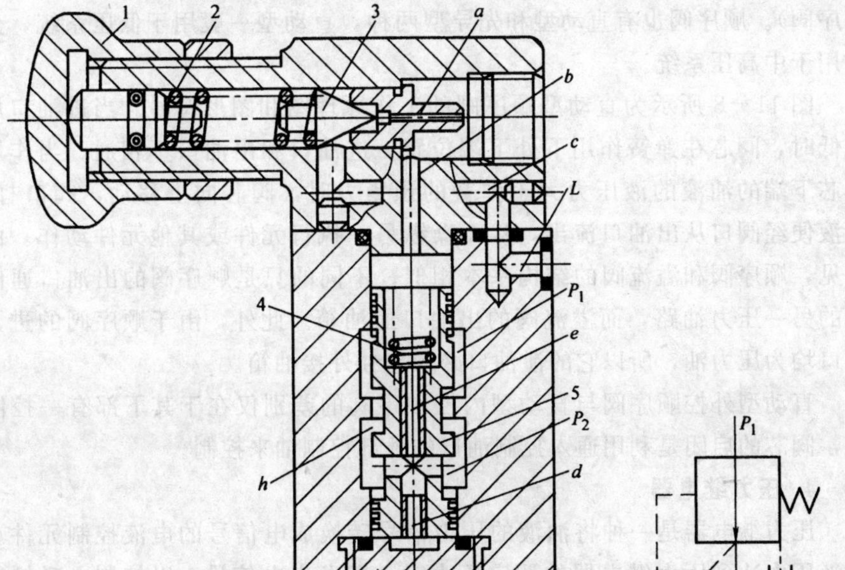

图 11－7　先导型减压阀

1—调节螺母　2—调压弹簧　3—先导阀阀芯　4—弹簧　5—主阀阀芯

力油，由主阀的进油口流入，经减压阀口 h 后从出油口流出，其压力为 P_2。出口油液经孔道 d 及主阀芯上的阻尼孔 e 流入主阀芯及先导阀右腔。当出口压力 P_2 低于先导阀弹簧调定的压力时，先导阀呈关闭状态，主阀芯上、下腔

油压相等，先导阀在主阀弹簧力作用下处于最下端位置。此时减压阀口 h 开度最大，不起减压作用，进、出油口的油压基本相等。P_2 达到先导阀弹簧调定的压力时，先导阀开启，主阀芯上腔油液经先导阀流回油箱，下腔油液经阻尼孔向上流动，使阀芯两端产生压力差。主阀芯在压力差的作用下向上顶起，使减压阀口 h 变小，则阀口的压降增大，起到了减压作用。若此时因负载增大或进口压力向上波动使 P_2 增大，当 P_2 大于弹簧调定值的瞬时，主阀芯将上移，使开口 h 继续减小，压降增大，从而使出口压力 P_2 自动下降，恢复为调定值。这种减压阀也称为定差减压阀。

3. **顺序阀**

顺序阀可以用来控制液压系统中两个以上工作机构先后动作的顺序。根据控制压力的不同，顺序阀可分为内控式和外控式两种。前者用阀的进口压力控制阀芯的启闭，后者用外来的控制压力油控制阀芯的启闭（也称为液控顺序阀）。顺序阀也有直动型和先导型两种，直动型一般用于低压系统，先导型用于中高压系统。

图 11－8 所示为直动型顺序阀的工作原理图和图形符号。当进油口压力较低时，阀芯在弹簧作用下处下端位置，进油口和出油口不相通。当作用在阀芯下端的油液的液压力大于弹簧的预紧力时，阀芯向上移动，阀口打开，油液便经阀口从出油口流出，从而操纵另一执行元件或其他元件动作。由图可见，顺序阀和溢流阀的结构基本相似，不同的只是顺序阀的出油口通向系统的另一压力油路，而溢流阀的出油口通油箱。此外，由于顺序阀的进、出油口均为压力油，所以它的泄油口必须单独外接油箱。

直动型外控顺序阀与直动型内控顺序阀的差别仅在于其下部有一控制油口，阀芯的启闭是利用通入控制油口的外部控制油来控制。

4. **压力继电器**

压力继电器是一种将油液的压力信号转换成电信号的电液控制元件。当油液压力达到压力继电器的调定压力时，即发出电信号，以控制电磁铁、电磁离合器、继电器等元件动作，使油路卸压、换向、执行元件实现顺序动作或关闭电动机，使系统停止工作，起安全保护作用等。图 11－9 所示为常用的柱塞式压力继电器的工作原理图（图 11－9（a））和图形符号（图 11－9（b））。当从压力继电器下端进油口通入的油液压力达到调定压力值时，推动柱塞 1 上移，此位移通过顶杆 2 放大后推动开关 4 动作。改变弹簧的压缩量即可以调节压力继电器的动作压力。

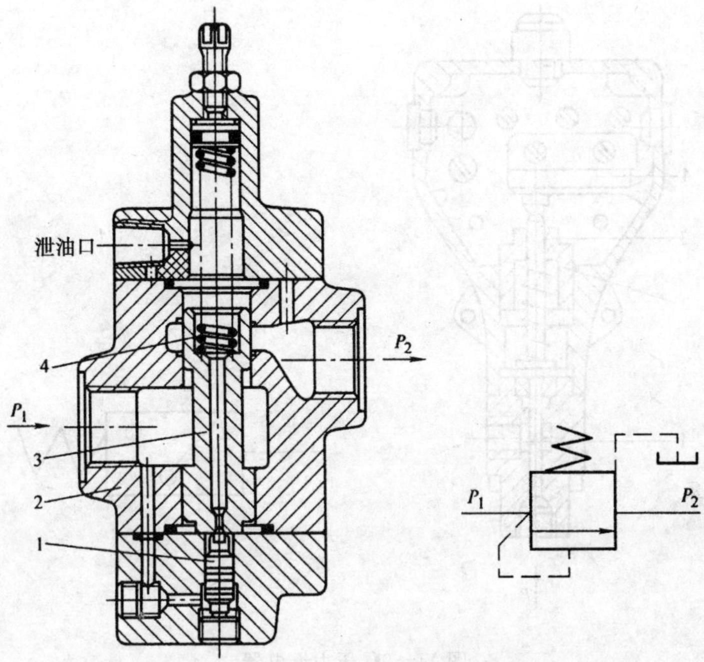

图 11－8 直动型顺序阀

1—控制活塞 2—阀体 3—阀芯 4—弹簧

流量控制阀

液压系统中执行元件的运动速度是由输入执行元件的油液流量的大小来控制的。流量控制阀是依靠改变阀口通流面积（节流口局部阻力）的大小或通流通道的长度来控制流量的阀类。常用的流量控制阀有普通节流阀和调速阀。

1. 普通节流阀

图 11－10 所示为普通节流阀的工作原理图（图 11－10（a））和图形符号（图 11－10（b））。这种节流阀的节流通道呈轴向三角槽式。压力油从进油口 P_1，流入阀芯 2 下端的三角槽进入节流口 1，再从出油口 P_2 流出。调整调节螺钉 3，可使阀芯 2 做轴向移动，以改变节流口的通流截面积来调节流量。

普通节流阀由于刚性差，在节流开口一定的条件下通过它的工作流量受工作负载（亦即其出口压力）变化的影响，不能保持执行元件运动速度的稳定。因此，只适用于工作负载变化不大和速度稳定性要求不高的场合。

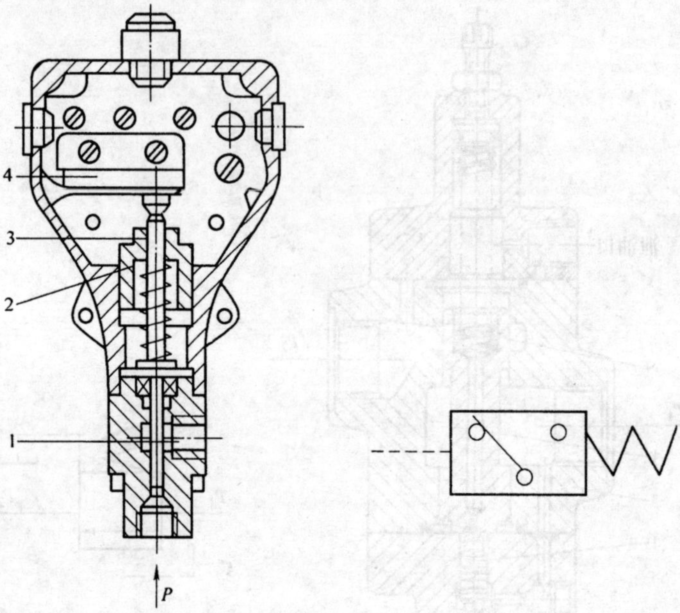

图 11－9　压力继电器

1—柱塞　2—顶杆　3—调节螺母　4—开关

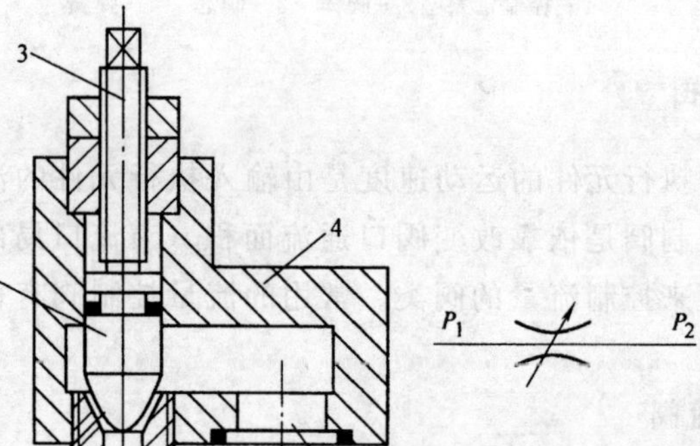

图 11－10　普通节流阀

1—节流口　2—阀芯　3—调节螺钉　4—阀体

2. 调速阀

由于工作负载的变化很难避免，为了改善调速系统的性能，通常需采取措施使节流阀前后压力差在负载变化时始终保持不变。下面主要介绍一种将定压差式减压阀与节流阀并联起来构成的调速阀，其工作原理如图 11－11 所示。这种阀是利用流量的变化所引起的油路压力的变化，通过阀芯的负反馈动作来自动调节节流部分的压力差，使其保持不变。

调速阀在工作时，液压泵的出口（即调速阀的进口）压力 P_1 由溢流阀调整基本不变，出口压力 P_3 决定于液压缸的负载。调速阀进油口 3 的油液压力为 P_1，经减压阀 2 的出口流到节流阀的入口，这时压力降为 P_2，再经节流阀到出油口 1，压力由 P_2 降到 P_3。油液作用在减压阀 2 阀芯左、右两端的作用力为 P_3A+F_s 和 P_2A，其中 A 为阀芯两端的面积，F_s 为弹簧力。当阀芯处于平衡时（忽略摩擦力），有

$$P_2A=P_3A+F_s$$

因 $P_2-P_3=F_s/A$ 为常数，当进油口 3 压力 P_1 升高时，P_2 也升高，则阀芯右端面的作用力增大，使阀芯左移，减压阀的开口将减小，减压作用增强，使 P_2 恢复到原来的数值；当进油口 3 压力 P_1 降低时，P_2 也降低，阀芯将向右移动，减压阀的开口增大，减压作用减弱，仍可使 P_2 恢复到原来的数值。

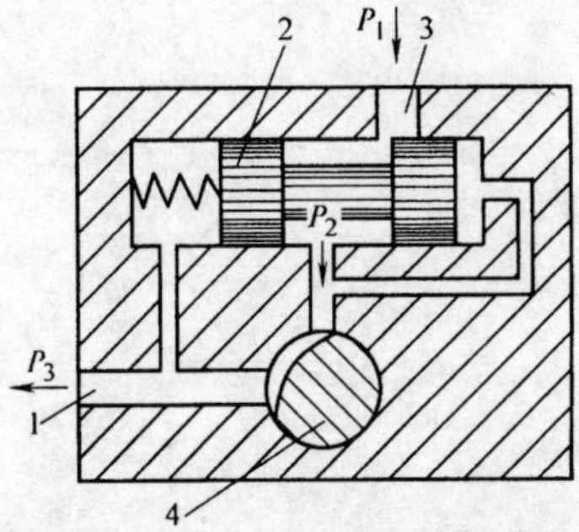

图 11－11　调速阀

1—出油口　2—减压阀　3—进油口　4—节流阀

当出油口的压力 P_3 升高时，阀芯向右移动，减压阀的开口增大，减压作用减弱，P_2 随之升高，使 P_2 恢复到原来的数值；当出油口的压力 P_3 降低时，阀芯将向左移动，减压阀的开口减小，减压作用增强，P_2 随之降低。这样，不管调速阀的进、出油口的压力如何变化，调速阀内的节流阀前后的压力差始终保持不变，所以就实现了通过节流阀的流量保持近似稳定，从而可以保证执行元件运动速度的稳定。